W0222454

« Les sociologues – au contraire des historiens qui sur ce point ont toujours mieux décrit la réalité – n'ont que trop attribué aux groupes sociaux une vertu interne d'évolution, et n'ont que trop isolé les phénomènes sociaux des diverses sociétés. Il est temps de bien faire pénétrer dans la science sociale la notion de ces contingences et de ces détours et de ces arrêts qui sont familiers à l'histoire, et que, seule, l'idée métaphysique d'un progrès uniforme et de lois générales, de genèses autonomes, contredit. »

Marcel Mauss, « La nation », in *Œuvres. Tome 3 : Cohésion sociale et divisions de la sociologie*, Paris, Minuit, 1969, p. 608.

Numéro coordonné par
Florent Pouponneau et Karim Fertikh

ISSN 0335-5322

Publiée avec le concours du Centre national du livre, du Centre européen de sociologie
et de science politique et de l'École des hautes études en sciences sociales.

Le champ des relations internationales

ACTES
DE LA RECHERCHE EN SCIENCES SOCIALES

253-254
Septembre 2024

Florent Pouponneau et Karim Fertikh

Pour une entrée pleine et entière des relations extra-nationales dans les sciences sociales

Depuis les années 1990, l'analyse des relations internationales tout comme les études européennes se sont renouvelées grâce aux apports des sciences sociales, et notamment de la sociologie des champs[1]. Il est devenu de plus en plus évident que ce n'était pas parce que l'on changeait d'échelle, et que l'on passait des frontières, ou que l'on « passait à l'Europe[2] », que l'on quittait aussi le territoire des sciences sociales « normales » et leurs méthodes. Les sociologues de l'international remettent les individus au cœur de l'analyse des organisations internationales, en étudiant leurs propriétés sociales, les systèmes de relations et de contraintes dans lesquelles ils agissent, leurs pratiques et routines professionnelles à partir d'enquêtes empiriques. Et, constatant que les problèmes affrontés sont les mêmes que ceux du reste des sciences sociales, ils avancent qu'il y a tout à gagner à s'appuyer sur leurs démarches et acquis ordinaires pour explorer les organisations internationales, les systèmes de relations entre bureaucraties étatiques ou les mobilisations qui dépassent les frontières des sociétés nationales.

Dans ces domaines de recherche spécialisés, les paradigmes sociologiques ont ainsi conquis droit de cité en empruntant la voie d'une mise à distance critique de nombre de routines intellectuelles, et notamment celles qui consistent à réifier les acteurs collectifs (en faisant, par exemple, comme si l'État agissait « comme un seul

1. Voir, par exemple, Didier Bigo, *Polices en réseaux. L'expérience européenne*, Paris, Presses de Sciences Po, 1996 ; Pascale Casanova, *La République mondiale des lettres*, Paris, Seuil, 1999 ; Yves Dezalay et Bryant G. Garth, *La mondialisation des guerres de palais*, Paris, Seuil, 2002 ; Yves Buchet de Neuilly, *L'Europe de la politique étrangère*, Paris, Economica, 2005 ; Gisèle Sapiro (dir.), *Translatio. Le marché de la traduction en France à l'heure de la mondialisation*, Paris, CNRS Éditions, 2008 ; Julian Go, « Global fields and imperial forms : Field theory and the British and American Empires », *Sociological Theory*, 26(3), 2008, p. 201-229 ; Stephanie Lee Mudge et Antoine Vauchez, « Building Europe on a Weak Field : Law, Economics, and Scholarly Avatars in Transnational Politics », *American Journal of Sociology*, 118(2), 2012, p. 449-492 ; Frédéric Mérand, *European Defence Policy. Beyond the Nation State*, Oxford, Oxford University Press, 2008 ; Didier Georgakakis (dir.), *Le champ de l'Eurocratie. Une sociologie politique du personnel de l'UE* , Paris, Economica, 2012 ; Johanna Siméant (dir.), *Guide de l'enquête globale en sciences sociales*, Paris, CNRS Éditions, 2015 ; Julien Duval, *Le cinéma au XXe siècle*, Paris, CNRS Éditions, 2016 ; Julian Go et Monika Krause (dir.), *Fielding Transnationalism*, Chichester, John Wiley & Sons, 2016 ; Thomas Medvetz et Jeffrey J. Sallaz (dir.), *The Oxford Handbook of Pierre Bourdieu*, Oxford, Oxford University Press, 2018 ; Christian Schmidt-Wellenburg et Stefan Bernhard (dir.), *Charting Transnational Fields. Methodology for a political sociology of knowledge*, Londres, Routledge, 2020.
2. Hélène Michel, « L'européanisation des groupes d'intérêt français », *in* Guillaume Courty et Marc Milet (dir.), *Les groupes d'intérêt en France. Conditions et effets du « passage à l'Europe »*, Paris, Classiques Garnier, 2023, p. 215-243.

homme »), à postuler des actions rationnelles (en réponse à un problème) ou à s'inscrire dans des courants et des débats théoriques spécifiques (le réalisme, le libéralisme, le constructivisme, etc.). En ne prenant que rarement, à l'échelle internationale, la position dominante qu'occupent les courants perçus comme anglo-saxons, la sociologie des relations internationales est devenue l'une des disciplines légitimes dans l'étude des faits extra-nationaux, ce qui n'était pas donné *a priori*. La *field theory*, ainsi que l'on nomme la sociologie des champs dans les débats anglo-saxons, a désormais pris une place importante au sein des études européennes et de la sociologie de la mondialisation. Si ce tournant sociologique apparaît, au premier regard, récent, cette sociologisation des études européennes et internationales est, à certains égards, un retour aux sources, puisque, on le sait, les premiers sociologues – Durkheim, Weber, Simmel, Mauss, Elias – travaillaient indifféremment sur le national et l'international, qu'ils considéraient parfois comme formant un *continuum*[3].

Pour qui croit en l'unité des sciences sociales, et à l'importance de lutter contre l'émiettement des connaissances généré par l'hyperspécialisation, l'utilité du tournant sociologique de l'analyse des phénomènes extra-nationaux va de soi[4]. Pourtant, force est de constater que le décloisonnement de l'analyse des objets dits internationaux ou européens n'est que très partiel. Non seulement parce qu'il se heurte à des fortes résistances de la part de certains spécialistes des relations internationales ou de l'Union européenne qui continuent à voir les démarches des sciences sociales comme « inadaptées » à leurs objets, et qui sont aussi peut-être soucieux de garder la main sur leur domaine de spécialité et les ressources qui lui sont liées (car le cloisonnement intellectuel s'est doublé du développement de départements, de revues, de collections, d'associations et de congrès spécifiques). Mais aussi, et surtout, parce que l'échange entre la sociologie générale et la sociologie des relations extra-nationales est largement unilatéral. Si nombre de sociologues de l'international ancrent fermement leur analyse dans les perspectives les plus novatrices et les plus fécondes des sciences sociales contemporaines, les sociologues du national utilisent avec une grande parcimonie les travaux touchant à l'étude des phénomènes dits « internationaux ». L'ésotérisme ou l'idiosyncrasie de certains débats au sein des communautés de spécialistes des études européennes et internationales alimente, sans doute, cette distance[5]. Ainsi,

3. Émile Durkheim, *De la division du travail social*, 6e éd., Paris, PUF, 2004 [1893] ; Max Weber, *Le savant et le politique*, Paris, Plon, 1959 [1919] ; Georg Simmel, *Soziologie Untersuchungen über die Formen der Vergesellschaftung*, Munich, Duncker & Humblot, 1923 ; Marcel Mauss, « La nation » (1920), dans *Œuvres*, tome III, Paris, Minuit, 1969, p. 571-625 ; Norbert Elias, *La dynamique de l'Occident*, Paris, Calmann-Lévy, 1975 [1939]. Voir aussi Frédéric Ramel, *Les fondateurs oubliés. Durkheim, Simmel, Weber, Mauss et les relations internationales*, Paris, PUF, 2006. D'ailleurs, cette tendance à penser le national et l'international dans un même mouvement ne s'est pas perdue par la suite, même dans les courants les plus inattendus, comme l'ethnométhodologie (voir Anselm L. Strauss, *La trame de la négociation. Sociologie qualitative et interactionnisme*, Paris L'Harmattan, 1992) ou l'interactionnisme symbolique (Erving Goffman, *Strategic Interaction*, New York, Ballantine Books, 1972).

4. Les *Actes de la recherche en sciences sociales*, en particulier, ont d'ailleurs joué un rôle important dans ce tournant à travers, entre autres, les numéros : « La circulation internationale des idées » (145, 2002), « Sociologie de la mondialisation. Héritiers, cosmopolites, mercenaires de l'impérialisme et missionnaires de l'universel » (151-152, 2004), « Constructions européennes » (166-167, 2007) et « L'organisation internationale de l'économie » (234, 2020).

5. A. Vauchez, « "Les études européennes, quel ennui !". Quelques mots sur une illusion bien fondée… », *Politique européenne*, 50, 2015, p. 160-169.

les relations internationales, comme discipline, conçoivent les échanges d'idées à sens quasi unique, autorisant l'entrée de nouvelles idées mais ne rendant que rarement la pareille aux autres disciplines des sciences sociales[6].

Cet échange inégal ne laisse pas d'étonner au regard des dynamiques à l'œuvre dans certains espaces disciplinaires où le détour par l'international a puissamment contribué à relancer l'imagination disciplinaire. Ainsi, l'histoire de l'international, sortie avec fracas des routines de l'histoire diplomatique et portée par ses recherches pionnières, ses manifestes et ses controverses récentes, a renouvelé le regard historien, inventé de nouveaux terrains, proposé de nouvelles méthodologies, mis à l'épreuve des savoirs acquis et a même déstabilisé le genre le plus fermement établi de la discipline, l'histoire nationale[7]. Les conditions de la sociologisation de l'étude des relations internationales et de l'Europe expliquent en partie pourquoi cette dynamique ne s'est pas enclenchée en sociologie. Des sociologues et des historiens proches de Pierre Bourdieu et des politistes marqués par l'importation de la sociologie des champs dans leur discipline ont commencé, à partir des années 1990, à sortir du cadre national en s'intéressant aux conditions sociales de la circulation internationale des idées, à l'intégration européenne et à la constitution de champs transnationaux et internationaux. L'urgence était alors de renouveler l'approche des relations internationales et de l'intégration européenne pour pallier une série de faiblesses dans les travaux existants (réification des acteurs, prégnance du modèle de l'acteur rationnel, impasse des découpages institutionnels). Ceux qui, depuis Yves Dezalay et Bryant Garth, se sont efforcés de faire des phénomènes internationaux des objets de recherche sociologiques ont eux-mêmes eu tendance à ignorer les débats théoriques et les travaux canoniques de la discipline des relations internationales. De ce fait, ce n'est que tardivement que Michel Dobry a souligné qu'il existait des liens de parenté théorique forts entre la théorie du système international de Kenneth Waltz – l'une des théories les plus ambitieuses et les plus citées en relations internationales – et la théorie des champs[8]. Les manières de construire les objets et d'enquêter rencontrées étaient telles que l'on pouvait légitimement douter du fait que l'analyse classique des relations internationales et de l'Europe ait quoi que ce soit de productif à apporter à la science sociale pratiquée de façon nationale.

Mais, après avoir sociologisé les relations internationales, il peut être temps désormais d'étudier ce que l'analyse de phénomènes dits « internationaux » fait, dans une sorte d'« effet boomerang », aux concepts ou aux pratiques des sociologues.

6. Barry Buzan et Richard Little, « Why International Relations Has Failed as an Intellectual Project and What to Do About it », *Millennium*, 30(1), 2001, p. 19-39 ; Justin Rosenberg, « International Relations in the Prison of Political Science », *International Relations*, 30(2), 2016, p. 127-153.

7. Voir, par exemple, Thomas David *et al.*, « Histoire(s) globale(s) : convergences et inégalités », *Monde(s)*, 21, 2022, p. 117-135 ; Daniel Rodgers, *Atlantic Crossings. Social Politics in a Progressive Age*, Cambridge (Mass.), Harvard University Press, 1998 ; Michael Werner et Bénédicte Zimmermann (dir.), *De la comparaison à l'histoire croisée*, Paris, Seuil, 2004 ; Lynn Hunt, *Writing History in the Global Era*, New York, W. W. Norton & Company, 2015 ; Kiran Klaus Patel, « Provincialising European Union : Co-operation and Integration in Europe in a Historical Perspective », *Contemporary European History*, 22(4), 2013, p. 649-673 ; Pierre-Yves Saunier et Akira Iriye (dir.), *The Palgrave Dictionary of Transnational History*, Basingstoke, Palgrave Macmillan, 2009 ; Romain Bertrand, *L'histoire à parts égales. Récits d'une rencontre Orient-Occident (XVIe-XVIIe siècle)*, Paris, Seuil, 2011 ; Patrick Boucheron (dir.), *Histoire mondiale de la France*, Paris, Seuil, 2017 ; Quentin Deluermoz (dir.), *D'ici et d'ailleurs. Histoires globales de la France contemporaine*, Paris, La Découverte, 2021.

8. Michel Dobry, « Ce dont sont faites les logiques de situation », *in* Pierre Favre, Olivier Fillieule et Fabien Jobard (dir.), *L'atelier du politiste. Théories, actions, représentations*, Paris, La Découverte, 2007, p. 119-148.

La sociologie des relations internationales permet en effet de revisiter des questions centrales de la sociologie et non pas seulement d'enrichir le regard posé sur l'international. Ce décloisonnement de l'analyse des relations internationales auquel ce numéro appelle ne consiste pas seulement à faire entrer les relations internationales dans la discipline sociologique telle qu'elle est. Il vise à transformer cette dernière afin de l'amener à mieux prendre en considération les connaissances attachées à l'analyse des relations internationales, entendue à la fois comme corpus de travaux relevant principalement des relations internationales ou des études européennes, et aussi comme objets construits traitant des processus qui débordent les frontières nationales.

Autrement dit, les relations extra-nationales gagnent à être perçues comme un terrain d'exercice et d'invention du métier de sociologue à part entière. L'analyse sociologique des relations extra-nationales a ainsi forgé des outils et des méthodes pour penser l'encastrement des bureaucraties nationales dans des systèmes de contraintes extra-nationales ; l'usage de ressources internationales pour établir des positions institutionnelles ou individuelles dans des espaces nationaux ; la circulation des idées et des normes et leur fabrication sur de multiples sites bureaucratiques ; le fonctionnement de champs dépourvus de lieux monopolisant les capitaux de diverses espèces[9]. Cette sociologie remet sur le métier des réflexions sur le poids des interactions[10], sur la socialisation et la compétence politique[11], sur la reproduction de l'ordre social[12], les circuits d'universalisation des intérêts spécifiques, de légitimation et de formations des savoirs[13], les processus d'accumulation des ressources bureaucratiques, financières et symboliques (là où l'« international » offre un laboratoire pour observer la formation de « centres » *in statu nascendi*[14]) et la fabrication des « décisions » au sein des organisations[15]. Elle pose également des questions relatives au décentrement des savoirs en déployant des méthodologies ethnographiques[16] ou socio-historiques[17].

9. Y. Dezalay et B. G. Garth, *La mondialisation des guerres de palais*, *op. cit.* ; Y. Dezalay, « Les courtiers de l'international. Héritiers cosmopolites, mercenaires de l'impérialisme et missionnaires de l'universel », *Actes de la recherche en sciences sociales*, 151-152, 2004, p. 5-26 ; Vincent Gayon, *Épistémocratie. Enquête sur le gouvernement international du capitalisme*, Paris, Raisons d'agir, 2022 ; *id.*, « De quoi est fait "l'ordre économique international" ? », *Actes de la recherche en sciences sociales*, 234, 2020, p. 4-13 ; Franck Poupeau, « Sur deux formes de capital international. Les "élites de la globalisation" en Bolivie », *Actes de la recherche en sciences sociales*, 151-152, 2004, p. 126-133 ; Christian Topalov (dir.), *Laboratoires du nouveau siècle. La nébuleuse réformatrice et ses réseaux en France, 1880-1914*, Paris, Éd. de l'EHESS, 1999 ; Karim Fertikh et Julien Louis, « Du droit international au droit européen. Une sociologie du droit social comme entreprise de cause », *Revue française de science politique*, 69(1), 2019, p. 137-156.

10. David Ambrosetti, *Normes et rivalités diplomatiques à l'ONU. Le Conseil de sécurité en audience*, Bruxelles, PIE Peter Lang, 2009 ; Paul Winsback, *Gouverner les eaux d'Afrique australe. Institutionnalisation et négociation d'ordres internationaux dans le gouvernement régional des eaux douces*, thèse de science politique, Sciences Po Toulouse, 2023.

11. Marine de Lassalle, *Faire parler d'Europe. Voies et formats des rapports institués au politique*, Rennes, PUR, 2022 ; Anne-Catherine Wagner, *Vers une Europe syndicale. Une enquête sur la Confédération européenne des syndicats*, Bellecombe-en-Bauges, Éd. du Croquant, 2005 ; *id.*, *La mondialisation des classes sociales*, Paris, La Découverte, 2020.

12. Vincent Pouliot, *L'ordre hiérarchique international*, Paris, Presses de Sciences Po, 2017.

13. Guillaume Mouralis, *Le moment Nuremberg. Le procès international, les lawyers et la question raciale*, Paris, Presses de Sciences Po, 2019 ; A. Vauchez, *L'Union par le droit. L'invention d'un programme institutionnel pour l'Europe*, Presses de Sciences Po, 2013 ; Francisco Roa Bastos et Antoine Vauchez, « Savoirs et pouvoirs dans le gouvernement de l'Europe. Pour une sociohistoire de l'archive européenne », *Revue française de science politique*, 69(1), 2019, p. 7-24.

14. D. Georgakakis, *Au service de l'Europe. Crises et transformations sociopolitiques de la fonction publique européenne*, Paris, Éd. de la Sorbonne, 2019.

15. Grégory Daho, Florent Pouponneau et Johanna Siméant-Germanos (dir.), *Entrer en guerre au Mali. Luttes politiques et bureaucratiques autour de l'intervention française*, Paris, Rue d'Ulm, 2022.

16. Léonard Colomba-Petteng, *Décentrer l'analyse de la politique de sécurité et de défense commune de l'Union européenne : ethnographie de la mission EUCAP Sahel Niger*, thèse de science politique, Paris, Institut d'études politiques, 2023.

17. K. Fertikh, « Une décolonisation de la sécurité sociale. D'une "modernisation" coloniale française à sa remise en cause en Afrique subsaharienne », *Genèses*, 133, 2023, p. 27-51.

DANS SON LIVRE *Essence of Decision* paru en 1971, Graham Allison souligne la continuité entre la sociologie de l'action publique et les relations internationales. Il montre que la politique étrangère des États s'explique mieux en disséquant des jeux bureaucratiques et politiques nationaux qu'en évoquant une décision rationnelle et un intérêt national objectif.

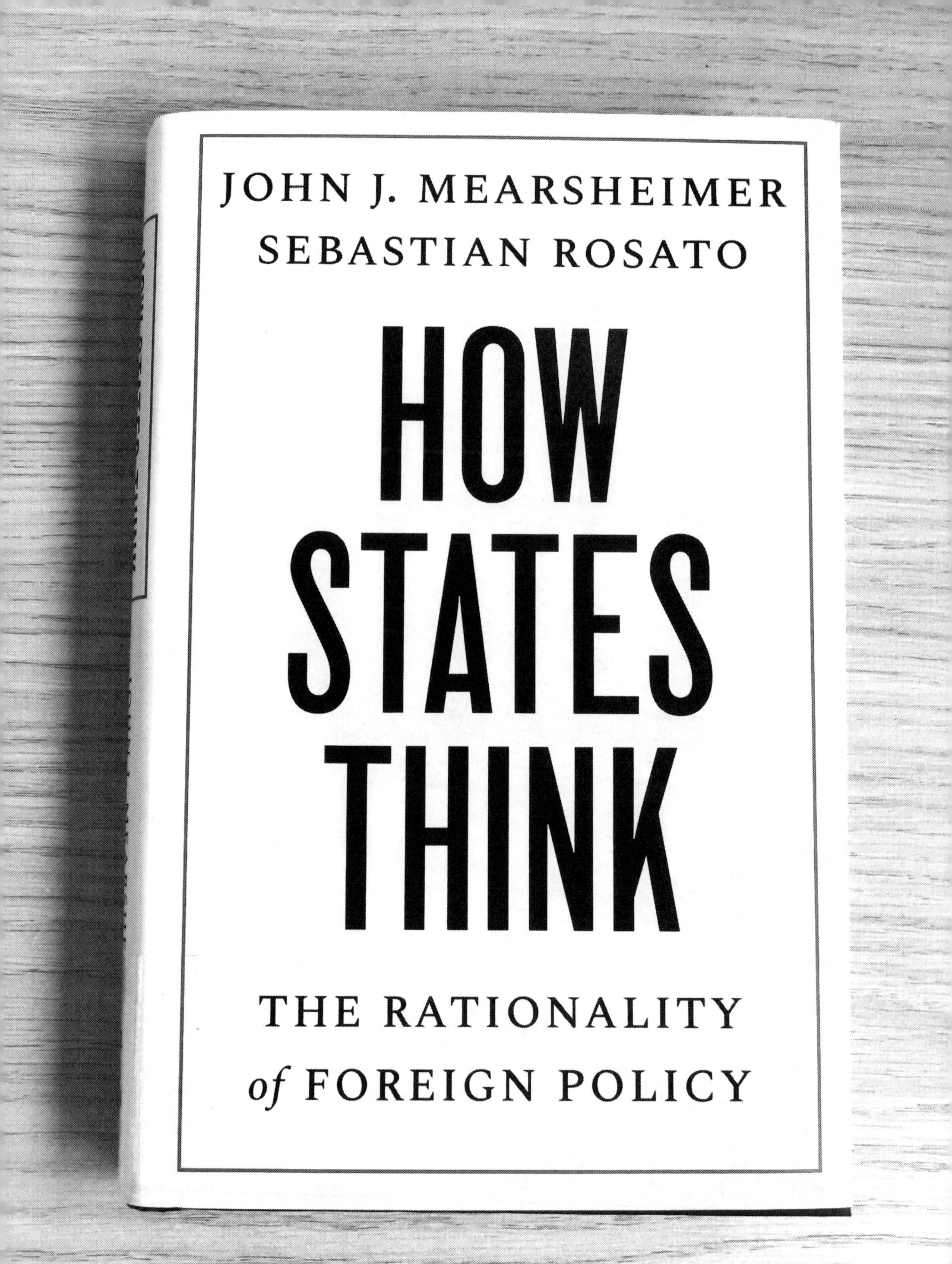

CET OUVRAGE CO-ÉCRIT EN 2023 par John Mearsheimer, l'un des spécialistes des relations internationales les plus cités, illustre la prépondérance contemporaine du modèle de l'acteur rationnel dans l'analyse de la politique internationale des États. Ce qui peut légitimement faire douter du fait que les relations internationales aient des choses fécondes à apporter à la sociologie.

Certains travaux de sociologie des relations internationales ont déjà marqué la pratique sociologique. On peut l'établir aisément pour certains cas typiques, comme dans celui de l'étude de la « crise des missiles de Cuba[18] » de Graham Allison, devenue un classique de la sociologie de l'action publique (Allison s'appuyait lui-même sur l'analyse des politiques publiques). La sociologie française – de Michel Crozier et Erhard Friedberg[19] à Pierre Bourdieu[20] – en a largement fait usage. De la même manière, les travaux de Thomas Schelling sur la guerre nucléaire limitée[21] ont, par exemple, servi à penser ce qui se joue dans les interactions et à réorienter l'analyse des phénomènes charismatiques dans les crises politiques nationales (il est vrai que Schelling ne pioche pas tous ses exemples dans les relations internationales)[22]. On peut aussi mentionner le courant de la « sociologie historique globale » qui met en évidence une série de « *misconceptions* » de la sociologie historique (notamment en l'obligeant à revoir des notions fixistes à la base de nombreuses recherches)[23]. On peut enfin rappeler la lecture que Paul Lazarsfeld a proposée de l'un des premiers ouvrages de sociologie militaire, *The American Soldier* de Samuel Stouffer, dans lequel est étudié le comportement des militaires pendant et après la Deuxième Guerre mondiale. Lazarsfeld en tire une leçon épistémologique, citée dans *Le métier de sociologue*, valable pour toute la sociologie : la rupture avec le sens commun est importante[24].

Nous proposons ici de nous concentrer sur l'apport de la sociologie des relations internationales à la sociologie des champs et sur les conditions sous lesquelles un tel apport est possible. Si ce courant n'est pas représentatif de la manière dont on étudie les relations internationales, en France et à l'étranger, c'est sans doute à travers lui que s'est opéré le plus fortement et le plus durablement le processus de sociologisation des relations internationales. En retour, on fait l'hypothèse que cette sociologie, conçue à partir des années 1970 largement dans un cadre national, peut tirer profit d'un détour par l'international sur des objets canoniques, tels que l'État, les institutions ou les normes (même si Pierre Bourdieu a déjà étudié, plus qu'on le pense habituellement, des objets internationaux[25]).

L'analyse des relations internationales contribue au moins de trois manières à renouveler le regard sociologique en général, et la sociologie des champs en particulier. En premier lieu, les relations extra-nationales sont un bon terrain pour penser des phénomènes ou processus qui existent à l'intérieur des frontières nationales (la domination, la socialisation, les effets de champ) : d'une part, parce qu'elles permettent de contrôler et d'infléchir des généralisations en explorant des objets

18. Graham T. Allison, *Essence of Decision. Explaining the Cuban Missile Crisis*, Boston, Little & Brown, 1971.

19. Michel Crozier et Erhard Friedberg, *L'acteur et le système. Les contraintes de l'action collective*, Paris, Seuil, 2014 [1977].

20. Pierre Bourdieu, *Les structures sociales de l'économie*, Paris, Seuil, 2000, p. 94-95.

21. Thomas C. Schelling, *The Strategy of Conflict*, Harvard, Harvard University Press, 1980 [1960].

22. M. Dobry, *Sociologie des crises politiques*, Paris, Presses de Sciences Po, 3e éd., 2009 [1986].

23. Julian Go et George Lawson (dir.), *Global historical sociology*, Cambridge, Cambridge University Press, 2017.

24. Paul F. Lazarsfeld, « The American soldier : an exposery review » (1949) *in* Pierre Bourdieu, Jean-Claude Passeron et Jean-Claude Chamboredon, *Le métier de sociologue*, La Haye, Mouton, 1968, p. 141-142.

25. P. Bourdieu, *Impérialismes. Circulation internationale des idées et luttes pour l'universel*, Paris, Raisons d'agir, 2023.

et des terrains empiriques – les guerres et d'autres formes d'usage de la violence dans les relations internationales, la fabrication des politiques étrangères, la « structure » du système international – longtemps abandonnés aux seuls spécialistes des relations internationales ; et d'autre part, parce qu'un certain nombre de problèmes de recherche apparaissent de manière grossie à l'échelle internationale. Ainsi des phénomènes de domination : en effet, les inégalités entre pays ou les inégalités liées à l'appartenance nationale (le fait de représenter un grand État ou un petit, par exemple, dans des négociations) sont un facteur de domination plus assumé que d'autres formes d'inégalités en termes de classe, de race ou de genre par exemple. Ainsi également de la revendication du monopole de la violence physique légitime par l'État qui est, elle, moins évidente parce que l'État fait face à d'autres États qui ont la même revendication. Le passage par l'Europe et les rapports ordinaires des citoyens à l'Union européenne constituent aussi un moyen de revenir à nouveaux frais sur l'un des concepts fondamentaux de la science politique : celui de compétence politique. Se positionnant face à un objet abstrait et lointain, les enquêtés poussent le jugement politique au bout de sa logique de distinction culturelle en le ramenant de manière plus explicite qu'ailleurs à des pratiques sociales non politiques.

En deuxième lieu, la sociologie des relations internationales permet d'explorer la formation transnationale ou internationale des objets nationaux étudiés, et de traquer, par exemple, la part de l'international dans les histoires, les structures et les dynamiques des microcosmes les plus divers ou dans la création et la réception des biens symboliques les plus variés, en identifiant une part de ce que les frontières disciplinaires tendent à soustraire au regard des chercheurs, en particulier les processus marqués par des entrelacements multiples et multiformes de l'« externe » et de l'« interne » et, par là même, de dépasser cette opposition. Ainsi, on peut se demander si une sociologie de l'État et de ses politiques peut ignorer l'imbrication de cette institution dans des ensembles plus vastes et, par conséquent, délaisser la question du poids des hiérarchies et des luttes entre États, ou toutes les manières dont les agents peuvent mobiliser l'extra-national pour poursuivre des objectifs inscrits dans leurs champs spécifiques. La sociologie de l'international rend ainsi possible de « revisiter » l'analyse de l'espace national en mettant en évidence des dynamiques invisibilisées lorsque l'analyse restait purement nationale.

Enfin, le détour par l'international suscite l'imagination sociologique en mettant en exergue les problèmes de recherche rencontrés au niveau national (par exemple, on ajoute des niveaux d'analyse ou des frontières dans les processus de fabrication de l'action publique ou dans la circulation des idées). L'étude de la formation d'un pouvoir bureaucratique transnational conduit ainsi à proposer un modèle enrichi du champ bureaucratique (notamment à travers un réinvestissement des concepts de capital et d'*illusio*), de la question du poids des interactions ou des rapports sociaux au temps (dans des espaces où les temps institutionnels sont désynchronisés).

Ces amendements, liés aux spécificités transnationales, s'avèrent en retour utiles pour les terrains plus nationaux et complètent la boîte à outils de la sociologie des organisations bureaucratiques. Par ailleurs, l'analyse du champ politique international – un champ extra-national plus global et moins étudié – conduit, du fait même des difficultés qu'elle pose, à enrichir la question des effets de champ (leur place dans l'analyse et ce dont ils sont faits). Du reste, il convient de ne pas nier les éventuelles spécificités des phénomènes et des processus internationaux observés quand se pose la question des conditions d'importation d'outils développés pour des objets dits « internationaux » vers des objets « nationaux » ou « infra-nationaux ». En définitive, ce numéro pose quelques jalons d'une réflexion sur ce que la sociologie des champs gagne à se saisir des relations extra-nationales en insistant tant sur les apports que sur les difficultés de cette démarche.

L'ONG CORPORATE EUROPE OBSERVATORY, connue pour ses positions critiques à l'égard du *lobbying* des entreprises et fédérations professionnelles, organise un « *lobby tour* » dans le quartier européen pour dénoncer leur présence et pour faire prendre conscience aux citoyens du rôle qu'elles jouent dans les politiques européennes. Pour rendre compte de cette présence des groupes d'intérêt, elle publie un guide de type touristique intitulé ironiquement « *lobby planet* ». La photographie en couverture de ce guide (édition de 2017), ci-dessus, représente deux lobbyistes à deux pas du bâtiment du Parlement européen que l'on aperçoit au loin sur la gauche.

Hélène Michel

« Réflexe Europe » et réflexivité sociologique

Retours sur quelques enquêtes de sociologie des groupes d'intérêt européens

Qu'elle soit qualifiée de critique, de réflexive ou de constructiviste[1], qu'elle soit identifiée à une « *French touch* »[2] ou partie prenante d'un mouvement transnational[3], la sociologie politique – avec l'ensemble de ses méthodes (archives, ethnographie, prosopographie[4], entretiens, etc.) – a largement irrigué les études européennes[5], au point d'interroger la pertinence de cette perspective pour penser l'Europe[6]. Depuis trois décennies, elle a enrichi les analyses du fonctionnement de l'Union européenne. Toutefois, personne ne s'est vraiment intéressé à ce que la sociologie politique devait, en retour, à l'étude de l'Europe, entendue à la fois comme corpus de travaux hérité du domaine des relations internationales[7] et comme enquêtes sur un terrain spécifique. Pour réfléchir à cette question qui est finalement double, il s'agit tout d'abord de rendre compte des expériences de ce terrain et de ses effets sur le sociologue et ses outils, méthodes et concepts. Il s'agit ensuite, et surtout, de prendre au sérieux la dimension internationale de l'objet européen et de ses analyses, qui tend à disparaître sous une européanité autonomisée du national et de l'international. Car si l'Europe est d'abord un terrain de la sociologie, ce n'est pas un simple terrain étranger. Il est non seulement le produit d'une pluralité d'investissements nationaux[8] auxquels le chercheur et sa recherche participent tout en en étant, au moins partiellement, les produits, mais aussi un terrain fortement structuré

1. Jay Rowell et Michel Mangenot (dir.), *A political Sociology of European Union. Reassessing Constructivism*, Manchester, Manchester University Press, 2010 ; Niilo Kauppi (dir.), *A Political Sociology of Transnational Europe*, Colchester, ECPR Press, 2013 ; N. Kauppi, *Toward a Reflexive Political Sociology of the European Union. Fields, Intellectuals and Politicians*, Cham, Palgrave Macmillan, 2018 ; « Constructions européennes », *Actes de la recherche en sciences sociales*, 166-167, 2007 ; Antonin Cohen et Ann-Christina L. Knudsen, « L'institutionnalisation du parlement européen », *Cultures & Conflits*, 85-86, 2012 ; Antonin Cohen et Antoine Vauchez, « Sociologie politique de l'Europe du droit », *Revue française de science politique*, 60(2), 2010.

2. Voir l'introduction de Olivier Costa et Frédéric Mérand dans *Études européennes*, Bruxelles, Bruylant, 2017.

3. Sur cette critique, voir Didier Bigo, « Une sociologie politique des processus d'européanisation en constitution ? », *in* Antonin Cohen, Bernard Lacroix et Philippe Riutort (dir.), *Les formes de l'activité politique*, Paris, PUF, 2006, p. 269-276. Parmi des travaux hors de France, voir par exemple Christian Schmidt-Wellenburg et Stefan Bernhard (dir.), *Charting Transnational Fields. Methodology for a Political Sociology of Knowledge*, Londres, Routledge, 2020 ; Sebastian Büttner, Monika Eigmüller et Susann Worschech (dir.), *Sociology of Europeanization*, Berlin, De Gruyter, 2022.

4. Frédéric Lebaron, « Les élites européennes comme champ(s). Réflexions sur les usages de la prosopographie et de l'analyse géométrique des données à partir de trois expériences de recherche collective sur des objets transnationaux », *Cultures & Conflits*, 102, 2016, p. 121-147.

5. Pour une synthèse, voir Didier Georgakakis et Julien Weisbein, « From above and from below : A political sociology of European actors », *Comparative European Politics*, 8(1), 2010, p. 93-109 ; Christophe Majastre et Heidi Mercenier, « Construire un espace français de recherches sociologiques sur l'Europe. Un tournant, trois versions ? », *Politique européenne*, 52, 2016, p. 8-31.

6. Frédéric Mérand et Sabine Saurugger, « Does European integration theory need sociology ? », *Comparative European Politics*, 8(1), 2010, p. 1-18.

7. Voir la place accordée aux théories des relations internationales dans les manuels sur l'intégration européenne. Par exemple : Sabine Saurugger, *Théories et concepts de l'intégration européenne*, Paris, Presses de Sciences Po, 2009 ; Céline Belot, Paul Magnette et Sabine Saurugger (dir.), *Science politique de l'Union européenne*, Paris, Economica, 2008 ; F. Mérand et J. Weisbein, *Introduction à l'Union européenne. Institutions, politique et société*, Bruxelles, De Boeck, 2011 ; Samuel B. H. Faure et Christian Lequesne (dir.), *The Elgar Companion to the European Union*, Cheltenham, Edward Elgar, 2023.

8. Yves Dezalay et Mikaël Rask Madsen, « La construction européenne au carrefour du national et de l'international », *in* A. Cohen, B. Lacroix et P. Riutort (dir.), *Les formes de l'activité politique*, *op. cit.*, p. 277-296.

par les institutions européennes, qu'il s'agisse de l'Union européenne, du Conseil de l'Europe dans une moindre mesure ou de l'OCDE, pour ne citer que les plus centrales.

Pour réfléchir à ce que la sociologie doit à l'Europe et à son étude, nous proposons de partir d'expériences de recherches individuelles et collectives sur l'Union européenne et, en particulier, sur des groupes d'intérêt qui ont été notre point d'entrée. Ce choix renvoie, d'une part, à la place qu'occupent les groupes d'intérêt dans l'approche sociologique de l'Union européenne : ils permettent en effet de se départir des approches institutionnelles au profit de l'observation et de l'analyse des pratiques de ceux qui agissent tantôt en dehors, tantôt au sein des institutions. Il renvoie, d'autre part, au statut dont jouissent les groupes d'intérêt parmi les agents des institutions de l'Union européenne et parmi leurs observateurs savants, non sans lien avec des demandes administratives. Les groupes d'intérêt ont été très tôt théorisés comme agents de l'intégration européenne par Ernst Haas dans sa théorie néo-fonctionnaliste[9], ce qui s'est souvent traduit par une acceptation, voire une justification, de leur présence. Par conséquent, le chercheur n'avait pas à se justifier de s'y intéresser, à la différence de ce que nous avions connu lors notre enquête sur les propriétaires dans les politiques de logement en France[10] où il était de bon ton d'analyser des politiques publiques, mais déplacé et provocateur d'évoquer des groupes d'intérêt et encore plus de parler de leur *lobbying*. Il semblait alors plus facile d'étudier les groupes d'intérêt à l'échelle européenne[11] où ce domaine de recherche était en train de se constituer et de s'institutionnaliser[12].

Vingt-cinq ans plus tard, à partir de souvenirs et de la relecture de journaux de terrain et d'entretiens pas toujours exploités, nous proposons de revenir dans un premier temps sur notre rencontre de sociologue du politique avec l'Europe et ses groupes d'intérêt à Bruxelles. Cette histoire située et rétrospective de la sociologie des groupes d'intérêt permettra de rappeler comment les dimensions internationale, européenne et nationale du terrain étudié ont pu être diversement intégrées dans la construction de notre objet. Ensuite, nous pourrons réfléchir *a posteriori* sur la manière dont nous avons pu prendre en compte cette dimension internationale et européenne des groupes d'intérêt sans toutefois adopter un point de vue eurocentré. Enfin, nous tenterons de tirer deux enseignements de ce terrain particulier pour prendre en compte l'étroite imbrication du national et de l'européen tout en travaillant à l'objectivation du point de vue national.

Étudier l'Europe et les groupes d'intérêt en sociologue : un nécessaire investissement

À la fin des années 1990 et au début des années 2000 en France, pour qui veut saisir le fonctionnement concret des institutions européennes et observer, pour ce faire, les groupes d'intérêt européens, le corpus disponible apparaissait décevant. Il ne permettait pas de comprendre comment s'étaient constitués des groupes et des intérêts, ni ce que faisaient ceux qui agissaient dans ces organisations. Aussi, pour rendre compte de ce qu'il se passait au sein de cet espace européen, conceptualisé plus tard comme un champ[13], il fallait en priorité mener des enquêtes sociologiques.

Un terrain européen bien occupé

Les négociations sur l'Acte unique (1986) et la mise en place de l'Union européenne des années 1990 ont contribué à remettre sur l'agenda académique français l'étude des groupes d'intérêt sans pour autant promouvoir une véritable tradition de recherche en France[14]. Après les travaux menés par Jean Meynaud et Dusan Sidjanski dès les années 1960 et 1970 sur le rôle des groupes d'intérêt dans l'intégration européenne[15],

9. Ernst Haas, *The Uniting of Europe. Political, social and economical forces, 1950-1957*, Stanford, Stanford University Press, 1958 ; *id.*, *Beyond the Nation state. Functionalism and international organization*, Stanford, Stanford University Press, 1964.

10. Hélène Michel, *La cause des propriétaires. État et propriété en France, fin XIXe-XXe siècle*, Paris, Belin, 2006.

11. Ce dont témoignent les travaux de Sabine Saurugger et Emiliano Grossmann du début des années 2000 : S. Saurugger, *Européaniser les intérêts ? Les groupes d'intérêt économiques et l'élargissement de l'Union européenne*, Paris, L'Harmattan, 2003 ; E. Grossman, « Les groupes d'intérêt économiques face à l'intégration européenne : le cas du secteur bancaire », *Revue française de science politique*, 53(5), 2003, p. 737-760.

12. Des financements européens conséquents ont contribué à institutionnaliser la recherche sur les groupes d'intérêt : le 7e Programme-cadre pour la recherche et développement (PCRD) entre 2007 et 2013 a financé le vaste projet de recherche CONNEX Network of Excellence dirigé par Beate Kohler-Koch ; l'European Research Council a financé le centre de recherche constitué autour de Jan Beyer à l'université d'Anvers et le projet EUROLOB à l'université de Mannheim autour de Rainer Eising. Des réseaux académiques (par exemple la constitution d'un *Standing group on interest groups* de l'ECPR) et des revues spécialisées comme *Interest Groups and Advocacy*, créée en 2012, ont aussi contribué à identifier et institutionnaliser ce domaine de recherche.

13. Voir la contribution de Didier Georgakakis dans ce numéro et son livre : *Le champ de l'Eurocratie. Une sociologie politique du personnel de l'UE*, Paris, Economica, 2012 ; N. Kauppi, *Democracy, Social resources and Political Power in the European Union*, Manchester, Manchester University Press, 2005 ; N. Kauppi et M. R. Madsen (dir.), *Transnational Power Elites. The New Professionals of Governance, Law and Security*, Londres, Routledge, 2013 ; D. Bigo (dir.), *The Field of the EU Internal Security Agencies*, Paris, L'Harmattan, 2007.

14. Sur l'histoire de cette tradition d'étude en France, voir Guillaume Courty, *Le lobbying en France. Invention et normalisation d'une pratique politique*, Bruxelles, Peter Lang, 2018 et son introduction avec Marc Milet à *Les groupes d'intérêt en France*, Paris, Classiques Garnier, 2023.

15. Jean Meynaud et Dusan Sidjanski, *Les groupes de pression dans la Communauté européenne (1958-1968)*, Bruxelles, Éd. de l'Institut de sociologie de l'ULB, 1971 ; Dusan Sidjanski et Ural Ayberk, « Le nouveau visage des groupes d'intérêt communautaires », *Journal of European Integration*, 10(2-3), 1987, p. 173-201 ; D. Sidjanski, « Eurosphère. Dirigeants et groupes européens », *in* François D'Arcy et Luc Rouban (dir.), *De la Ve République à l'Europe. Hommage à Jean-Louis Quermonne*, Paris, PFNSP, 1996, p. 279-298.

on redécouvrait ces groupes sous la plume de chercheurs comme Jeremy Richardson et Sonia Mazey, largement publiés et traduits en France[16]. Ils contribuaient au renouvellement d'une production académique qui, après s'être évertuée à qualifier *a priori* un régime politique, tentait désormais de rendre compte des processus décisionnels. Deux ensembles de travaux cohabitaient alors sur les groupes d'intérêt, l'un en passe de disparaître au profit de l'autre apparemment plus prometteur.

Le premier ensemble tentait de définir le modèle de la représentation des intérêts pour l'Union européenne à l'aide de grandes catégorisations, comme le pluralisme opposé au (néo)-corporatisme. Mais, manifestement, cette typologie ne fonctionnait pas très bien pour qualifier ce nouveau régime que l'on avait déjà du mal à classer et à décrire à partir des catégories institutionnelles classiques (comme pouvoir législatif et exécutif ; type de régime politique). Face à cette difficulté, certains proposaient de se limiter à des secteurs particuliers : par exemple, dans le domaine social, avec la mise en place progressive du dialogue social[17] où les partenaires sociaux négociaient des accords pouvant devenir des lois européennes, il était possible d'identifier un régime corporatiste. Pour les autres secteurs en revanche, le pluralisme était mis en avant, avec une pluralité d'organisations et surtout une pluralité de points d'accès aux institutions européennes : si la Commission européenne avait été pendant longtemps la cible des groupes de pression, désormais le Parlement européen devait aussi compter avec le *lobbying*. Les chercheurs s'employaient à identifier ces différents points d'accès, allant parfois jusqu'à confondre accès et pouvoir, et à montrer la diversité des organisations investies, reprenant à cet égard les discours institutionnels. Toutefois, face à la difficulté d'appliquer ces catégories sur les réalités observées, des auteurs proposaient d'autres qualifications : « clientélisme », « méso-corporatisme » ou encore « réseau d'action publique » ou « coalitions *ad hoc* »[18]. Mais tous considéraient qu'il fallait en passer par la caractérisation du système de représentation des intérêts pour expliquer ce qu'il s'y passait.

Or, au risque de rappeler une évidence, le sociologue ne part pas de la définition des objets pour en inférer le fonctionnement mais, au contraire, de leur fonctionnement concret pour en restituer les logiques. Surtout, face à ces catégories qui suscitent des discussions quant à leur pertinence et leurs limites, il ne choisit pas sa définition mais prend pour objet cet enjeu de la définition. Si les grands débats qui structurent un champ de recherche ne permettent de comprendre ni le fonctionnement des institutions européennes, ni la fabrique des politiques publiques, alors il faut s'en abstraire, même si cette mise à distance des débats théoriques limite l'inscription et la diffusion de la recherche dans le champ académique international. Rétrospectivement, aujourd'hui, il apparaît que ce sont les tenants du pluralisme qui occupaient une place importante dans cet espace académique. Il faut dire que cette perspective pluraliste, quelque peu stratégiste, est de nature à satisfaire les acteurs du *lobbying* : leur succès s'explique par les ressources dont ils disposent et par leur dextérité à élaborer, choisir et mettre en œuvre une stratégie en direction de différentes cibles. Le « tout est possible », même avec quelques limites, est un postulat nécessaire pour pouvoir vendre des services à des clients qui veulent défendre leurs intérêts. C'est aussi une conception qui incite toutes les organisations, même celles qui dénoncent l'existence du *lobbying*, à en faire pour défendre leurs intérêts.

À côté de ces travaux issus d'une perspective institutionnelle, se développaient des travaux beaucoup plus nourris empiriquement à partir de récits de campagnes de *lobbying* ou d'expériences de personnes les ayant vécues. Les publications existantes, souvent des ouvrages collectifs, comportaient à la fois des analyses d'observateurs académiques et des témoignages d'acteurs, qu'ils soient administrateurs à la Commission européenne, eurodéputés ou consultants. Ce corpus, beaucoup plus mesuré que les travaux journalistiques dénonçant le *lobbying*, mettait en évidence une « relation d'échanges » entre les agents de l'administration et les représentants d'intérêts qui est devenue la manière de décrire les relations entre institutions européennes et groupes d'intérêt[19] et, dans le même temps, la manière de justifier leur présence et leur contribution à la fabrique des politiques publiques. De même que fonctionnaires et élus cohabitaient avec des consultants et des représentants d'intérêts dans une publication collective, ils travaillaient de concert au fonctionnement de l'Union européenne.

16. Sonia Mazey et Jeremy Richardson (dir.), *Lobbying in the European Community*, Oxford, Oxford University Press, 1993 ; *id.*, « La Commission européenne. Une bourse pour les idées et les intérêts », *Revue française de science politique*, 46(3), 1996, p. 409-430 ; *id.*, « Faire face à l'incertitude. Stratégie des groupes de pression dans l'Union européenne », *Pouvoirs*, 79, 1996, p. 52-69 ; *id.*, « De la liberté des mœurs politiques à un style européen de politique publique ? », *in* Yves Mény, Pierre Muller et Jean-Louis Quermonne (dir.), *Politiques publiques en Europe*, Paris, L'Harmattan, 1995, p. 95-118.

17. Arnaud Mias et Claude Didry, *Le moment Delors. Les syndicats au cœur de l'Europe sociale*, Bruxelles, PIE-Peter Lang, 2005.

18. Ural Ayberk et François-Pierre Schenker, « Des lobbies européens entre pluralisme et clientélisme », *Revue française de science politique*, 48(6), 1998, p. 725-755 ; Patrick Hassenteufel, « Les groupes d'intérêt dans l'action publique : l'État en interaction », *Pouvoirs*, 74, 1995, p. 155-168.

19. Voir, par exemple, Pieter Bouwen, « Exchanging access goods for access : A comparative study of business lobbying in the European Union institutions », *European Journal of Political Research*, 43(3), 2004, p. 337-369 ; David Coen et Jeremy Richardson (dir.), *Lobbying the European Union. Institutions, Actors, and Issues*, Oxford, Oxford University Press, 2009.

Les chercheurs n'étaient pas exclus de cette relation appelée « co-construction ». Les membres de l'administration européenne n'hésitaient pas en effet à les solliciter pour qu'ils les aident à gérer la présence de ces représentants d'intérêts, perçus comme de plus en plus nombreux. Comme cela avait pu être le cas avec les historiens de la construction européenne[20], les spécialistes des groupes d'intérêt étaient ceux qui pouvaient aider à résoudre les problèmes de l'administration : comment devait s'organiser la représentation des intérêts ? Comment garantir l'équilibre entre les forces en présence ? Un dialogue civil sur le modèle du dialogue social était-il possible ? Quant aux représentants des groupes d'intérêt, ils avaient certes besoin de conseils pratiques pour être plus efficaces et mieux s'organiser mais ils avaient surtout besoin de reconnaissance. Aussi, les publications académiques qui rappelaient les origines des « relations publiques »[21] et les aventures de quelques pionniers du *lobbying*, comme Edward Bernays et la fabrique du consentement, ou John Hill fondateur de l'agence Hill & Knowlton, étaient-elles moins prisées que les travaux de science politique et de sociologie des organisations et du management, comme ceux de Justin Greenwood, qui offraient une très bonne compréhension de ce qu'il se passait au sein de ces organisations[22]. En s'ouvrant à ces travaux de recherche, et avant qu'ils ne se mettent à théoriser eux-mêmes leurs propres pratiques[23], les représentants des groupes d'intérêts montraient qu'ils exerçaient une activité légitime, avec des organisations ayant « pignon sur rue », constituée de professionnels qui ont appris leur métier, et qu'en tant que « facilitateurs » de l'action publique, ils pouvaient contribuer à démocratiser l'Union européenne.

Ainsi, le vide sociologique des modèles de la représentation d'intérêts se trouvait-il comblé par un trop-plein de récits et témoignages sur des campagnes de *lobbying*. Dans le même temps, les questionnements sur le système de représentation des intérêts de l'Union européenne cédaient la place à des interrogations sur les inégalités entre les forces en présence pour accéder aux institutions. Mais on ignorait toujours qui représentait et défendait ces intérêts.

La sociologie des représentants d'intérêts : un terrain vierge

S'intéresser à ceux qui représentent et défendent des intérêts n'a jamais été une fin en soi mais un bon moyen pour rendre compte de leurs contributions au fonctionnement de l'Union européenne et des effets que l'on pouvait leur attribuer ou qu'ils s'attribuaient eux-mêmes. Tous ne s'y prenaient pas de la même manière pour tenter d'obtenir ce qu'ils disaient vouloir obtenir ; de plus, tous n'atteignaient pas également leurs objectifs, tels que déclarés ou tels qu'implicitement poursuivis. Nous voulions donc non seulement comprendre pourquoi les individus faisaient ce qu'ils faisaient mais aussi expliquer comment ces différences s'observaient dans les pratiques de représentation et de défense des intérêts que ni les statuts d'organisation (syndicat, fédération patronale, cabinet de consultance, bureau de représentation régional, association, etc.), ni la diversité des types d'intérêts défendus (social, régional, environnemental, économique, etc.) ne parvenaient à éclairer. Se concentrer sur les pratiques permettait de dépasser ces typologies objectivistes. C'était l'objectif de l'ouvrage *Lobbyistes et lobbying de l'Union européenne*[24] qui se focalisait sur des pratiques apparemment diverses mais comportant de nombreux points communs et qui pouvaient être étudiées comme autant de pratiques de mobilisation. Nous réunissions ainsi deux traditions d'études, celle des groupes d'intérêt et celle des mouvements sociaux, comme invitait à le faire Michel Offerlé[25], et comme l'avaient fait Richard Balme et Didier Chabanet en traitant le *lobbying* comme une action collective parmi d'autres[26]. De cette manière, nous pouvions éviter une réflexion sur les seuls comportements d'individus au profit d'une analyse relationnelle en lien avec le fonctionnement de leur organisation et l'environnement concurrentiel dans lequel ils évoluaient. Nous pouvions, de plus, réinterroger leurs logiques d'action en ne réduisant pas leurs pratiques à la pression sur des décideurs : nous avions montré que tous ne venaient pas à Bruxelles pour influencer les décideurs européens[27], et que des logiques nationales[28]

20. Morgane Le Boulay, « Investir l'arène européenne de la recherche. Le "Groupe de Liaison" des historiens auprès de la Commission européenne », *Politix*, 89, 2010, p. 103-124.

21. Sur les origines du *lobbying* et ses pères fondateurs voir John Stauber et Sheldon Rampton, *L'industrie du mensonge. Lobbying, communication, publicité et médias*, Marseille, Agone, 2004 ; William Dinan et David Miller, *A Century of Spin. How Public Relations Became the Cutting Edge of Corporate Power*, Londres, Pluto Press, 2007.

22. Andrew M. McLaughlin et Justin Greenwood, « The management of interest representation in the European Union », *Journal of Common Market Studies*, 33(1), 1995, p. 143-156 ; J. Greenwood, *Inside the EU Business Associations*, Basingstoke, Palgrave, 2002 ; *id.*, *The Challenge of Change in EU Business Associations*, Basingstoke, Palgrave, 2003.

23. Rinus van Schendelen (dir.), *Machiavelli in Brussels. The art of lobbying the EU*, Amsterdam, Amsterdam University Press, 2005 ; Phil Harris et Craig S. Fleisher (dir.), *The Handbook of Public Affairs*, Londres, Sage Publications, 2005.

24. H. Michel (dir.), *Lobbyistes et lobbying de l'Union européenne. Trajectoires, formations et pratiques des représentants d'intérêts*, Strasbourg, PUS, 2006.

25. Michel Offerlé, *Sociologie des groupes d'intérêt*, Paris, Montchrestien, 1994.

26. Richard Balme, Didier Chabanet et Vincent Wright (dir.), *L'action collective en Europe*, Paris, Presses de Sciences Po, 2002.

27. H. Michel, « Businesseurope au-delà du "lobbying" : le travail d'intégration européenne d'une organisation patronale », *Critique internationale*, 59, 2013, p. 133-155.

28. H. Michel, « Le droit comme registre d'européanisation d'un groupe d'intérêt. La défense des propriétaires et la Charte des droits fondamentaux de l'Union européenne », *Politique européenne*, 7, 2002, p. 19-42.

« Si vous voulez, à Bruxelles, j'ai la réputation d'un lobbyiste. C'est vrai, parce qu'il n'y a pas beaucoup de dossier de *lobbying* dont je ne me sois pas occupé. Mais c'est un point de vue extrêmement réducteur. C'est-à-dire qu'on fait un métier qui s'appelle *public affair* dans lequel vous avez une part d'information, de veille, d'intelligence économique, vous avez une part d'étude, plus ou moins approfondie, compliquée, sur des stratégies industrielles, ensuite une part de *lobbying*, une part de communication, une part de financement... une part de formation... Alors ça, c'est le métier ! Le *lobbying*, ça fait partie d'un ensemble, point final. Moi, quand on me considère comme lobbyiste... Le *lobbying*... c'est 15 % de mon activité, max ! max ! max ! Quand on me dit lobbyiste... bon... ça a une connotation extrêmement négative en France. Je le prends de plus en plus mal [...] d'ailleurs ! J'ai reçu l'autre jour une invitation pour un dîner, on me demande de venir parler du lobbying parce que je suis un lobbyiste. Et bien non ! C'était entre deux rendez-vous de fonctionnaires, c'était gratuit et puis... Je leur ai dit non ! [...] Et puis, on n'est pas des lobbyistes, on est des consultants internationaux. »

Entretien avec un lobbyiste à la tête d'un cabinet d'une dizaine de salariés, 48 ans, juin 2003

« ***Q : Vous êtes donc sur la même ligne que les lobbyistes consultants ?***
– Tout à fait. Mais le consultant c'est un petit peu autre chose, c'est-à-dire que le consultant va être chargé par une société donnée d'atteindre un résultat. Tandis que nous sommes, nous avons une position beaucoup plus intéressante que le consultant, c'est que nous sommes maîtres du projet. Tandis que le consultant n'est pas maître du projet, il dépend de la société qui va lui dire... Ici, nous avons la gestion de tout le projet avec le problème des voies et moyens. C'est-à-dire que l'aspect budgétaire, c'est nous qui l'avons défini, alors que dans le cadre du consultant, c'est le commanditaire qui va dire : "je mets tant sur le projet". Bon, évidemment, quand vous êtes dans une fédération, vous avez la responsabilité du budget, vous avez la responsabilité de l'atteinte des objectifs. C'est plus large. Mais c'est plus intéressant parce que vous faites le suivi, toute la chronologie dans le temps. Alors que le consultant, si demain, la société en question décide que l'objectif est atteint, c'est fini pour le consultant, le consultant va arrêter de s'occuper de ce projet. Donc là il y a un énorme avantage ! »

Entretien avec un représentant d'une fédération professionnelle européenne
sur la différence avec le consultant, 46 ans, 8 février 2001

« Pour moi, personnellement, le terme *lobbying* est clair. On se cache derrière le mot *public affairs*, mais pour moi, c'est exactement la même chose que *lobbying*. C'est surtout au niveau francophone, et français, ils n'aiment pas du tout *lobbying*. Ils associent ça à des pots-de-vin, des... trafics... Mais c'est pas des pratiques non autorisées. Tandis que les anglophones, pour eux, *lobbying* il n'y a aucun problème. En Amérique, partout ça s'utilise. Ils sont plus coulants là-dessus, ils ont plus l'habitude. »

Entretien avec un lobbyiste indépendant, 39 ans, 25 juin 2003

« Je parlais de *lobbying*, mais dans les pays baltes, la connotation est très négative. En France, groupe de pression, machin, donc égale magouille. Représentation d'intérêt, ça me paraît bien. C'est assez neutre. C'est pas mal. Mais ça ne donne pas la vigueur de cette *advocacy*. "*He advocates !*" Et moi, je vais plus loin, je souhaiterais que ce soit le citoyen qui devienne un *advocacy*. Parce que la vraie question que je poserais : [...] comment voulez-vous reconnecter le citoyen si vous ne lui donnez pas la possibilité d'être un *advocate* ? Ça doit passer par une éducation de ces citoyens dans ce que c'est que l'*advocacy*. Vous pouvez défendre votre bout de gras, mais pour cela, il faut suivre une certaine méthodologie, [une] certaine déontologie, et à ce moment-là, tu pourras avoir une écoute. Parce que sinon, si c'est simplement gueuler et se réunir comme Bové avec ses tracteurs à Schuman, tu fais beaucoup de brouhaha mais ce n'est pas ça qui fait avancer le schmilblick. »

Entretien avec un lobbyiste indépendant belge,
55 ans, 20 octobre 2005

étaient à l'œuvre aussi bien pour satisfaire et recruter des membres que pour développer l'activité commerciale de certaines organisations[29].

Une autre vertu de cette réunion de cas apparemment différents était de pouvoir réfléchir aux enjeux de dénominations que les uns et les autres utilisaient pour se qualifier et disqualifier les autres **[voir extraits d'entretiens, p. 19-20]**. Ainsi, les syndicalistes refusaient avec force le terme de *lobbying* pour désigner leur activité[30] quand les militants du Lobby européen des femmes le revendiquait haut et fort jusque dans son nom. Dans les ONG de défense des droits de l'homme, on préférait « *advocacy* » et dans celles de l'environnement, on se disait mal à l'aise avec le *lobbying* tout en reconnaissant devoir en faire pour répondre aux attentes de l'administration[31]. De cette façon, nous pouvions restituer les enjeux de la définition du *lobbying* et des lobbyistes. Nous pouvions alors faire de même pour les « groupes d'intérêt » qui étaient tout autant une technologie d'action collective[32] qu'une qualification institutionnelle. Cette attention aux luttes de définition permettait aussi de mieux comprendre le diagnostic sur le retard français en matière de groupes d'intérêt qui procédait à partir de catégories qui n'avaient pas la même signification qu'en France où, dans les rayonnages des bibliothèques comme dans les discours sur le monde social, les groupes d'intérêt restaient encore bien distincts du syndicalisme, des associations, du « tiers-secteur » ou des ONG, pourtant largement étudiés.

La production administrative des groupes d'intérêt européens

L'interrogation sur la catégorie de « groupe d'intérêt » n'était pas seulement un passage obligé de la méthode sociologique. Elle s'est imposée à nous à l'occasion d'enquêtes sur la préparation et les usages du livre blanc sur la gouvernance européenne de 2001[33]. Ce document de prospective invitait, entre autres, à accroître la « participation de la société civile » en adoptant une définition très large de ce que recouvrait ce terme de « société civile ». Les débats étaient vifs et les organisations très mobilisées – surtout celles qui avaient contribué à faire reconnaître le rôle des organisations de la société civile là où les associations d'entreprises et fédérations patronales (les *business associations*) étaient les principales interlocutrices des institutions. L'étude des consultations organisées autour du livre blanc montrait bien les enjeux à l'œuvre dans cette progressive substitution de « société civile » à « groupes d'intérêt »[34]. Désormais toute organisation en dehors des institutions pouvait, et même devait, participer : sa contribution était attendue, sollicitée et potentiellement prise en compte par l'administration européenne dans la fabrique des politiques publiques. Le livre blanc n'était toutefois qu'un élément de la politique de la Commission européenne à l'égard des groupes d'intérêt dont l'histoire démarre dès les premières années de la Haute autorité de la CECA, conformément aux inspirations intellectuelles et institutionnelles d'une administration éclairée par des contributions en provenance de secteurs économiques et sociaux[35].

Cette politique, d'abord issue de pratiques plus ou moins organisées avant d'être une orientation politique publiée sous forme de déclaration en 1992, s'est faite à travers un instrument original : le répertoire des groupes d'intérêt. Celui-ci existe dès les années 1960, en version papier ne comportant que des noms et adresses de représentants de fédérations professionnelles **[voir illustration du répertoire des groupes d'intérêt, p. 24-25]**. Il est ensuite complété par un répertoire des organisations à but non lucratif en 2002, avant de devenir aujourd'hui le registre de transparence en ligne où tout représentant doit s'inscrire sous peine de ne pouvoir rencontrer les membres de l'administration et les élus. Ces répertoires ont beaucoup évolué dans le temps : leur matérialité (annuaire papier, classeur, site web), leur origine (élaboré par l'administration ou confié à un éditeur privé), leur mode de constitution (recensement de l'administration, déclarations volontaires, inscription obligatoire), le périmètre couvert, les langues utilisées, les rubriques listées, les informations retenues pour chaque rubrique (dates de création, adresses, membres, noms des représentants) sont autant d'informations qui permettent d'objectiver des formes d'interventions, directes et indirectes, de l'administration sur ces groupements. Aussi, plutôt que de traiter, à l'instar de nombreux spécialistes des groupes d'intérêt[36], ces

29. Sylvain Laurens, « *Make it EU friendly*. Les entrepreneurs du "patronat européen" face aux logiques de la concurrence économique », *Sociétés contemporaines*, 89, 2013, p. 17-46.
30. Corine Gobin, « Syndicalisme européen et lobbies : une antinomie fondamentale ! », *in* Paul-Henry Claeys, Corinne Gobin, Isabelle Smets et Pascaline Winand (dir.), *Lobbyisme, pluralisme et intégration européenne*, Bruxelles, PIE, 1998, p. 110-123.
31. Nathalie Berny, « Le lobbying des ONG internationales d'environnement à Bruxelles. Les ressources de réseau et d'information, conditions et facteurs de changement de l'action collective », *Revue française de science politique*, 58(1), 2008, p. 97-121.
32. Erik Neveu, *Sociologie des mouvements sociaux*, Paris, La Découverte, 2005 [1996].
33. Communication de la Commission européenne, 25 juillet 2001, *Gouvernance européenne-Un livre blanc*, COM(2001) 428 final, Journal officiel C 287 du 12.10.2001.
34. J. Weisbein, « Sociogenèse de la "société civile européenne" », *Raisons politiques*, 10, 2003, p. 125-137 ; H. Michel, « La "société civile" dans la "gouvernance européenne". Eléments pour une sociologie d'une catégorie politique », *Actes de la recherche en sciences sociales*, 166-167, 2007, p. 30-37.
35. A. Cohen, *De Vichy à la Communauté européenne*, Paris, PUF, 2012 ; Aliénor Ballangé, *La démocratie communautaire. Généalogie critique de l'Union européenne*, Paris, Éd. de la Sorbonne, 2022.
36. Par exemple, voir Joost Berkhout et David Lowery, « Counting organized interests in the European Union : a comparison of data sources », *Journal of European Public Policy*, 15(4), 2008, p. 489-513 ; Darren Halpin et Grant Jordan (dir.), *The Scale of Interest Organization in Democratic Politics. Data and Research Methods*, New York, Palgrave Macmillan, 2011.

répertoires comme des sources renseignant le nombre des organisations à différentes dates, nous avons, avec Guillaume Courty et Sylvain Laurens, pris ces répertoires pour objet. Ces enquêtes socio-historiques[37] ont mis en évidence le rôle de la Commission européenne dans la structuration des organisations et dans le processus de différenciation des intérêts représentés. L'administration européenne construisait ses interlocuteurs (les « groupes d'intérêt ») et l'espace de la représentation dans lequel ils agissaient selon des modalités attendues (consultations avec *position papers*, réunions, auditions, etc.).

Ce résultat remet largement en question la perspective pluraliste qui se limite à une vision de l'Union européenne comme n'étant que le réceptacle des groupes d'intérêt. De plus, en observant de plus près les organisations recensées et leurs membres, nous avons pu montrer que la construction européenne était à la fois un processus d'attraction et de sélection d'organisations dites internationales, en même temps qu'une adaptation de ces entités à la structuration évolutive de l'administration européenne : certaines se rebaptisaient « communautaires » ou « européennes », d'autres se scindaient en autant d'organisations qu'il y avait d'intérêts correspondant aux différents secteurs de l'action publique. Plus récemment, en vue du grand élargissement de 2004, les organisations dites faîtières ou parapluie continuaient à se remplir d'organisations nationales : elles étaient alors européennes non seulement parce qu'elles interagissaient avec les institutions de l'UE et concernaient un secteur de politique publique européenne, mais aussi parce qu'elles regroupaient des membres répartis dans les États de l'UE. L'Union européenne avait ainsi contribué à créer des « eurogroupes », à savoir une forme de groupes d'intérêt privilégiée par les agents de la Commission européenne soucieux de travailler avec des acteurs sinon transnationaux du moins capables de produire un intérêt européen à partir d'intérêts nationaux. Ces enquêtes socio-historiques sur les relations entre la Commission européenne et les groupes d'intérêt montraient un processus ancien de structuration d'un champ bureaucratique constitué par ces groupes d'intérêt – appelés plus tard « société civile » puis « *stakeholders* » dans les années 2010 – au sein duquel la Commission européenne occupe une place centrale dans la distribution et la valorisation différenciée de capital bureaucratique[38]. Les différentes enquêtes sociologiques sur les groupes d'intérêt[39] ont ainsi pu rendre compte des processus institutionnels de construction des groupes et des intérêts européens. Toutefois, focalisée sur les représentants d'intérêts à Bruxelles et leurs pratiques en lien avec les institutions européennes, cette sociologie des groupes d'intérêt a-t-elle suffisamment pris en compte la dimension internationale de ce terrain et objet de recherche ?

Faire de l'international sans le savoir ?

Travailler en sociologue sur l'Union européenne avait consisté à revendiquer l'idée que l'Europe était un terrain comme un autre. C'était une condition indispensable pour rester en lien étroit avec la sociologie politique et d'autres disciplines des sciences sociales (anthropologie, histoire, sociologie du droit, etc.). C'était aussi un moyen pour ne pas être cantonnée à une spécialité où ne seraient admis que quelques initiés. Plus généralement, ce parti pris participait d'une conviction plus générale que nous pouvions exporter sur ce terrain les concepts et méthodes de la sociologie politique, à la différence de ceux qui considéraient que pour étudier un objet inédit et « *sui generis* » comme l'Union européenne, il fallait forger de nouveaux concepts. C'était, par exemple, le cas avec la notion de « gouvernance » pour penser un gouvernement en dehors des catégories de l'État ou encore pour analyser des actions publiques qui n'étaient pas produites par un État. Pour notre part, nous rejoignions ceux qui estimaient que les politiques publiques européennes étaient des politiques comme les autres et, par conséquent, invitaient à puiser dans la boîte à outils de l'analyse des politiques publiques[40]. Certes, le terrain européen avait ses spécificités, comme tout terrain. Mais elles n'empêchaient pas, bien au contraire, les sociologues spécialistes de différents objets (élections, parlements, partis politiques, cours de justice, groupes d'intérêt, etc.) de venir travailler sur l'Europe. Toutefois, cette conception, fructueuse et opérationnelle, s'efforçait, dans le même temps,

37. H. Michel et G. Courty, « Groupes d'intérêt et lobbyistes dans l'espace politique européen : des permanents de l'eurocratie », *in* D. Georgakakis (dir.), *Le champ de l'Eurocratie*, *op. cit.*, p. 213-240 ; H. Michel et S. Laurens, « Sociohistoire d'un espace de représentation européenne des intérêts patronaux (1960-2004) », *in* H. Michel (dir.), *Représenter le patronat européen. Formes d'organisation patronale et modes d'action européenne*, Bruxelles, PIE-Peter Lang, 2013, p. 23-44.

38. D. Georgakakis (dir.), *Le champ de l'Eurocratie*, *op. cit.* ; S. Laurens, *Les courtiers du capitalisme. Milieux d'affaires et bureaucrates à Bruxelles*, Marseille, Agone, 2015.

39. Par exemple : Yiorgos Vassalos, *L'Europe de la finance. Enquête sur la production de la régulation financière européenne (le cas de MiFID 2, 2009-2017)*, thèse de science politique, Université de Strasbourg, 2020 ; Julien Louis, « La domination bureaucratique européenne en action. Le cas d'un accord du dialogue social », *Gouvernement et action publique*, 11(2), 2022, p. 55-78 ; Élise Roullaud, *Contester l'Europe agricole. La Confédération paysanne à l'épreuve de la PAC*, Lyon, PUL, 2017 ; Yohann Morival, *Les Europes du patronat français depuis 1948*, Bruxelles, Peter Lang, 2019 ; M. Milet, *Théorie critique du lobbying. L'Union européenne de l'artisanat et des PME et la revendication européenne des petites et moyennes entreprises*, Paris, L'Harmattan, 2017 ; Willy Beauvallet, Cécile Robert et Élise Roullaud (dir.), *EU affairs. Une sociologie des lobbyistes européens*, Bruxelles, Peter Lang, 2022 ; Christian Lahusen, *European Lobbying. An Occupational Field between Professionalism and Activism*, Londres, Routledge, 2023.

40. Patrick Hassenteufel et Yves Surel, « Des politiques publiques comme les autres ? Construction de l'objet et outils d'analyse des politiques européennes », *Politique européenne*, 1, 2000, p. 8-24.

de montrer les processus d'autonomisation des espaces nationaux comme internationaux de cet espace européen. Aussi, elle a pu donner l'impression de minimiser la dimension internationale de ce terrain, au sens où il était travaillé à la fois par des agents venus de différents pays et par des débats théoriques issus du domaine des relations internationales. La localisation bruxelloise de ce terrain et la perspective eurocentrée des travaux dominants sur les groupes d'intérêt semblaient y pousser.

Bruxelles, un terrain étranger comme un autre ?

Pour un Français, aller à Bruxelles est une expérience ni vraiment étrangère, ni totalement internationale, tout en étant difficile à identifier comme européenne. D'abord, la francophonie y reste importante, y compris chez les représentants d'intérêts qui cherchaient à nous répondre en Français. Du fait de nos identifications géographiques et universitaires, l'anglais n'était pas la langue d'emblée proposée. Les personnes que nous interrogions semblaient se conformer à une règle tacite consistant à se mettre à la hauteur linguistique de leur interlocuteur. Cette pratique, courante au sein des institutions européennes pour favoriser le plurilinguisme, se retrouvait aussi chez les représentants d'intérêts, du moins chez ceux qui avaient les moyens de ne pas s'en tenir exclusivement à l'anglais. C'était le cas des responsables syndicaux au sein de la Confédération européenne des syndicats (CES) comme au sein de l'organisation patronale BusinessEurope (ex-UNICE), ou encore des consultants qui évoluaient dans des gros cabinets implantés dans différents pays. En effet, ceux qui parlaient français n'étaient pas les dominés incapables de parler anglais mais, au contraire, ceux qui avaient les moyens de parler une autre langue, en plus de l'anglais. Les « monolingues » anglophones, pour reprendre l'expression de Cris Shore[41], ne constituaient pas alors l'élite des représentants d'intérêts.

Il était en outre difficile d'identifier des organisations comme européennes à partir d'éléments aussi objectifs que leurs noms et leurs statuts. Certaines organisations s'intitulaient « internationales » et n'avaient pour adhérents que des membres issus des pays de l'Union européenne ; d'autres comportaient bien l'adjectif « européenne » dans leur nom mais ne travaillaient pas en relations avec les institutions européennes ; d'autres encore, nationales ou régionales, avaient un bureau de représentation auprès des institutions européennes et pouvaient très bien entrer dans notre périmètre de recherche. Le statut juridique de ces groupements ne facilitait pas non plus la tâche dans la mesure où la grande majorité étaient des associations de droit belge, déclarées auprès du tribunal de commerce sous le statut d'ASBL (association sans but lucratif), relevant des règles de la fiscalité et du droit du travail belges. Même avec la réforme de 2002 de la loi sur les ASBL de 1921, ouvrant la possibilité de créer des associations internationales sans but lucratif, les associations restaient des associations de droit belge. Comment distinguer alors les « européennes » de celles qui avaient un objet social belge ? De plus, pour connaître leur nombre ou apprécier l'évolution de leur présence auprès des institutions européennes, le greffe du tribunal de commerce n'était qu'une source imparfaite, avec des manques, en raison par exemple de toutes celles qui n'y figuraient pas car étant des « associations de fait » (comme la CES) ou encore de celles ayant leur siège social dans d'autres capitales européennes. Il n'existe pas de statut d'association européenne, malgré les revendications de nombreux acteurs associatifs, relayées par le Comité économique et social européen (CESE)[42]. Aussi, leur installation peut avoir comme siège Bruxelles ou d'autres villes des États membres sans qu'il soit possible de les identifier comme des « *EU-organisation* », pour employer le terme anglais forgé pour désigner ces organisations liées aux institutions de l'Union européenne. Par conséquent, ni la localisation du siège social, ni le nom des associations ne permettaient d'identifier les groupes d'intérêt européens sur lesquels enquêter. Autant d'éléments qui nous invitaient à observer un terrain belge, et d'en explorer les informations et les sources nécessaires à l'enquête[43].

Pour autant, ces objets européens restaient bien distincts de la politique et de la société belges. Cela était visible dans la manière dont les Belges parlaient des « Européens », c'est-à-dire ceux qui travaillaient « pour les Communautés ». Cela était visible dans la répartition géographique des lieux d'habitation de ces professionnels de l'Europe qui s'installaient plutôt dans les communes huppées de Woluwe, Uccle ou encore Etterbeck[44]. Cela était encore visible dans l'espace urbain bruxellois où le quartier européen constituait

41. Cris Shore, *Building Europe. The Cultural Politics of European Integration*, Londres, Routledge, 2000.

42. La Commission européenne avait fait une proposition de règlement mais l'a retirée en septembre 2005 pour des raisons de simplification administrative, de même elle a retiré une proposition de statut de mutuelle européenne en mars 2006.

43. À cet égard, les travaux sur la ville offraient un corpus intéressant : Carola Hein, « The polycentric and opportunistic capital of Europe », *Brussels Studies*, 2, 2006, en ligne : https://journals.openedition.org/brussels/308 (consulté en juillet 2024) ; Eric Corijn, Cathy Macharis, Theo Jans et Michel Huysseune, « L'impact des institutions internationales à Bruxelles : une approche multicritères », *Brussels Studies*, 23, 2008, en ligne : https://journals.openedition.org/brussels/633 (consulté en juillet 2024).

44. Voir D. Georgakakis, *Au service de l'Europe. Crises et transformations sociopolitiques de la fonction publique européenne*, Paris, Éd. de la Sorbonne, 2019.

PHOTOGRAPHIE du *Répertoire des groupes d'intérêt*, édition de 1996, publié par l'Office des publications de l'Union européenne, trilingue.

EXTRAIT DE L'INDEX FRANÇAIS DE CE RÉPERTOIRE. La liste des noms des groupes d'intérêt montre la diversité tant des groupements (confédération, conférence, conseil, *consortium*, coordination) que des secteurs et intérêts représentés. Elle donne aussi à voir que les organisations s'intitulent tout à la fois « européennes » et « internationales », voire « mondiales ».

un « monde clos[45] », par sa localisation et ses moments de sociabilité en lien étroit avec le rythme de travail des institutions européennes – place du Luxembourg devant le Parlement européen ou aux abords du rond-point Schuman. Dans ces lieux et ces moments, la dimension internationale de ce milieu devient patent : pluralité des langues parlées, diversité des nationalités rencontrées, hétérogénéités des statuts de ceux qui travaillent et des organisations pour lesquelles ils travaillent. Les institutions de l'Union européenne sont ce qui les réunit. Leur carrière en dépend, tout comme leur existence sociale et familiale. À cet égard, ils partagent bien un même intérêt pour l'Union européenne qui, loin d'être identique, dépend des caractéristiques sociales tant des organisations que des individus[46]. Aussi, ce terrain bruxellois était-il davantage qu'un terrain étranger. Par le droit et par les langues, par sa matérialisation dans l'espace urbain, il était intégré dans des espaces nationaux tout en parvenant à s'en autonomiser par les liens entretenus avec les institutions de l'Union européenne. Toutefois, cet encastrement de l'européen dans les champs nationaux n'était visible et finalement évident que parce que l'entrée sur ce terrain ne s'était pas faite par les institutions.

Dans le même temps, cette inter-nationalité est restée en marge des questionnements centraux de la sociologie politique de l'Europe. Tout d'abord, cette question était en partie traitée par les anthropologues des institutions européenne qui avaient ouvert la voie aux enquêtes ethnographiques[47], contribuant à une meilleure connaissance du fonctionnement des institutions. Ils avaient placé la culture au centre de leurs travaux et semblaient avoir les outils pour l'analyser, même si leurs analyses laissaient souvent les langues et les cultures étudiées en dehors des structures sociales. De plus, la sociologie des groupes d'intérêt que nous pratiquions pour saisir le fonctionnement de l'Union européenne s'inscrivait dans une sociologie des institutions de l'UE, insistant sur leur autonomisation des espaces nationaux. Cette tendance, néanmoins corrigée dès que l'on observe ceux qui investissent ces institutions et les incarnent, se trouvait renforcée par les grilles d'analyse eurocentrées de l'Union européenne. Cette perspective permettait certes de réunir des chercheurs, issus de pays et de disciplines différentes, partageant l'étude des mêmes institutions et des mêmes processus – c'était bien ce qui rendait possible leur compréhension mutuelle et leurs discussions. Réunis autour de l'objet « Union européenne », utilisant l'anglais comme *lingua franca*, ces européanistes pouvaient se convaincre qu'ils partageaient un même point de vue. Mais tous ne traitaient pas vraiment du même objet qui restait différemment façonné selon les perspectives en vigueur dans les espaces académiques nationaux[48].

Cette illusion d'un objet commun est sans doute nécessaire pour que les traditions nationales d'études puissent converger, voire s'anéantir, au profit d'un point de vue censé être unique sur l'objet européen. Mais elle a pour conséquence, d'une part, d'évacuer la perspective socio-historique dans l'étude de la genèse des organisations et des intérêts, dans la mesure où elle renvoie aux histoires nationales et à leur comparaison ; et d'autre part, d'inciter à l'étude de grands moments de négociations internationales (les conférences intergouvernementales, les contre-sommets européens par exemple) au risque de faire de la construction européenne une succession de dates communes à l'ensemble des pays participants. L'avantage de cette focale est d'obliger à considérer les différents points de vue nationaux en faisant le tour des archives diplomatiques[49] pour saisir leur articulation en une réalisation commune. L'inconvénient est qu'elle réduit les groupes d'intérêt européens impliqués aux intérêts nationaux ou sectoriels qu'ils défendent sans qu'ils ne soient nécessairement réinsérés dans un espace social où le national et l'européen sont encastrés.

Prendre l'interculturalité au sérieux

Si l'on prend la peine de pénétrer au sein des organisations, d'observer leur fonctionnement et les interactions de ceux qui y travaillent, cette dimension dite « interculturelle » apparaît de manière centrale et continue[50]. Cabinets de consultants, fédérations patronales ou syndicales, sans oublier les ONG, s'efforcent de recruter des professionnels issus de divers pays européens, d'assurer un plurilinguisme et d'élaborer

45. Sylvain Laurens, Francis Marchan et Matthieu Van Criekingen, « "Il faut de tout pour faire un monde clos". Genèse historique, délimitations matérielles et symboliques du "quartier européen" à Bruxelles, 1960-2010 », *Actes de la recherche en sciences sociales*, 195, 2012, p. 78-97 ; Olivier Baisnée, « "En être ou pas". Les logiques de l'entre soi à Bruxelles », *Actes de la recherche en sciences sociales*, 166-167, 2007, p. 110-121.

46. H. Michel et G. Courty, « Groupes d'intérêt et lobbyistes… », chap. cité.

47. Marc Abélès et Irène Bellier, « La Commission européenne. Du compromis culturel à la culture politique du compromis », *Revue française de science politique*, 46(3), 1996, p.431-455 ; Marc Abélès, « Déplacement des enjeux et lobbyisme européen », *in* Pascal Perrineau (dir.), *L'engagement politique : déclin ou mutation ?*, Paris, Presses de Sciences Po, 1994, p. 405-422.

48. Voir, par exemple, Francisco Roa Bastos, « "Académie européenne" ou "europäische Akademie" ? L'ancrage allemand des études européennes et ses conditions de possibilité », *Politique européenne*, 52, 2016, p. 114-144.

49. Voir, par exemple, Laurence Badel, *Diplomaties européennes XIXe-XXIe siècle*, Paris, Presses de Science Po, 2021 ; Laurent Warlouzet, *Europe contre Europe. Entre liberté, solidarité et puissance*, Paris, CNRS Éditions, 2022 ; Emmanuel Mourlon-Druol, Aurélie Andry, Haakon Ikonomou et Quentin Jouan (dir.), *Rethinking European Integration History in Light of Capitalism*, Londres, Routledge, 2022.

50. Voir, par exemple, Anne-Catherine Wagner « Syndicalistes européens. Les conditions sociales et institutionnelles de l'internationalisation des militants syndicaux », *Actes de la recherche en sciences sociales*, 155, 2004, p. 13-33.

des *position papers* qui soient européens au sens où ils puissent intégrer les différents points de vue, ne pas écarter certains membres ou certains clients, ou encore en heurter d'autres. Ils imitent en cela la Commission européenne dans laquelle les cabinets des commissaires comme les unités des directions générales doivent comporter des agents de différentes nationalités. Mais si l'on s'en tient à l'observation d'interactions entre représentants d'intérêts et agents des institutions européennes, cette dimension interculturelle est gommée par l'usage de manières d'être et de faire similaires ainsi que par la production en anglais de documents de travail. On a alors peu de chance de saisir l'internationalité.

En revanche, si l'on se concentre sur les parlementaires européens, davantage en lien avec des logiques nationales (avec, par exemple, la constitution des listes de candidats aux élections européennes ou les relations entre les groupes politiques au Parlement européen et les partis politiques nationaux), l'internationalité est plus directement observable sans pour autant empêcher un processus d'autonomisation de cet espace parlementaire[51]. Par exemple, au sein du Parlement, le service de traduction simultanée permet aux députés de s'exprimer dans leur langue, ce qu'ils préfèrent souvent faire, même ceux qui en maîtrisent d'autres. Néanmoins, ce multilinguisme ne se traduit pas par une juxtaposition d'expressions nationales. Il offre la possibilité de jeux politiques qui renvoient à une structuration transnationale et politique du Parlement européen – comme ce fut le cas pour ce député socialiste espagnol, qui intervint en anglais pour s'opposer à un autre député, lui aussi espagnol mais appartenant au groupe politique de centre droit du Parti populaire européen : en refusant d'utiliser l'espagnol, il marque une opposition politique qui déborde le cadre national ; de plus, l'anglais lui a permis de s'adresser directement à l'ensemble des députés présents en leur évitant pour la plupart le recours à la traduction.

Le multilinguisme est un objet particulièrement pertinent pour étudier les usages politiques de la langue et pour saisir les enjeux qui sont contenus dans un terme au cœur d'un projet de texte législatif[52]. Il n'a vraisemblablement pas été totalement exploré, en particulier pour réfléchir à l'usage des langues par les chercheurs en sciences sociales sur un terrain international. Quelle différence produit-on en interrogeant un enquêté dans sa langue maternelle, dans sa langue de travail ou encore en faisant un entretien avec un traducteur ou en invitant chacun à s'exprimer dans sa langue avec une « compréhension passive » de l'autre ? Et lorsque le sociologue, comme la personne interrogée, adoptent une langue autre que celle dans laquelle chacun travaille, comment capter des représentations sociales et des jeux plus diffus qui peinent à se mettre en mots, et tout particulièrement en mots étrangers ? C'est pourquoi l'immersion dans des organisations est importante pour rendre compte non seulement de cette pluralité et de son intégration dans une voix commune mais aussi de son ancrage dans des processus sociaux.

La question de la socialisation par et dans les institutions européennes permet de mieux appréhender en sociologue cette interculturalité comme un élément de la dimension internationale de l'Europe[53]. Une enquête sur les formations syndicales au sein de la Confédération européenne des syndicats à Bruxelles (CES) a montré la centralité de cette question. Parmi les cours et formations dispensés aux responsables syndicaux, beaucoup concernaient « l'interculturalité ». Dans un premier temps, nous n'avions pas intégré ces formations dans notre recherche, nous focalisant sur les dimensions politiques du syndicalisme[54] pour comprendre comment, par exemple, des organisations syndicales nationales – y compris celles en concurrence au sein d'un même État membre – pouvaient se fondre dans une confédération européenne et parler d'une même voix. Nous observions alors des formations plus techniques sur les dernières législations sociales ou les accords issus du dialogue social européen. Elles étaient toutefois rares à cette échelle dans la mesure où ces formations étaient assurées par les organisations nationales ou sectorielles affiliées à la CES[55].

Ce n'est que dans un second temps que nous avons pris au sérieux « l'interculturalité » qui revenait si souvent dans les propos des syndicalistes interrogés au sein de l'Institut syndical européen. Pour cela, il a fallu d'abord dépasser une forme d'appréhension à l'égard de cette notion qui tendait à considérer qu'il existait une culture nationale homogène et essentialisée. Ensuite, il a fallu prendre ses distances avec l'approche managériale des formations au profit d'un questionnement qui permette d'interroger cette manière d'objectiver des différences nationales. Ce faisant, nous pouvions rendre compte de la dimension sociale des habitudes, des pratiques

51. Voir les travaux de Willy Beauvallet et Sébastien Michon, par exemple : « L'institutionnalisation inachevée du Parlement européen. Hétérogénéité nationale, spécialisation du recrutement et autonomisation », *Politix*, 89, 2010, p. 147-172

52. Voir le numéro spécial de la revue *Mots*, « Le multilinguisme dans les organisations internationales », 128, 2022.

53. H. Michel et C. Robert (dir.), *La fabrique des « Européens ». Processus de socialisation et construction européenne*, Strasbourg, PUS, 2010.

54. Enquête réalisée avec Anne-Catherine Wagner au sein du collectif réuni sur les formations syndicales. Voir Nathalie Ethuin et Karel Yon (dir.), *La fabrique du sens syndical. La formation des représentants des salariés en France (1945-2010)*, Bellecombes-en-Bauges, Éd. du Croquant, 2014.

55. Benoît Verrier, « La formation à l'Europe des syndicalistes de la CFDT. Apprentissages européens et contrôle syndical d'une organisation proeuropéenne », *in* H. Michel (dir.), *Lobbyistes et lobbying*, *op. cit.*, p. 143-167.

DESSIN HUMORISTIQUE faisant la couverture du *Lobby planet*, édité par CEO en 2011. Le dessin caricature les relations entre les représentants des milieux d'affaire et les institutions européennes que sont le Parlement européen et la Commission européenne (bâtiment Berlaymont, à droite du dessin).

et des représentations nationales. Dans le cadre d'une formation syndicale sur l'interculturalité, un exercice sur les valeurs[56] (à partir d'une historiette relative à la fidélité dans le couple, aux relations entre parents et enfants, à l'amitié et à la loyauté) nous a donné l'occasion de réfléchir aux logiques sociales à l'œuvre, en essayant de mettre en évidence des différences de valeur en lien non pas tant avec des différences nationales qu'avec des différences sociales (âge, sexe, position et ancienneté dans l'entreprise). Aujourd'hui, grâce aux travaux développés sur les classes sociales en Europe[57], nous pourrions mieux montrer les structurations sociales à l'œuvre dans ces variables nationales qui renvoient à des logiques sociales. Les enquêtes qui ont pris la peine d'appréhender au plus près ces formes d'internationalisation[58] sont très précieuses pour montrer comment opère l'intégration européenne dans les trajectoires et les pratiques, et ce au-delà du fonctionnement des institutions européennes. À cet égard, les groupes d'intérêt européens comme la CES ou BusinessEurope sont bien des organisations qui travaillent à ce processus d'intégration, en accueillant des organisations nationales dans la fédération européenne et en socialisant leurs représentants pour qu'ils travaillent à produire une position commune.

Dans cette perspective, travailler sur les groupes d'intérêt consiste alors moins à étudier la contribution des groupes d'intérêt à la fabrique de l'action publique européenne qu'à saisir ces processus de production de pratiques et d'objets qui ne sont plus vraiment nationaux tout en l'étant encore, et qui sont certes internationaux mais progressivement intégrés dans un cadre européen qu'ils contribuent à constituer.

Revisiter le national à l'aune de l'Europe

Cette confrontation avec la dimension européenne – parce qu'elle a permis d'explorer un monde différent mais aussi parce qu'elle a quelque peu bousculé les conceptions des groupes d'intérêt et de l'Europe – a des implications pour la pratique de recherche de retour en France. Elle renforce la capacité à questionner des évidences et invite à importer un « réflexe Europe ». Ce dernier, sans être exclusif d'un « réflexe international », permet de mieux analyser des transformations dites nationales à l'œuvre car visibles grâce à ce détour par l'Europe.

Le « réflexe Europe »

Les enquêtes sur les groupes d'intérêt européens conduisent à interroger constamment les définitions nationales des objets de la sociologie politique. Il s'agit à la fois de considérer que des objets qualifiés de « nationaux » sont aussi « européens » et que des objets qualifiés d'européens le sont à partir d'un point de vue national. Pour les groupes d'intérêt, cela se traduit par une attention aux frontières du groupe social représenté et à la formalisation des intérêts défendus. L'exemple des cadres, bien connu pour son histoire française, faite d'emprunts étasuniens[59], pose alors la question des conditions de possibilité d'un groupe européen des cadres dont on pourrait penser qu'il est impossible tant sa réalisation, au sens propre du terme, dépend de conditions nationales. Pourtant, il existe deux organisations européennes : Eurocadres, issue de la CES, et la Confédération européenne des cadres (CEC *European managers*), issue d'une confédération internationale des organisations de l'encadrement français, italien et allemand. Comment dès lors expliquer l'existence de ces organisations ? De même, on peut s'étonner que le groupe français des propriétaires, immobiliers et urbains, qui s'est historiquement distingué des propriétaires agricoles, puisse se retrouver représenté à l'échelle européenne par une organisation de défense des propriétaires fonciers, et non par l'Internationale des propriétaires, constituée depuis les années 1920, qui aurait pu investir l'Europe aux côtés d'autres organisations du logement[60]. Ces questions sur les délimitations des groupes sont heuristiques car elles permettent d'interroger les logiques de formation des groupes et de rappeler que l'organisation nationale n'est pas forcément à l'origine de groupements européens, souvent créés à partir d'organisations internationales[61] – même si ces dernières sont composées de membres issus de nations européennes. On peut alors poser à nouveau la question de la structuration des organisations en gardant en tête l'idée que ces structurations nationales ne sont pas directement superposables, et demandent des ajustements en vue de la création d'organisations européennes autour d'intérêts redéfinis. C'est aussi une piste pour questionner des scissions ou des fusions d'organisations, des recompositions ou tout simplement des disparitions en prenant en compte les transformations tant institutionnelles que socio-économiques.

56. H. Michel, « Les syndicalistes européens entre apprentissage des règles du jeu communautaire et accumulation de capital social », *in* H. Michel et C. Robert (dir.), *La fabrique des « Européens »*, *op. cit.*, p. 377-403.

57. Cédric Hugrée, Étienne Penissat et Alexis Spire, *Les classes sociales en Europe. Tableau des nouvelles inégalités sur le vieux continent*, Marseille, Agone, 2017 ; Frédéric Lebaron et Pierre Blavier, « Classes et nations : quelle articulation à l'échelle européenne ? », *Actes de la recherche en sciences sociales*, 219, 2017, p. 80-97.

58. Par exemple voir Maxime Behar, *Faire le Collège d'Europe. Une sociologie de la formation des classes dominantes aux métiers de l'Europe*, thèse de science politique, Université de Strasbourg, 2021.

59. Luc Boltanski, *Les cadres. La formation d'un groupe social*, Paris, Minuit, 1982.

60. H. Michel, « Le droit comme registre d'européanisation... », art. cité.

61. Par exemple sur le syndicalisme, voir Jean-Marie Pernot, *Dedans, dehors, la dimension internationale dans le syndicalisme français*, thèse de science politique, Université Paris X, 2001.

Parallèlement, on peut s'interroger sur les conditions de possibilité de ce « passage à l'Europe[62] » sans négliger les « intraduisibles[63] », à savoir les objets constitués par et pour une réalité sociale que l'on peine à exporter ou à transposer dans d'autres sociétés nationales. Ce questionnement permet de travailler sur les processus nationaux de structuration tout en les dépassant au profit d'une vision plus intégrée pour rendre compte de la pluralité des formes dites « européennes ».

Il s'agit ainsi de rappeler que le cadre national n'est pas toujours le cadre le plus pertinent pour aborder un phénomène. Par exemple, questionner les trajectoires et les recrutements des élites nationales ne peut se faire sans prendre en compte les autres postes et positions en dehors des administrations nationales et donc dans des administrations et organisations internationales. En effet, la constitution d'un champ de l'eurocratie se traduit par un élargissement des possibles pour les carrières des acteurs nationaux. Et même si les professionnels du *lobbying* circulent peu d'un espace à l'autre, ce qui atteste et renforce la thèse de l'autonomisation européenne, ils savent qu'il existe un autre espace dont ils ne sont pas complètement coupés. Il faut donc élargir la focale pour ne pas s'arrêter aux frontières nationales et ne pas manquer ces positionnements extra-nationaux dont jouent les acteurs multi-positionnés. Par exemple, des leaders syndicaux ou des dirigeants patronaux français ont souvent investi des positions dans des fédérations européennes dont sont membres leurs organisations. Ils sont au plus près des enjeux européens, des agendas définis par la Commission européenne et ne peuvent les ignorer dans leurs prises de position nationales, même s'ils n'en font pas toujours état. Ils évoluent dans un espace plus large que l'espace national, tout comme les ministres, qui sont tout à la fois nationaux, comme membres du gouvernement, et européens, en tant que ministres au Conseil de l'Union européenne. Il faudrait donc ajuster les cadres de perception de leurs actions, ce que les observateurs journalistiques peinent à faire en étant enserrés dans des cadrages nationaux de l'information. Un tel desserrement du cadrage national consiste, non pas à lui substituer systématiquement un cadrage plus européen, mais plutôt à penser ce cadre national comme un cadre possible parmi d'autres privilégiés – volontairement ou non – par les agents et observateurs. Ainsi, l'inflexion d'une prise de position nationale, comme celle d'un responsable syndical sur une réforme gouvernementale, gagne à être analysée en observant l'évolution de la CES et de sa direction à laquelle il participe.

Les leçons de l'Europe peuvent alors avoir une portée plus large pour tenter d'appréhender l'européanité dans des espaces nationaux et locaux. Néanmoins, il ne s'agit pas seulement de localiser l'Europe, comme on a pu « localiser l'international[64] ». Certes, il est important de rappeler qu'il n'est pas nécessaire d'aller à Bruxelles pour travailler sur l'Europe, comme l'ont fait ceux qui ont travaillé sur « l'Europe par le bas » ou encore « l'Europe telle qu'elle se fait[65] ». Mais il est possible d'aller encore plus loin en considérant que le processus d'intégration n'est pas un choc exogène sur des sociétés nationales qui réagiraient différemment en fonction de leurs caractéristiques. C'est pourquoi, pour saisir la dimension transnationale de cette société européenne et l'intégration européenne de cette internationalité, il est pertinent d'étudier des collectifs et mouvements sociaux transnationaux, et de suivre les trajectoires et pratiques de leurs militants en prenant soin de ne pas les isoler des sociétés dans lesquelles ils évoluent et qu'ils contribuent à façonner. Ce n'est sans doute pas un hasard si ce sont les phénomènes de migrations qui ont étudié de manière la plus saillante ces enjeux du national à l'étranger et ceux liés au processus d'européanisation[66]. Il faudrait parvenir à un travail similaire pour les acteurs immobiles mais néanmoins confrontés à l'Europe dans leur quotidien[67]. Reste à pouvoir identifier les formes d'objectivation de cette européanité contenue et insérée dans des pratiques et des modes de vie au niveau national.

Dé-nationaliser le regard

Après avoir passé du temps à Bruxelles, il est plus facile de s'étonner du retour de la « société civile », du regain d'intérêt pour « les groupes d'intérêt » et même du développement du *lobbying* en France. Il ne s'agit toutefois pas seulement de rompre avec un prêt-à-penser national, mais aussi de dénationaliser le regard et d'y importer des perspectives qui permettent de saisir des transformations peu visibles et intelligibles sans ce détour par l'Europe. Pour l'illustrer, nous partirons du régime politique de l'Union européenne et de ce que l'analyse de son fonctionnement à partir des groupes

62. H. Michel, « L'européanisation des groupes d'intérêt français. Conditions et effets du "passage à l'Europe" », *in* G. Courty et M. Milet (dir.), *Les groupes d'intérêt en France*, *op. cit.*, p. 215-243

63. Sur le mode de ce que Barbara Cassin propose dans son *Vocabulaire européen des philosophies. Le dictionnaire des intraduisibles*, Paris, Seuil, 2019.

64. Johanna Siméant, « Localiser le terrain de l'international », *Politix*, 100, 2012, p. 129-147.

65. Olivier Baisnée et Romain Pasquier (dir.), *L'Europe telle qu'elle se fait. Européanisation et sociétés politiques nationales*, Paris, CNRS Éditions, 2007 ; Sebastian Büttner, Steffen Mau, Lucia M. Leopold et Katharina Zimmermann, « Europeanisation at home ? Features and obstacles of domestic EU professionalism », *in* Martin Heidendreich (dir.), *Horizontal Europeanisation. The Transnationalisation of Daily Life and Social Fields in Europe*, Londres, Routledge, 2019, p. 175-197.

66. Adrian Favell et Ettore Recchi (dir.), *Pioneers of European Integration. Citizenship and Mobility in the EU*, Cheltenham, Edward Elgar, 2009 ; A. Favell, E. Recchi, *et. al.*, *Everyday Europe. Social Transnationalism in an Unsettled Continent*, Cambridge, Policy Press, 2019.

d'intérêt a permis de mettre en évidence : un centre de pouvoir bureaucratique constitué avec et à travers des groupes d'intérêt, en partie transnationaux mais pas seulement, censés lui conférer une certaine légitimité *via* leur participation au processus décisionnel.

L'examen des modalités de cette politique européenne dite « d'ouverture aux groupes d'intérêts » invite à considérer la variété des formes de relations entre institutions et organisations, et ainsi à penser ensemble « *lobbying* » et « administration consultative ». Cette association peut surprendre, tant le *lobbying* reste utilisé pour décrire – et souvent dénoncer – des pressions sur les décideurs et, plus particulièrement, ceux qui font la loi, par opposition à la consultation, forme administrative d'organisation de la représentation des intérêts. Mais, comme nous l'avons montré à l'échelle européenne, le « *lobbying* européen » s'est développé à travers des politiques institutionnelles et des incitations financières, politiques et symboliques de la Commission européenne. Ces processus existent en France, comme l'ont rappelé des travaux historiques sur le rôle de l'État dans la genèse et l'institutionnalisation de la représentation des intérêts en France[68]. Mais le *lobbying* y reste distinct et identifié à des pratiques de pression extérieure exercée sur les membres des institutions démocratiques. La loi du 11 octobre 2013 relative à la transparence de la vie publique, en son article 18-2, définit le représentant d'intérêts à partir de son « entrée en communication » avec un titulaire de charge publique. Reprise par la loi du 9 décembre 2016 relative à la transparence, à la lutte contre la corruption et à la modernisation de la vie économique, dite « loi Sapin II », cette définition est clairement précisée par la Haute autorité pour la transparence de la vie publique (HATVP) : « le "lobbying" ou la "représentation d'intérêts" désigne une activité qui consiste à prendre l'initiative d'entrer en contact avec des personnes chargées d'élaborer et de voter les décisions publiques ou de conduire l'action publique nationale ou locale pour influencer leurs décisions[69] ». Selon cette définition, répondre à une demande de l'administration ne fait pas partie d'une activité de représentation d'intérêts, tout comme le travail effectué dans des instances consultatives en amont de projet de loi, ce qui exclut beaucoup de situations et de pratiques qui participent pourtant à faire entendre sa voix et à façonner des décisions. De plus, une telle définition entretient l'illusion que le recours à des organisations (associations comme consultants), auxquelles sont sous-traitées différentes tâches nécessaires à la production de politiques publiques (études d'impact, construction d'indicateurs, évaluations, simulations, chiffrages de coûts, etc.), serait complètement étranger à la « participation » d'intérêts dans la conduite des affaires publiques. L'expérience des pratiques au sein de l'Union européenne permet de ne pas se laisser enfermer dans une définition du *lobbying* comme activité de pression, et d'élargir l'analyse à d'autres formes et pratiques de représentation et de défense d'intérêt. Plus largement, elle rappelle qu'il ne faut pas s'en tenir à cette définition institutionnelle du *lobbying* désormais synonyme de représentation d'intérêts[70] ; elle prend surtout pour objet l'enjeu de cette frontière instituée entre ce qui relèverait du *lobbying* et ce qui en serait exclu pour en restituer les logiques de construction et les effets de son fonctionnement[71].

L'expérience d'enquêtes sur l'Europe invite aussi à revisiter la dimension dite « démocratique » des institutions et régimes politiques. L'Union européenne est un régime qui s'est progressivement doté des attributs démocratiques avec un Parlement européen et des élections au suffrage direct en réponse à des critiques relatives au « déficit démocratique ». Ce processus a certes contribué à focaliser l'attention sur ces institutions au détriment d'autres lieux où des décisions se prennent[72]. Mais il a aussi conduit à minimiser d'autres processus de démocratisation dans lesquels la dimension démocratique prend d'autres formes : par exemple, la « participation de la société civile » avec un gouvernement ouvert ou encore la promotion de la transparence pour éviter l'arbitraire des décisions et la défiance à l'égard de décideurs à l'abri du regard des citoyens. Si l'on en croit les différentes recommandations de l'OCDE sur la gouvernance démocratique, ce n'est pas tant l'élection qui compte que la capacité de ce pouvoir à se faire transparent, c'est-à-dire à la fois à encadrer la prise de décision par des procédures de rationalisation de plus en plus précises, et à surveiller les décideurs en publiant le plus possible d'informations sur leur identité, leurs trajectoires et leurs pratiques[73]. Ainsi, tout en satisfaisant les militants de la transparence qui prônent un « droit

67. Sur une telle proposition, voir Marine de Lassalle, *Faire parler d'Europe. Voies et formats des rapports institués au politique*, Rennes, PUR, 2022.

68. Par exemple, Alain Chatriot, *La démocratie sociale à la française. L'expérience du Conseil national économique, 1924-1940*, Paris, La Découverte, 2002 ; Samuel Hayat, « La représentation des intérêts en République. Perspectives socio-historique », *in* G. Courty et M. Milet (dir.), *Les groupes d'intérêt en France*, *op. cit.*, p. 53-74.

69. Haute autorité pour la transparence de la vie publique (HATPV), site consacré au « *lobbying* » et à la « foire aux questions » : https://www.hatvp.fr/lobbying//#questions (consulté en juillet 2024).

70. Ce qui ne manque pas de susciter des réflexions parmi les juristes et politistes : Jean-François Kerléo (dir.), *Le lobbying. Influence, contrôle et légitimité des représentants d'intérêts*, Paris, LGDJ, 2020.

71. Voir G. Courty, *Le lobbying en France*, *op. cit.*

72. Antoine Vauchez, *Démocratiser l'Europe*, Paris, Seuil, 2014.

73. H. Michel, « La transparence dans l'Union européenne : réalisation de la bonne gouvernance et redéfinition de la démocratie », *Revue française d'administration publique*, 165, 2018, p. 109-126 ; C. Robert, « La transparence comme nouvel horizon des démocraties européennes. Genèses et usages d'une injonction ambivalente », *Politique européenne*, 61, 2018, p. 8-43.

de savoir », des dispositifs sont mis en place pour publiciser un processus décisionnel (pensons aux publications des différents documents préparatoires à une proposition législative, aux évaluations des études d'impact, aux consultations publiques, aux réactions à des projets d'actes d'exécution, etc.) et pour limiter le plus possible les secrets et les interactions discrètes entre *lobbyistes* et décideurs (registre de transparence, publicité des rendez-vous, déclaration des cadeaux, etc.). Si, à partir des théories et expériences nationales de la démocratie, on peut dire que ces différents dispositifs contribuent à une forme de « confinement de la démocratie[74] » en tenant à l'écart les processus électoraux et les délibérations parlementaires ; en revanche, à partir du fonctionnement de l'Union européenne, nous pourrions interroger nos institutions et les transformations de « l'État parlementaire[75] ». En se centrant d'emblée sur l'administration des ministères et le pouvoir exécutif, nous pouvons observer que des consultants sont sollicités par l'administration centrale qui leur confie des études d'impact et des évaluations de politiques publiques ; que des bureaux d'études vont répondre aux appels d'offres de l'administration qui externalise des tâches d'évaluation et de prospective ; que des organisations plus ou moins représentatives sont invitées à faire des propositions dans différentes consultations ; que des associations se voient enrôlées dans la mise en œuvre d'actions publiques. Ces phénomènes ont donné lieu à différents travaux qui restent cependant dispersés, les uns portant sur les questions d'élaboration et de mise en œuvre des politiques publiques, les autres sur la managérialisation de l'administration, et d'autres encore sur le « participationnisme ». Mais si nous considérons ces différents éléments conjointement, ce qu'invite à faire notre expérience d'analyse sur les groupes d'intérêt européens, nous pouvons y voir un ensemble cohérent qui tente lui aussi de se conformer à d'autres normes démocratiques, telles que la transparence, la responsabilité et l'intégrité. Ainsi, les procédures deviennent de plus en plus importantes, la publicité concernant les contributeurs également, sans oublier l'invention de formes de discussion plus horizontales, tels les « grands débats » où les participants sont des citoyens tirés au sort ou volontaires. Tant que ces processus restent à l'ombre des institutions parlementaires, des élections et de la représentation politique, ils apparaissent comme alternatifs et souvent comme une solution aux problèmes du fonctionnement de la démocratie. Mais en déplaçant la focale, nous pouvons rendre compte d'une transformation plus profonde des pratiques et du fonctionnement du champ politique. Notre connaissance de l'Union européenne et des groupes d'intérêt nous offre un regard plus aiguisé sur ces transformations nationales parce qu'il prend appui sur des logiques de fonctionnement particulièrement visibles au sein de l'Union européenne mais plus difficiles à identifier et analyser à partir de la sociologie des seules institutions nationales.

Au terme de cette réflexion rétrospective sur des enquêtes collectives, il apparaît que la sociologie politique des groupes d'intérêt a non seulement contribué, à sa manière, à sociologiser l'Union européenne mais a aussi permis, en suivant ceux qui font parler et agir des organisations, de restituer les processus institutionnels de constitution des groupes et des intérêts européens. Cette perspective, qui a mis en évidence l'autonomisation de cet espace européen, aurait pu donner lieu à un rendez-vous manqué avec les questions internationales si nous n'avions pas su appréhender comment s'articulaient des histoires nationales, à la fois individuelles et collectives, pour produire des savoir-faire et des savoir-être européens. Au plus près des trajectoires et des pratiques, en les réinscrivant dans des espaces géographiques et sociaux, nous avons saisi cet encastrement entre national et européen. De retour sur un terrain dit « national », c'est une réflexivité accrue que nous pouvons exercer, non seulement sur les qualifications de « national » et d'« européen », sur les espaces de référence des acteurs et de leurs pratiques, mais aussi sur notre propre point de vue. Celui-ci est en effet à la fois national – par sa formation et sa socialisation académique – et européen – par ce passage à l'Europe –, il invite à prendre en compte un objet structuré par des institutions européennes et investi par des acteurs de différentes nationalités. Le retour au national autorise un regard plus acéré sans toutefois céder à un nationalisme méthodologique. Au contraire, nous prônons une objectivation sociologique pour produire et pratiquer ce que l'on pourrait appeler un « européanisme méthodologique[76] » permettant de ne pas être renvoyé à un point de vue national mais bien à un point de vue scientifique pour expliquer des phénomènes européens. Car cet impératif explicatif est bien la plus-value essentielle de la sociologie politique par rapport

74. C. Robert (dir.), *Confiner la démocratie. Les dépolitisations de l'action publique*, Villeneuve d'Ascq, Presses du Septentrion, 2021.

75. H. Michel, « Ordre européen et ordre national. Ce que la transparence nous dit des régimes politiques », *in* A. Cohen, P. Juhem et P. Riutort (dir.), *Sur l'État parlementaire. Mélanges en l'honneur de Bernard Lacroix*, Vulaines-sur-Seine, Éd. du Croquant, 2024.

76. Dans une perspective proche de Gisèle Sapiro et Quentin Fondu, « Pour un internationalisme méthodique. Stratégies individuelles et collectives à l'international », *Actes de la recherche en sciences sociales*, 246-247, 2023, p. 4-11.

à d'autres productions journalistiques ou engagées[77], de plus en plus nombreuses sur les enjeux européens, très documentées et pertinentes, mais dont l'objectif est davantage la description, voire la révélation. Dans cette quête d'explication, la sociologie politique de l'Europe a moins besoin de théories de l'intégration européenne – telles qu'elles ont pu être mises au point par les spécialistes des relations internationales ou de l'UE – que de théories du monde social. Appliquées et adaptées à ce terrain où s'imbriquent processus nationaux et européens, voire internationaux, ces dernières permettent de restituer et d'expliquer les logiques de fonctionnement de l'Union européenne, la fabrique des politiques publiques ou encore les comportements politiques, qu'ils soient considérés comme nationaux, européens ou internationaux.

77. Voir, par exemple, les productions des ONG comme Transparency International-EU ou Corporate Europe Observatory ; voir aussi Stéphane Horel, *Intoxication. Perturbateurs endocriniens, lobbyistes et eurocates : une bataille d'influence contre la santé*, Paris, La Découverte, 2015.

EXPLIQUE-MOI...

La Constitution européenne

Préface de Valéry Giscard d'Estaing

CE LIVRE EST PUBLIÉ EN 2005 au moment du référendum français sur le traité établissant une Constitution pour l'Europe. Soutenu par la Fondation Robert Schuman, il a été écrit par Étienne de Poncins, haut fonctionnaire français, qui était alors conseiller de presse et porte-parole à la représentation permanente de la France auprès de l'Union européenne à Bruxelles (2003-2005).

Marine de Lassalle

Passer par l'Europe pour saisir des rapports au politique

Réputée être lointaine, technique, ennuyeuse, affaire de spécialistes, l'Europe communautaire est peu étudiée par la sociologie politique – hormis lorsque celle-ci est « européenne » – et il n'est pas aisé de faire de l'Europe un objet d'analyse ordinaire. En témoigne la mine interloquée d'un de nos collègues européistes, à l'évocation en 2005 de notre intention, dans le cadre d'une vaste enquête par entretiens, de partir à la recherche des « conceptions ordinaires de l'Europe » dans plusieurs pays de l'Union européenne[1]. Qu'allions-nous donc bien pouvoir montrer du rapport des citoyens ordinaires à une Europe dépourvue d'espace public autre que celui circonscrit à ses *stakeholders*[2] **[voir extraits d'entretiens, p. 39]**, dès lors que ce rapport ne s'accompagne d'aucun courtage politique autre que sommaire au moment de campagnes électorales particulièrement étiques ? Cette interrogation n'était pas infondée. Beaucoup de travaux attestaient cette « euro-indifférence », en s'appuyant tout autant sur sa mesure quantitative et longitudinale[3] que sur des enquêtes plus qualitatives, notamment des entretiens, individuels[4] ou collectifs[5]. Dans *L'Europe des Européens*, qui présentait les résultats de ConCorde[6], nous avons pu montrer que celles et ceux qui pouvaient opiner politiquement à une Europe entendue comme un objet politique – un ensemble d'institutions, un projet, des débats et des enjeux, etc. – étaient des citoyens dotés d'une compétence politique « au carré[7] ». À l'appui de dispositions et de ressources qui fondent ordinairement l'intérêt pour la politique et la politisation, doit en effet s'ajouter une expérience *en propre* de l'Europe, acquise à partir de savoirs académiques, de pratiques particulières de la représentation d'intérêt – proche des spécialistes –, de confrontation à une politique communautaire, etc. Autant d'expériences qui n'étaient pas majoritaires, et ce dans de très nombreux segments du public des enquêtés **[voir extraits d'entretiens, p. 39]**. Or, le fait que la majorité des enquêtés n'ait pas une claire idée de l'Europe, que l'Europe soit moins naturalisée que d'autres objets politiques, moins légitime aussi, conduit à appréhender la politisation d'une autre manière, en prenant en compte les façons de parler d'Europe en entretien – situation cadrée et publique – comme signifiantes, tout à la fois d'un rapport à l'Europe, mais plus largement d'un rapport au politique.

C'est ainsi pour toutes ses caractéristiques « négatives » que le passage par l'Europe a constitué une voie particulièrement heuristique pour réinterroger des rapports ordinaires – au sens de non spécialisés – au politique. C'est en tout cas l'intuition qui a animé, après la publication de *L'Europe des Européens*, le projet de reprendre le matériau que constituaient les entretiens réalisés en France afin de porter plus délibérément l'attention sur ce que les individus, en parlant de l'Europe, disaient de ce que la politique en

1. Dirigée par Daniel Gaxie, financée par l'ANR, conclue par un ouvrage publié chez Economica puis traduit en anglais et en allemand, ConCorde était une enquête collective et comparée qui visait à comprendre et expliquer les représentations des citoyens ordinaires vis-à-vis de « l'Europe ». Sauf mention spécifique, les entretiens cités dans cet article ont été réalisés dans le cadre de cette enquête, entre 2005 et 2007.
2. Philippe Aldrin et Nicolas Hubé, « L'État participatif. Le participationnisme saisi par la pensée d'État », *Gouvernement et action publique*, 5(2), 2016, p. 9-29.
3. Virginie Van Ingelgom, « Mesurer l'indifférence. Intégration européenne et attitudes des citoyens », *Sociologie*, 3(1), 2012, p. 1-20.
4. Jonathan White, « Europe in the Political Imagination ». *Journal of Common Market Studies*, 48(4), 2010, p. 1015-1038 ; Juan Diez Medrano, *Framing Europe. Attitudes to the European Integration in Germany, Spain, and the United Kingdom*, Princeton, Princeton University Press, 2010.
5. Sophie Duchesne, Florence Haegel, Elizabeth Frazer et V. Van Ingelgom (dir.), *Citizens' Reactions to European Integration Compared. Overlooking Europe*, Londres, Palgrave Macmillan, 2013.
6. Daniel Gaxie, Nicolas Hubé, Marine de Lassalle et Jay Rowell (dir.), *L'Europe des Européens. Enquête comparative sur les perceptions de l'Europe*, Paris, Economica, 2010.
7. Patrick Lehingue, « Faut-il des compétences spécifiques pour parler d'Europe ? », *in* D. Gaxie *et al.*, *L'Europe des Européens*..., *op. cit.*, p. 175-188.
8. M. de Lassalle, *Voix et voies de la politique. Pour une sociologie des rapports socio-individués à la politique et des transformations du capital culturel*, HDR de sociologie, Université de Nantes, 2013.

général voulait dire pour eux, en fonction de leurs positions et de leurs ressources sociales et relationnelles[8]. Le propos de cet article se déploie, en effet, sur une ligne de crête. Sur un versant, repose la conviction de la solidité des analyses de la compétence politique pour connaître, comprendre et expliquer les processus de politisation, et plus encore les inégalités qui les constituent. Toutefois, les entretiens avaient cette double vertu heuristique d'une part de mettre la compétence de beaucoup d'enquêtés habituellement familiers de la politique « en crise », d'autre part de permettre à d'autres enquêtés de faire valoir une série d'expériences et de rapports diversifiés à l'Europe, dont une analyse à partir de la compétence échouait à rendre compte de la cohérence sociologique. Sur l'autre versant, passer par l'Europe instillait donc le doute quant à la capacité de la notion à pouvoir décrire, comprendre et expliquer la diversité phénoménologique des rapports à l'Europe mais plus largement des rapports au politique. La compétence supposant toujours son antonyme, mais celui-ci étant moins exploré que celle-là, la polarité compétence/incompétence[9] réduisait une diversité de rapports au politique en les indexant à une dimension, sinon exclusive, en tout cas principale. C'est donc cette diversité de rapports que nous avons voulu explorer, afin d'en proposer des pistes d'analyse et de compréhension, en revenant aux substrats de leur construction institutionnelle et de leur cohérence sociologique. Ayant fait, dès lors, du rapport compétent à la politique non plus un pôle d'un *continuum* réglé par la compétence, mais un rapport au politique parmi d'autres, on a ensuite souhaité s'interroger sur le fait de savoir si celui-ci est toujours le rapport légitime à la politique, ou si la légitimité qui le constituait était toujours aussi indiscutée, ce qui est une manière d'interroger les transformations contemporaines de l'exercice ordinaire de la domination.

Il ne sera donc pas ici question de revenir de manière exhaustive sur des résultats de recherche qui ont déjà été exposés et publiés[10], mais d'expliciter davantage la façon dont « passer par l'Europe » a permis de rouvrir un certain nombre d'implicites de la situation d'entretien ou de réinterroger des concepts solidifiés, comme celui de compétence politique, pour proposer des pistes adjacentes. Pour en rendre compte, il a été privilégié ici une entrée par la démarche inductive de lecture et d'analyse des entretiens qui a été l'occasion de ressaisir toute une série de conceptions ou de notions à partir de classiques des sciences sociales (auto-identification, façade institutionnelle, territoire du soi social, juridiction, configuration, capital culturel) pour les mettre au travail et les approprier tant au matériau qu'aux questionnements sociologiques que celui-ci pose.

Se raccrocher aux branches de l'ordinaire pour proposer une « Europe à soi »

Négocier une façade : parler d'Europe en tant que « quoi » ?

Lorsqu'on interroge des enquêtés sur la politique, il y a davantage de probabilités – qu'ils soient ou non à la hauteur des attendus de la citoyenneté – qu'ils se sentent sommés d'y répondre « en tant que citoyen ». Autrement dit, ce statut institué par l'histoire républicaine, diffusé par l'école et l'instruction civique **[voir illustration, p. 40-41]**, formalisé dans un ensemble de pratiques et de rappels à l'ordre d'origine institutionnelle, politique et médiatique, fonctionne comme un sens commun tacite lors de la sollicitation d'un enquêté à parler politique. C'est ce sens commun partagé par l'enquêteur et l'enquêté qui fonde par ailleurs la notion d'incompétence (ou ses avatars[11]), lorsqu'il s'avère que les enquêtés se révèlent peu capables d'accomplir ce qui est attendu d'eux comme citoyens[12] (opiner, évaluer, se situer politiquement, décentrer leur appréciation pour fournir un point de vue en toute généralité, etc.), décalage structuré par des inégalités sociales régulièrement mises en lumière depuis *Le cens caché*[13].

Or, faire parler d'Europe suscite des incertitudes bien plus fortes qu'une sollicitation plus classique à parler politique. L'Europe n'est pas obligatoirement, ou immédiatement, un objet « politique »[14]. S'il y a sans doute un sens aussi vague que communément partagé sur le fait qu'une construction européenne existe et que c'est sur cette dimension que l'on vient les interroger (ne serait-ce que parce que les enquêteurs – souvent étudiant la science politique – se réfèrent à leur discipline ou institution de rattachement pour se présenter aux enquêtés), l'Europe n'est pas exclusivement et de part en part une réalité politique. Cette indétermination permet des échappées : l'Europe comme groupe de pays, l'Europe comme continent, l'Europe comme histoire commune de guerres et paix, etc. Pour les uns, ces échappées permettent de réduire les formes d'intimidation associées à une enquête politique plus classique, pour les autres, elles impliquent souvent des demandes sourcilleuses de précisions (« tu m'interroges sur l'Europe ou l'UE ? »). Cette plus grande indétermination a été une des premières dissonances qui a permis de rouvrir ce qui reste à l'état implicite ou tacite lorsque l'on interroge des citoyens ordinaires sur la politique.

L'incertitude était en effet forte sur qui était sollicité pour répondre dans le cadre d'un entretien sur l'Europe : le citoyen ou le... Oui, ou « *quoi au juste* » ? Quelles étaient finalement les formes d'identification disponibles et perçues comme légitimes pour répondre à des questions portant sur un « machin » qui peut d'emblée être caractérisé comme politique – et qui sans surprise est caractérisé comme tel par ceux qui entretiennent un rapport familier avec les choses de la politique – mais pas seulement et pas obligatoirement ? Cette indétermination a permis finalement d'ouvrir la réflexion qui est le plus souvent close par l'évidence,

9. Ou, plus tard, l'opposition rustique/sophistiqué ou ses autres raffinements. Voir Alfredo Joignant, « La compétence politique. Nouveaux questionnements et nouvelles perspectives », *Revue française de science politique*, 57(6), 2007, p. 733-735.

10. M. de Lassalle, *Faire parler d'Europe. Voies et formats des rapports institués au politique*, Rennes, PUR, 2022.

11. Voir le numéro spécial de la *Revue française de science politique* consacré à la compétence politique, 57(6), 2007.

12. Nicolas Mariot, « Pourquoi il n'existe pas d'ethnographie de la citoyenneté », *Politix*, 92, 2010, p. 165-194.

13. D. Gaxie, *Le cens caché*, Paris, Seuil, 1978.

14. Ceci étant sans doute encore renforcé par le fait que l'accroche du guide d'entretien était formulée de façon vague (« qu'est-ce que tu peux dire/penses globalement de l'Europe ? »), précisément pour évaluer comment l'Europe était perçue, sans imposer d'emblée une dimension plus institutionnelle ou politique de ce que pouvait recouvrir le terme.

et de chercher à comprendre comment des enquêtés s'identifiaient ou s'auto-identifiaient lorsqu'ils étaient sollicités pour répondre à des questions sur l'Europe. Ces formes d'identification étaient-elles catégorielles ou statutaires ou encore différentes ?

« Faut savoir si je vote pour l'Europe en tant que citoyen, ou en tant qu'artisan... Si j'avais su qu'ils allaient nous sortir toutes leurs lois à la noix, pour mon métier, j'aurais voté contre. Alors qu'au départ, j'aurais été pour [15]. »

« Alors moi, en tant que mère au foyer et en plus à la recherche d'un emploi en ce moment, donc ça veut dire avec pas énormément d'argent devant soi tous les mois, comme d'autres mamans, nous pensons que l'euro, c'est une très, très mauvaise chose[16]. »

« J'ai une sœur qui a épousé un Néerlandais. Elle a divorcé entre-temps, mais elle y vit toujours [aux Pays-Bas]. Mon grand-père maternel était hollandais. Mes autres grands-parents venaient de Flandre. Ils sont belges. Dans notre famille, on a toujours été un peu mélangés européens[17]. »

Ne pas réduire les enquêtés à leurs identifications externes mais être attentif à la façon dont ils s'identifiaient dans le cours de l'entretien et prendre cette identification « située » comme première brique de l'analyse de leur relation au politique permettait à la fois d'attester la force de l'institué – puisque les formes d'identification qui prévalaient dans les entretiens mobilisaient souvent la catégorie socioprofessionnelle[18] – mais aussi que tous les enquêtés ne s'identifient pas essentiellement à partir de leur statut ou de leur catégorie socioprofessionnelle, ce qui ouvrait la voie vers d'autres formes d'institutionnalisation qu'il fallait mettre au jour. L'identification était parfois relationnelle – le montre le dernier extrait d'entretien ci-dessus – et l'identification « avec » prévalait de temps en temps sur l'identification « comme ». C'est le cas de ce prêtre, issu d'une famille d'agriculteurs, qui s'identifie tout au long de l'entretien avec le milieu maritime qui constitue une part essentielle de son univers social[19].

« Depuis que je suis prêtre, j'ai toujours été dans des endroits où il y avait de la pêche, donc la majorité des gens que j'ai rencontrés étaient des marins pêcheurs ; et donc dans le milieu maritime, je crois que l'on est un peu délaissé, quoi. La pêche, bretonne en particulier, est beaucoup moins aidée que la pêche espagnole par exemple, ou portugaise [...] Aujourd'hui, c'est la concurrence entre les marins pêcheurs de Concarneau. Les entreprises de pêche préféraient avoir des Polonais pour rien, plutôt que d'être obligées de payer des charges sociales pour les marins français. En fait, le problème est posé maintenant, c'est vrai que l'Europe, ça ne les aide pas pour ça. C'est quand même assez récent ce phénomène-là, de voir des Polonais venir, je pense que c'est depuis l'Europe. C'est l'idée du plombier polonais. Bon, c'est une image, mais ça dit quelque chose, quelque part, de la réalité. En fait l'Europe, elle ne sera bien que lorsque tous les travailleurs, tout le monde sera payé le même salaire, quoi[20]. »

Sans doute davantage que lorsque cela est plus déterminé par le terrain de la citoyenneté propre aux enquêtes sur la politique, l'incertitude associée à l'Europe favorisait ainsi une plus forte labilité, et permettait aux enquêtés de davantage *négocier* les formes d'auto-identification, de camper sur un terrain qui leur était plus familier et de le revendiquer.

« Moi j'vais vous parler beaucoup d'agricole parce que j'connais mieux, c'est plutôt mon rayon[21]. »

« Pour nous les pêcheurs, [l'Europe] c'est négatif. Avec les lois qu'ils nous ont données et tout, cette année, là, en janvier on a des nouvelles lois qui sont arrivées sur les mailles de chalut, les trucs comme ça [...], ils nous pondent des lois qui sont euh... Mon mari vous répondrait la même chose, l'Europe, non[22] ! »

Pour l'analyste, cette labilité permettait de davantage voir s'opérer – dans le cours même de l'entretien – la négociation de l'identification stratégique[23] mise en place pour faire face à la sollicitation qui leur était adressée. Si ces « façades » sont propres à toutes situations d'entretien[24], conçues comme des situations publiques[25], leur édification était rendue plus particulièrement visible par l'indétermination liée à l'Europe, et les conditions de leur maintien devenaient de premiers indices dans l'analyse des relations des enquêtés au politique.

« L'Europe, euh... qu'est-ce que j'ai sous la main ? »

La seconde piste empruntée a consisté à suivre le chemin que les enquêtés font pour trouver l'Europe, l'histoire qu'ils racontent, les objets qu'ils mobilisent pour se saisir de cette abstraction – alors que parler de politique c'est parler de quelque chose dont on suppose qu'on l'a en partage. Une sollicitation à parler politique encapsule en effet tout un univers de « matérialités », qui peuvent bien entendu être diverses pour des enquêtés qui entretiennent avec elles des rapports de familiarité ou de distance variables, mais qui renvoient néanmoins à des objets, des pratiques, des dispositifs identifiés et bien ancrés

15. Jean, 55 ans, patron-pêcheur, CAP tourneur fraiseur, BEP dessinateur industriel, marié, deux enfants, études secondaires, épouse infirmière à mi-temps, père patron-pêcheur, Calvados, commune de moins de 5 000 habitants.

16. Laure, 38 ans, mariée, un enfant, au chômage depuis plusieurs mois après treize ans passés comme agente de voyage et une succession de petits contrats précaires, conjoint dans une situation similaire.

17. Christine, 52 ans, école d'assistance de direction, sans profession, parents agriculteurs, conjoint cadre supérieur dans le privé, catholique, village de moins de 500 habitants, Oise.

18. On sait la force de cette identification en France, à rapporter au travail progressif d'institutionnalisation des catégories socioprofessionnelles, à l'inverse d'autres pays d'Europe, comme l'Allemagne. Voir Alain Desrosières et Laurent Thévenot, *Les catégories socioprofessionnelles*, Paris, La Découverte, 2002 ; Andreas Pfeuffer et Franz Schultheis, « Quelques particularités allemandes dans la représentation statistique du monde social », *Sociétés contemporaines*, 45-46, 2002, p. 17-42.

19. À la suite de Craig Calhoun, Rogers Brubaker distingue les identifications catégorielles (race, appartenance ethnique, sexe, orientation sexuelle et profession) des identifications relationnelles qui s'effectuent en fonction de la position dans un réseau relationnel (parenté, amitié, etc.). Voir R. Brubaker, « Au-delà de l'"identité" », *Actes de la recherche en sciences sociales*, 139, 2001, p. 66-85.

20. Père Job, 65 ans, curé dans un port breton, père agriculteur.

21. René, 58 ans, formé en maison agricole, propriétaire « héritier », travail avec ses deux fils, marié, trois enfants, représentant communal FNSEA, Manche.

22. Audrey, 30 ans, pas d'indication sur le diplôme, coiffeuse et conjointe collaboratrice de pêcheur, deux enfants, père patron-pêcheur, commune de moins de 1 000 habitants, Calvados.

23. Annie Collovald, « Identité(s) stratégique(s) », *Actes de la recherche en sciences sociales*, 73, 1988, p. 29-40.

24. Gérard Mauger, « Enquêter en milieu populaire », *Genèses*, 6, 1991, p. 125-143.

25. Sur ce point et ses conséquences, on se permet de renvoyer à P. Aldrin et M. de Lassalle, « Ce que faire parler de politique veut dire : Remarques sur la relation d'entretien et le parler politique à partir d'une enquête sur le rapport ordinaire à l'Europe », *in* F. Buton, P. Lehingue, N. Mariot et S. Rozier (dir.), *L'ordinaire du politique. Enquête sur les rapports profanes au politique*, Villeneuve-d'Ascq, Presses universitaires du Septentrion, 2016, p. 299-321.

dans la quotidienneté : la vie politique et ses institutions, ses acteurs, son actualité, etc. Il en va bien différemment pour l'Europe, ce qui implique pour les enquêtés un effort d'une tout autre nature pour lui donner contours et sens. Pour certains, l'expérience de l'Europe est d'emblée ordinaire, les citations d'agriculteurs en attestent. Pour la plupart des autres, l'effort visant à redimensionner l'Europe à soi est à conquérir dans la situation même de l'entretien. Ce qu'on a « sous la main », ce peut être « la monnaie que j'ai dans la poche » – mais ce n'est pas la même chose que l'euro soit indexé au pouvoir d'achat ou la « lingua franca » d'un grand marché européen. Pour quelques-uns, l'Europe c'est un projet, des débats ou des idées, mais ce peut être aussi pour d'autres les mariages que leurs enfants vont pouvoir contracter avec d'autres Européens.

> « Oui [les prix] ont augmenté, quand vous prenez un billet de 20 euros : tu vas au bureau de tabac, tu prends un paquet de cigarettes, une baguette et un bifteck... tandis qu'avec un billet de 100 francs, je sais pas, on avait de la monnaie... avec l'euro on n'a jamais de monnaie[26]. »

> « Il n'y a pas tellement de mariages entre Européens. Peut-être qu'on se marie plus facilement avec les gens qu'on côtoie. Ça va peut-être venir parce que je m'aperçois qu'au niveau des jeunes qui sont dans les écoles de commerce, ils vont faire leur stage à l'étranger, en Europe. Moi, j'ai plusieurs neveux et nièces qui sont en Allemagne, en Angleterre pour leurs stages. J'ai une nièce qui est en Allemagne et elle n'a pas envie de revenir travailler en France. Elle a fini son école et là, elle travaille en Allemagne et ça, je trouve que c'est bien. Elle va peut-être rencontrer un Allemand ou peut-être pas, j'en sais rien. Mais ça peut peut-être venir. Alors peut-être que dans cinquante ans, oui, à ce niveau-là, il y aura des choses de changées[27]. »

> « L'Europe, c'est Jean Monnet. Donc c'est l'idée originelle d'un projet commun... Après la guerre entre les Français et les Allemands et dans l'optique que cette guerre ne se reproduise pas. [...] L'idée que moi, contrairement à tous les autres hommes de ma famille, je ne sois pas obligé d'aller taper sur les Allemands je trouve ça plutôt positif [...]. J'ai été plutôt enthousiaste à l'idée d'une monnaie unique [...]. Donc, ouais ça, ça a été quelque chose de négatif, mais l'idée était quand même bonne [...]. Moi ce que j'ai trouvé vachement bien, c'était l'idée de la construction européenne par cercles concentriques [...]. L'idée d'élargissement, si tu la regardes, est super généreuse, géniale, tout est parfait [...]. Une défense commune [...] c'est génial ça comme idée. Moi je suis hyper pour ça. Ce serait une des plus belles idées au niveau européen qui me ré-enthousiasmerait pour l'Europe[28].

Cette matérialité plus incertaine de l'Europe – et la diversité d'expériences mobilisées pour tenter d'en dire quelque chose – est ainsi devenue une heuristique puissante. En permettant de prendre à rebours le chemin emprunté habituellement – ne plus arpenter la voie qui conduit les enquêtés à accéder (ou non) au territoire du politique, mais cheminer dans l'exploration de la façon dont ils redimensionnent l'Europe et, au-delà, le politique, à eux –, faire parler d'Europe permettait d'aller plus avant dans la détermination et la caractérisation des mondes sociaux, de valeurs cardinales qui y prévalaient, comme de ce qui y était à la fois perçu et attendu du politique.

Ces deux dimensions – façade publique et redimensionnement de l'Europe à soi – déployées dans les entretiens ont ainsi favorisé le repérage de « territoires » du soi sur lesquels les enquêtés campent pour faire face à la sollicitation qui leur est adressée (« parler d'Europe »). Le territoire comme espace marqué, dans son acception quasi écologique, renvoie à la notion goffmanienne de territoire du moi, déployée dans le tome II de *La mise en scène de la vie quotidienne*[29]. On a détourné cette notion pour l'élargir à une notion de territoire du soi « social », afin d'appuyer l'idée d'une localisation, socialement déterminée, dont les coordonnées sont variables, que l'on revendique comme sienne. Ces territoires du soi social sont des topoï – au sens premier de « lieux » et second de « répertoires d'arguments ». Ce sont d'abord des « localisations » – qui peuvent tout à la fois être réelles (tel bourg et ses alentours) ou plus immatérielles (le marché économique) – sur lesquelles les enquêtés se tiennent dans le cadre de cette situation où il y a lieu de parler politique, et à partir desquelles ils se sentent autorisés à le faire. Ces lieux sont donc à la fois des espaces circonscrits, dont les coordonnées géographiques sont plus ou moins étendues (ici, ou partout), mais ce sont toujours aussi des territoires métaphoriques ou abstraits (le local, le marché, l'espace public, la famille telle qu'elle est saisie par l'institution catholique, etc.) qui ont fait l'objet de mises en catégories institutionnelles et qui dispensent des ressources, car ils sont des lieux d'exercice de savoirs, de savoir-faire, de compétences. À la différence du territoire essentiellement écologique voire éthologique du moi de l'interactionnisme symbolique, le territoire du soi social est ainsi indexé à une activité, une situation, une profession, un statut, etc., bref des catégories instituées qui sont également les zones de pertinence[30] des enquêtés, et plus précisément encore celles qu'ils maîtrisent, sur lesquelles ils ont prise, qu'ils peuvent revendiquer, ce qui suppose des relations entre les institutions politiques et les institutions qui étayent ces territoires du soi. Plutôt que la notion de « réserves » qui lui est associée par Erving Goffman, c'est alors l'idée de « juridiction » au sens d'Andrew Abbott[31] qui serait articulée à l'usage de la notion de territoire du soi social. Chez Abbott, cette notion de juridiction renvoie à un système de professions et à la lutte concurrentielle entre segments professionnels qui implique d'analyser la division du travail entre groupes concurrents comme de s'intéresser au travail collectif d'appropriation par le groupe, mais aussi à sa reconnaissance éventuelle par l'État (le politique), voire à la garantie par celui-ci d'un « monopole de juridiction ». On a alors utilisé cette notion dans un sens proche d'Abbott, même si la division sociale est ici entendue dans un sens plus général, et si la juridiction se conçoit ici dans un sens plus large, qui dépasse les

26. William, 44 ans, sans diplôme, ouvrier dans un abattoir de volailles, femme ouvrière, remarié, quatre enfants, village du Maine-et-Loire.

27. Christine, 52 ans, école d'assistance de direction, sans profession, parents agriculteurs, conjoint cadre supérieur dans le privé, catholique, village de moins de 500 habitants, Oise.

28. Étienne, 32 ans, avocat, père cadre supérieur, conjointe cadre supérieure dans le privé, un enfant, ville de la petite couronne, Île-de-France.

29. Erving Goffman, *La mise en scène de la vie quotidienne. Les relations en public*, Paris, Minuit, 1973, p. 43 et suiv.

30. Peter Berger et Thomas Luckmann, *La construction sociale de la réalité*, Paris, Méridiens Klincksieck, 1986.

« Ben, c'est bête. Le premier mot, quand tu dis “Europe”, c'est le drapeau... C'est les symboles. Mais j'veux dire euh... Bruxelle... La Commission, les institutions, le quartier européen... Ouais, ces grandes institutions. Toutes ces nationalités qui se croisent. Enfin, j'vois les salles. [...] Le Parlement, je connais pas. Je pense aux salles de la Commission. »

Femme, 33 ans, chargée de mission au ministère de l'Agriculture,
ingénieure, père fonctionnaire, Paris.

« *Quand on s'intéresse à la vie politique française, j'sais pas des fois, je regarde la chaîne parlementaire sur le satellite. Toute cette énergie, on a l'impression que c'est ça qui gère la France, qui participe à sa gestion avec le gouvernement et tout ça, alors à quoi ça sert l'Europe ? Je sais pas, il y a quelque chose qui m'échappe là-dedans, je me demande comment il y a du boulot pour un an de sessions et de débats à Strasbourg, mais qu'est-ce qu'ils font ces gens-là, je me le demande ? [...] bon, je sais pas. Franchement, je peux pas répondre, pour moi, c'est une usine à gaz, avec des commissions, des sous-commissions, et le résultat, c'est quoi ? [...] Qu'est-ce qu'ils peuvent bien faire tous ces gens, plus Bruxelles, c'est un monde quoi. J'ai l'impression que si demain, [...] d'un coup de baguette magique – pof ! – quelqu'un faisait disparaître le parlement de Strasbourg et tout ça, j'ai l'impression que ma vie serait exactement la même, que rien ne changerait, que je m'alimenterais pareil, que j'aurais ma voiture, que j'irais faire les courses, que j'irais chanter dans un concert. J'ai l'impression que ça sert à rien* ».

Homme, 55 ans, bac, gîte rural et musicien, père VRP,
village, Pyrénées-Orientales.

LE TABLEAU DU PEINTRE FRANÇAIS ALBERT BETTANNIER *La tâche noire* (1887) montre que les formalisations des rapports au politique sont le produit d'une histoire longue et variable selon les configurations institutionnelles. Il s'agit ici des relations entre l'école et le politique qui produiront la formalisation d'un « espace public ». En effet, le tableau est réalisé après la loi de 1882 en France, qui instaure une

éducation militaire dans les établissements scolaires. Le professeur pointe ici la règle sur « la tâche noire » de l'Alsace-Lorraine perdue lors de la guerre franco-prussienne (1870-1871).

professions et s'attache à des formes d'institutions et de secteurs de la vie sociale – le politique, la famille, la solidarité, la production de produits primaires, l'économie, etc. – sur lesquels est revendiquée (pour soi et vis-à-vis des autres) une compétence, voire une « autorité », individuelle ou collective, qui habilite.

C'est à partir de ces territoires du soi que les enquêtés se situent vis-à-vis du politique et peuvent être conduits à en dire quelque chose (« en tant que/je pense que ») et qu'il est possible de commencer à saisir des relations, des rapports formalisés au politique. Ce redimensionnement à soi, qui advient sans aucun doute lorsqu'on fait parler politique[32], est ici à la fois plus légitime : parler d'Europe favorise paradoxalement une moindre intimidation qui autorise parfois à parler de tout autre chose, même si ce n'est jamais totalement hors de propos ou dénué de lien avec ces territoires du soi, et plus partagé – l'incertitude est modale – y compris par la plupart des « enquêteurs ». Partant, le redimensionnement à soi est plus tangible, observable et mesurable. Mais ces territoires du soi sont également des réserves d'expériences, de sens commun partagé, d'arguments échangés dans lesquels les enquêtés puisent pour alimenter le point de vue qu'ils tiennent.

Se raccrocher aux branches de l'entourage

Évoquer le fait de redimensionner l'Europe à soi ou de camper sur un territoire du soi n'implique en effet en aucune façon une conception individualisée ou singulière du rapport au politique. En écho à la publication de plusieurs travaux qui entendent remettre sur le devant de l'analyse l'importance des groupes sociaux et les entourages d'autrui significatifs dans les processus de mobilisation politique[33], de production du vote[34] ou de fabrication du point de vue sur la politique[35], les incertitudes spécifiques que génère une sollicitation à parler d'Europe ont encore ceci d'heuristique qu'elles font ressurgir assez vite les « entourages » de l'enquête.

Mobiliser l'entourage permet par exemple, pour les enquêtés qui se sentent sommés de répondre « en tant que citoyens », de montrer qu'ils ne sont pas seuls à éprouver des difficultés à maintenir leur face en étant à la hauteur de ce que la situation requiert :

> « Tu sais, quand tu m'as dit que tu voulais faire cet entretien, je me suis dit "quand même faut que je sache le nom du président du Parlement européen"... Bah, dis-toi, au boulot, personne ! Personne n'a pu me le dire, aussi bien les psychiatres, les médecins ou le jardinier... Les gens n'en savent rien et s'en foutent[36]. »

Mais l'entourage peut être également mobilisé pour expliciter ses dires. Pour mettre au jour des contradictions qu'ils pensent moins familières que celles qui concernent la politique nationale ordinaire, des enquêtés intéressés par la politique sont plus souvent enclins à remobiliser des discussions, des débats, des disputes.

> « C'était un assez joli débat cette histoire... J'ai quand même réussi à m'engueuler avec mes amis. Au départ parce que je voulais voter "oui", après je me suis aperçu que c'était insupportable parce que c'était le même débat que Maastricht et on nous le refaisait dix ans plus tard [...]. Et donc je me suis engueulé avec tous mes copains qui ont voté "oui". Et après, j'ai discuté avec un copain qui fait une thèse en droit communautaire, qui à vrai dire maîtrise vraiment très bien ces questions-là et qui m'a donné quelques clés... En gros pour lui, et c'est pourquoi j'ai voté "oui", c'était tout con : il y a toujours eu au sein de l'Europe les Anglo-Saxons et nous les Français qui voulions plus de politique, enfin du politique, et les autres voulaient du libre-échange pur et dur simplement... Ils ont fait l'élargissement exprès avant, notamment sous l'influence des Anglais. [L'argument consistait à dire que] si jamais on vote "non" à cette Constitution-là, on n'en aura jamais [de la politique], parce que, eux, ils n'en veulent pas. Donc il faut cette Constitution pour peut-être, au moins, espérer un peu de politique. Je n'étais pas persuadé qu'en votant "non" on allait redéfinir quoi que ce soit, donc c'était encore pareil que Maastricht quoi... C'était : prenez ça ou rien. Voilà. Tu vois ?[37] »

De façon plus générale, être assez désarmé sur l'Europe invite les enquêtés à puiser dans une diversité d'expériences, ce qui favorise la dissémination de très nombreux indices sur leurs réseaux de sociabilité et la place qu'ils y occupent, comme Marguerite qui tout au long de l'entretien parle « en tant que mère de famille » et se situe « en arrière de la famille » comme les soldats de l'arrière qui dans la division du travail sont au soutien moral et logistique des soldats du front.

> « – *Est-ce que vous vous sentez quand même européenne ?*
> – (*Silence*) Euh oui, peut-être. Ah oui oui, je suis ouverte hein. Il y a une chose que j'ai faite pendant sept ou huit ans. J'ai accueilli pas mal des jeunes filles à la maison, des Néo-Zélandaises, Anglaises... C'est très bien et là ça nous aide à leur faire partager ce qu'il y a de beau dans notre région [...].
> – *Donc c'est dans ce sens-là que... ?*
> – Oui, peut-être oui. Une ouverture... Une ouverture de ce côté-là, parce que je l'ai eue. Et puis ce qu'on a fait aussi, il y a vingt-cinq ans, tu n'étais pas née, c'était une grande ouverture... on a laissé notre maison et on est allés en Irlande et on a pris leur maison. J'étais très heureuse de faire ça. Mais moi, je suis arrivée là-bas en tant que mère de famille, on se trouvait très nombreux, et l'après-midi, moi j'étais à l'arrière de la famille, mais je dormais tellement j'étais crevée. Et toujours avec cette inquiétude de ne pas laisser la maison... C'était avec "Intervac", et c'était pas mal. C'est une ouverture vers l'Europe ! Quand on échange les maisons ! Mais c'est pas facile... Ah moi, j'étais très contente de le faire... Mais c'est du boulot avant, faut qu'on range, et c'est du boulot là-bas parce qu'on veut rendre la maison impec', et le jardin : donc j'étais au four et au moulin[38]. »

---

31. Andrew Abbott. *The System of Professions. An Essay on the Division of Expert Labor*, Chicago, The University of Chicago Press, 1988.
32. P. Aldrin, « S'accommoder du politique », *Politix*, 16(64), 2003, p. 177-203.
33. Céline Braconnier, « Voter ensemble. Dispositifs informels de mobilisation électorale et compensation des inégalités sociales de politisation », *in* Laurent Le Gall, Michel Offerlé et François Ploux (dir.), *La politique sans en avoir l'air. Aspects de la politique informelle XIXe-XXIe siècle*, Rennes, PUR, 2012, p. 355-384.
34. François Buton, Claire Lemercier et Nicolas Mariot, « The Household Effect on Electoral Participation. A Contextual Analysis of Voter Signatures from a French Polling Station (1982-2007) », *Electoral Studies*, 31(2), 2012, p. 434-447.
35. C. Braconnier, « À plusieurs voix. Ce que les entretiens collectifs in situ peuvent apporter à la sociologie des votes », *Revue française de sociologie*, 53(1), 2012, p. 61-93.
36. Nadine, 47 ans, éducatrice spécialisée, diplôme professionnel, divorcée, deux enfants, Strasbourg.
37. Étienne, 32 ans, avocat, père cadre supérieur, conjointe cadre supérieure dans le privé, un enfant, ville de la petite couronne, Île-de-France.
38. Marguerite, 70 ans, équivalence licence de lettres, inactive, mariée avec un ingénieur, quatre enfants, orpheline élevée par une directrice d'école, catholique, Caen.

Faire parler d'Europe, c'est donc faire advenir les entourages dans l'entretien, ce qui constitue de multiples gains analytiques. D'abord, faire valoir des réseaux de sociabilité d'origine professionnelle, familiale, amicale ou encore associative, plus ou moins variés, plus ou moins distincts ou, à l'inverse, enchevêtrés et mêlés est un indice puissant de caractérisation des milieux d'appartenance dans la mesure où les réseaux et les formes de sociabilité sont dépendants des caractéristiques sociales des univers sociaux occupés[39]. Les multiples façons dont ils sont évoqués et décrits – désigne-t-on des collègues, des relations publiques, des amis choisis ? – renseignent également sur les conceptions différenciées selon les milieux de ce qu'est l'intime, le privé et le public, et de ce que l'on peut partager en privé ou en public, notamment lorsqu'il est question de parler politique[40].

Enfin, la mobilisation des entourages est également un bon moyen pour tester l'homogénéité ou l'hétérogénéité des milieux, de situer les enquêtés dans leurs entourages sociaux ordinaires et d'y saisir la place qu'ils y occupent. Est-ce que l'entourage est congruent avec l'enquêté ou à l'inverse plutôt dissonant ? Dans le premier cas, l'enquêté peut être alors perçu comme un « parangon » de son milieu, dont il est particulièrement représentatif, dans le second, l'attention sera plutôt portée sur des formes de socialisation feuilletée et contradictoire que l'entretien lui permet – ou non – d'articuler. Est-ce que l'enquêté se place au centre de l'espace ordinaire qu'il occupe dans son entourage en faisant valoir sa position de leader d'opinion ou à l'inverse se situe-t-il aux marges de son entourage, ce qui rend plus difficile de s'en faire le porte-parole ordinaire ? Là encore, cela permet de concevoir la position ordinaire que l'enquêté occupe comme l'étendue de ses ressources relationnelles, dans une diversité de considérations, d'échanges et de discussions sur le politique.

Mais il y a plus. La revendication de la singularité en matière d'opinion politique est propre à certains univers sociaux, et les méthodes individualisantes que sont le sondage et plus encore l'entretien sont particulièrement ajustées à ces revendications, comme elles sont systématiquement une épreuve plus défavorable pour d'autres enquêtés moins rompus à partager leurs vues. Il est donc plus souvent admis que le point de vue au sein des classes populaires est collectivement construit alors qu'est davantage reconnue la revendication des membres des classes supérieures d'être des occupants singuliers de leur opinion[41].

> « Moi, j'ai pas vraiment l'impression d'être à part, enfin d'être le seul qui ne se sent pas concerné, qui ne va pas voter. Je ne pense pas être le seul à ne pas trop être impliqué...[42] »

> « – *Tu parles souvent de sujets comme celui-là ou d'autres avec tes amis ou collègues ?* – Oui. Et on est tous d'accord[43]. »

> « Moi, je préfère ne même pas en parler parce que d'une, je ne vote pas, je ne suis pas inscrite sur les listes électorales ou rien. Je n'ai jamais voté. (*Interrogée à propos de son conjoint*) Ni l'un ni l'autre. On ne s'est jamais inscrits ni l'un ni l'autre. [...] Voilà, c'est général, c'est tout le monde autour de nous qui en est là[44]. »

Les incertitudes liées à l'Europe, partagées dans davantage d'espaces sociaux, permettaient à l'inverse de montrer que le point de vue tenu lors de l'entretien est dépendant des réseaux de sociabilité et de l'entourage des individus, y compris dans les milieux dans lesquels la compétence est la plus attendue et la plus actualisée.

> « – *Qu'est-ce qui a motivé votre vote pour le "non" au TCE ?*
> – Il y avait aussi l'influence de mes amis aussi de gauche, de l'association [les Flamands roses, association gay dont il est un militant actif]. Et puis j'hébergeais un copain à cette époque-là qui est militant LCR, qui m'a beaucoup parlé de la Constitution et qui m'a plus ou moins convaincu, bon il y avait tout un contexte.
> – *Mais qu'est-ce qui a posteriori vous a fait regretter votre choix ?*
> – Oui, mais c'est... je me souviens que Jérôme [ami commun à l'enquêteur et l'enquêté], on en a parlé après, il ne savait pas trop non plus, il avait la même position que moi...[45] »

À partir de ce faisceau d'indices (façade, matérialité, sociabilité), on a fait émerger une diversité de territoires du soi. On a également analysé la capacité des enquêtés à y camper pour articuler et tenir un point de vue durant tout l'entretien en se faisant, d'une certaine manière, le porte-parole de leur territoire vis-à-vis du politique (« en tant que/je pense que »). C'est cette « épreuve » à laquelle nous avons soumis nos retranscriptions d'entretiens, distincte de celle qui consiste à tester des connaissances politiques « légitimes », mais qui éprouve toutefois, pour chaque enquêté, la disponibilité des territoires du soi et l'habilitation à s'en faire le porte-parole dans le cadre d'un entretien sur l'Europe et le politique[46]. On a ensuite cherché à comprendre – cette fois à partir de travaux scientifiques qui prennent ces univers sociaux pour objets – comment ces territoires étaient les produits historicisés de configurations institutionnelles particulières. Celles-ci résultent des affrontements, confrontations et/ou encore coopérations entre des institutions économiques, religieuses ou plus largement sociales comme la famille, le marché, le monde agricole ou encore l'école, *et* les institutions politiques spécialisées. On a donc travaillé sur ces configurations institutionnelles en cherchant notamment à repérer des « formalisations[47] » de rapport au politique produites par et au sein de ces configurations. On a ainsi décrit ces différents formats de « réglages » et d'« ajustements » divers au politique, que l'on pouvait ensuite

39. François Héran, « La sociabilité, une pratique culturelle », *Économie et statistique*, 216, 1988, p. 3-22.
40. C. Braconnier, *Une autre sociologie du vote. Les électeurs dans leurs contextes : bilan critique et perspectives*, Paris, Lextenso, 2010.
41. C. Braconnier, *Voter ensemble*, *op. cit.* ; Giuliano Bobba, Katarzyna Jaszczyk et Muriel Rambour, « L'Europe par bribes – Moyens, éléments et sentiments d'information », *in* D. Gaxie *et al.* (dir.), *L'Europe des Européens...*, *op. cit.*, p. 189-210 ; D. Gaxie, « Retour sur le mode de production des opinions politiques », *in* P. Coulangeon et J. Duval (dir.), *Trente ans après La Distinction de Pierre Bourdieu*, Paris, La Découverte, 2013, p. 293-306.
42. Olivier, 26 ans, BTS, ouvrier charpentier, père maraîcher, conjointe aide-soignante, Pyrénées-Orientales, commune de moins de 10 000 habitants.
43. Patrick, 38 ans, CAP, ouvrier municipal, célibataire, sans enfant, Paris.
44. Juliette, 32 ans, BEP, serveuse, conjoint serveur, un enfant, Vaucluse.
45. Medhi, 45 ans, DUT, chimiste, père ouvrier, célibataire, Lille.
46. La place manque ici pour développer le fait que tous les enquêtés ne parviennent pas à réussir cette épreuve comme les raisons sociologiques qui déterminent cette difficulté. On se permet de renvoyer à M. de Lassalle, *Faire parler d'Europe*, *op. cit.*
47. Dans *Faire parler d'Europe* ont ainsi été travaillées cinq « formalisations » : l'espace public, le petit monde, la représentation pré-moderne, la (post)lutte des classes et le marché.

retrouver déclinés dans les entretiens et qui cadrent tout autant rapport au politique et rapport à l'Europe. Ceci nous a permis de conserver le prisme d'une construction politique du rapport au politique, même si les institutions politiques n'y occupent pas toujours la première place. On a toutefois élargi la gamme des institutions susceptibles de construire de tels rapports, en portant une attention particulière aux relations que ces institutions ont entretenues et entretiennent encore avec les institutions politiques spécialisées. En ce sens nos résultats sont susceptibles d'être inscrits dans une démarche compréhensive au sens où ils permettent de décrire des rapports au politique et de les comprendre, au sens de les « prendre comme ils sont, en offrant les instruments pour les appréhender comme nécessaires, pour les nécessiter, en les rapportant méthodiquement aux causes et aux raisons d'être ce qu'ils sont[48] », c'est-à-dire en remontant précisément aux configurations dans lesquelles ils sont inscrits et produits, dans lesquelles ils prennent tout à la fois sens (commun) et signification (sociologique), et en expliquant leurs formes spécifiques d'arbitraire – « cosmos de rapports dotés de sens[49] » et de cohérence interne.

Repenser des formes ordinaires de domination par l'intermédiaire de la compétence, de sa crise et de sa critique

Après avoir fait du rapport familier et compétent à la politique non plus le pôle d'un *continuum* mais un rapport au politique *parmi d'autres*, nous souhaiterions désormais mettre l'accent sur la configuration institutionnelle qui le produit – soit l'école et le champ politique – comme sur ses évolutions.

En travaillant avec des enquêtés de plusieurs générations, on a été sensibilisée à la question des transformations survenues dans certains univers sociaux – par exemple ceux liés aux modes agricoles – et donc à l'épaisseur historique des rapports au politique. C'est d'ailleurs tout l'intérêt de travailler dans une perspective de configuration institutionnelle, par nature dynamique, et qui permet ici de saisir les transformations du rapport au politique de ceux qui parlent d'Europe « en tant que citoyens » ou tentent de le faire. Notre matériau comporte en effet une large minorité d'enquêtés diplômés ou dotés d'un capital culturel « de substitution », de diplômes variés, de générations différentes, susceptibles d'entretenir un rapport politisé à la politique – disposition non mécanique comme on l'a vu précédemment – mais dont les formes d'exercice de la compétence politique, par ailleurs, nous paraissent particulièrement se transformer au fil des différentes générations enquêtées[50].

Plutôt que de travailler les transformations de ce rapport sous l'angle de la politisation, par l'offre ou le champ politique, nous avons voulu privilégier une autre piste : celle du capital culturel. La dimension scolaire ou l'importance du capital culturel ont souvent été soulignées dans les dispositions à la politisation et à la maîtrise d'une compétence politique. Toutefois la dimension proprement culturelle ou scolaire est moins souvent analysée que les expériences politiques et leurs effets socialisateurs. Là encore, c'est l'objet « Europe » qui, dans la mesure où il met la compétence politique des citoyens politisés *en crise*, a conduit à suivre cette piste et à investir la dimension du capital culturel *per se* pour saisir des évolutions perceptibles à la lecture des entretiens. Il s'agit alors de se concentrer sur les citoyens longuement scolarisés et/ou occupant des positions professionnelles caractérisées comme « supérieures », c'est-à-dire les segments du public dans lesquels on a le plus de chance de trouver de citoyens compétents du fait de leurs positions sociales comme de leurs dispositions culturelles. Dans la mesure où ce à quoi on a véritablement accès lorsqu'on analyse des entretiens, ce sont des paroles sur des pratiques, on a choisi d'analyser la façon dont les enquêtés exercent leur compétence dans le cadre de l'entretien en considérant cet exercice comme une pratique culturelle, c'est-à-dire en réinvestissant pour l'analyser des travaux portant plutôt sur les variations et les transformations du capital culturel. Pour travailler la configuration institutionnelle et ses transformations, on a enfin privilégié une perspective générationnelle en regardant la façon dont à l'époque de leur scolarité, de leur entrée sur le marché du travail ou de leur entrée en militantisme national ou européen, les perspectives en termes de formation, de mobilisation et d'investissement du capital culturel avaient pu changer, et les effets de ces transformations sur leur façon d'exercer une compétence politique dans l'entretien. Sans avoir l'espace de le déployer ici, on a croisé ces dimensions avec des processus qui affectent différentiellement ces « générations », par exemple la démocratisation scolaire, la construction d'un espace européen de l'enseignement supérieur ou le processus de « professionnalisation » du marché du travail symbolique[51].

De ce point de vue le passage par l'Europe permet de surligner deux autres dimensions liées à la « crise de la compétence politique », et qui tiennent à sa production (à partir du capital culturel et de ses transformations[52]) comme à sa reproduction (au travers des générations).

L'Europe et la crise de la compétence politique

Les européistes soulignent d'abord la dimension technique de l'Europe et l'importance de l'expertise dans toutes les formes de spécialisation à l'Europe, qu'elles soient professionnelles ou militantes. De ce point de vue, faire parler d'Europe des citoyens durablement scolarisés était révélateur d'une « crise de la compétence », au sens où la compétence ordinaire s'avérait souvent insuffisante pour faire face à l'entretien. Nombre de citoyens habituellement aptes à discuter politique de façon familière étaient en effet ici dépourvus de repères et manifestaient leur désarroi quand leur défaut de connaissance technique,

48. Pierre Bourdieu, *La misère du monde*, Paris, Seuil, 1993, p. 10.

49. Max Weber, *Économie et société*, Paris, Plon, 1971, p. 519.

50. L'usage n'est en rien conceptuel, les générations ont été pour nous une clé de séquençage de nos enquêtés avec l'idée que ceux-ci n'ont pas les mêmes expériences de l'enseignement, de l'accès au marché du travail ou de la politique en fonction de leur âge et de la période – la conjoncture, le contexte – à laquelle ils font ces expériences.

51. M. de Lassalle, *Faire parler d'Europe*, *op.cit.*, p. 197 et suiv.

52. Pour une version actualisée on renvoie à P. Coulangeon, *Culture de masse et société de classes. Le goût de l'altérité*, Paris, PUF, 2021.

lié à l'absence de discussions dans l'espace politique ordinaire[53], les privait d'exercer leur compétence statutaire dans l'entretien.

« On a un gouvernement européen, on ne le connaît pas. [...] On connaît le gouvernement français, le ministre de la Santé, on sait comment il s'appelle, on sait ce qu'il fait à peu près. Il y a une Commission européenne, on ne la connaît pas, on ne sait pas qui la dirige[54]. »

« J'avoue que je ne me donne pas beaucoup de peine pour chercher. Je devrais à notre niveau socio-éduco-culturel connaître beaucoup mieux le fonctionnement de l'Europe, que je ne connais. Mais je cherche pas particulièrement à le connaître. En principe ça devrait être dans l'air et je devrais l'avoir absorbé. [...] Je pense que ce savoir [sur l'Europe] aurait dû être aussi... [...] Il devrait faire partie de l'entourage. Ça devrait être des choses que nous on connaît. [...] Enfin on sait à peu près quand même comment marche le système français. Quel est le rôle du Sénat, quel est le rôle de la Chambre, enfin des choses comme ça. [...] Je ne sais pas si c'est plus compliqué [pour l'Europe], mais je connais moins bien. [...] Les informations ne viennent pas de la même façon. Les informations ne viennent pas toutes seules[55]. »

La conjoncture de l'enquête rendait ce désarroi plus sensible encore. Réalisée quelque temps après la campagne du référendum pour le traité établissant une Constitution pour l'Europe, à quoi l'ensemble des Français étaient réputés s'être intéressés et déchirés sur la question, la fin des débats relatifs à la mobilisation laissait sur le sable des « citoyens » qui avaient « tout oublié ».

« J'sais pas, j'me souviens plus... Je me souviens pas du tout, ça m'a vraiment pas marquée. Sur le moment j'avais lu le traité, je m'étais renseignée, on a fait des fiches. [...] Et je trouvais ça vraiment bien. Et je me souviens de rien. Je me souviens de rien, j'm'en rends compte avec vous. C'est un peu angoissant[56]. »

C'est que contrairement aux activités politiques nationales, l'Europe institutionnelle socialise peu et les individus, y compris ceux qui sont familiers avec la politique, ne trouvent pas dans la production européenne de très nombreuses occasions d'exercer leurs compétences. Il est ainsi fréquent de rencontrer, lorsqu'on fait parler des enquêtés scolarisés, une relation compliquée aux institutions européennes, critiquées pour leur défaut pédagogique.

« [On dit Bruxelles]... Mais ça représente rien pour les gens, [...] on ne suit pas au quotidien la vie de... de cette dimension-là de l'Europe... En France, on entend le Conseil des ministres. [...] Tel ministre a présenté au Conseil des ministres telle chose ou... [...] On a débattu de tel problème... Pour l'Europe, j'ai l'impression qu'on nous dit pas ça[57]. »

« C'est fou qu'on soit pas capables d'offrir une Constitution qui soit compréhensible et lisible par tous les citoyens, moi je trouve que déjà ça, ça suffit à te faire voter « non » à la Constitution... quand tu peux pas la comprendre... Encore quand t'es un technocrate tu peux un peu... Et encore... Ils ont chacun leur spécialité, leur secteur[58]. »

Cette demande pédagogique permet ainsi d'insister sur la dimension proprement scolaire de la compétence politique et notamment de la compétence politique européenne, où, davantage que dans les univers politiques ordinaires, les savoirs sur l'Europe s'acquièrent et s'actualisent particulièrement dans des contextes scolaires :

« Même il y a quelque temps ma petite cousine qui est au collège m'a demandé de lui expliquer. Et pour lui expliquer je me suis dit "c'est hyper difficile". [...] Elle l'avait déjà fait à l'école et elle avait pas compris et elle m'a demandé de l'aide. Et là je me suis dit : ça ne va pas du tout. C'est-à-dire que même sur l'organisation institutionnelle elle-même c'est difficile de savoir comment sont distribuées les compétences, etc. Qui fait quoi ? Comment les décisions sont prises exactement, etc. Il y a pas eu de mouvement politique qui a abouti à ces institutions. Elles restent étrangères, je pense. On comprend pas vraiment à quoi ça correspond[59]. »

Il s'avère alors que l'on assiste dans les entretiens sur l'Europe dans ces fractions scolarisées du public à la prévalence d'une « forme scolaire » (« on a fait des fiches »), ce qui nous a d'autant plus mis sur la piste du capital culturel pour travailler sur les évolutions de cette configuration institutionnelle que dans la conjoncture de l'enquête les formes de politisation faisaient toujours davantage intervenir le capital culturel que l'expérience militante[60].

L'Europe comme crise de définition de la compétence

Dans la génération de nos enquêtés parmi les plus âgés, nés dans les années 1940 ou au début des années 1950, bien établis dans leur cycle de vie, on peut distinguer deux pôles pour lesquels goûts et dégoûts de la politique et de l'Europe sont symétriquement opposés. Les premiers sont des parangons du rapport familier à la politique. Socialisés à la politique dans les années 68, ils sont très politisés, très intéressés par la politique et ont été très souvent militants, certains l'étant encore sous des formes variées. Leurs investissements, politiques comme culturels, sont décrits comme *prenant* du temps, *constitués* dans le temps et *intéressés* par le temps. Ils n'aiment pas beaucoup l'Europe – en plus de les priver de la capacité d'exercer leur compétence statutaire comme on l'a vu, ils peuvent lui reprocher ses débats idéologiques et politiques peu clairs, la prévalence de l'économie et de la technique sur la politique, le manque de démocratie, etc. À l'inverse, l'Europe intéresse beaucoup plus les seconds, sensiblement de même génération, dotés de caractéristiques sociales équivalentes si l'on regarde d'un peu loin – en termes de niveau de diplôme ou de position professionnelle – mais en fait très différentes dès que l'on se rapproche. Ils ont été peu socialisés par 68, sont diplômés en sciences ou en sciences économiques au sens large, leurs professions les attachent plus souvent au secteur privé, etc. À rebours des premiers, ils n'aiment pas la politique,

53. Sur ces points, voir D. Gaxie *et al.* (dir.), *L'Europe des Européens..., op. cit.*, qui atteste que ce défaut de repères tient bien évidemment au degré auquel les débats sur les questions européennes ou leur politisation sont visibles dans les espaces politiques nationaux.

54. Laurent, 45 ans, patron boulanger, père agriculteur, grand-père militant communiste, divorcé, un enfant, port de pêche, Bretagne.

55. Sarah, 69 ans, diplôme en « affaires publiques » (Harvard), inactive, mari médecin, un enfant, Paris.

56. Aurélia, 25 ans, administratrice au Sénat, Sciences Po, Paris.

57. Martine, 50 ans, éducatrice, diplôme spécialisé, mariée, concubin musicien, banlieue parisienne.

58. Matthieu, 24 ans, étudiant en mathématiques, père styliste.

59. Laura, docteure en science politique, Paris.

60. Frédérique Matonti et Franck Poupeau, « Le capital militant. Essai de définition », *Actes de la recherche en sciences sociales*, 155, 2004, p. 9.

LES ENQUÊTÉES CATHOLIQUES, qui s'expriment en tant que mères de famille et composent la « représentation pré-moderne », ont un rapport distant au politique, mais elles se mobilisent lorsque la politique s'immisce dans leur juridiction. Ici le cliché d'une manifestation contre « le mariage pour tous » qui a eu lieu à Strasbourg le 2 février 2013.

Pour Tous
nif Pour Tou

mais sont de fervents promoteurs de l'Europe qui favorise l'exposition de ressources culturelles internationales, inscrites dans des perspectives plus souvent utilitaristes et professionnelles, et notamment toute une série de ressources ayant trait à la maîtrise des frontières et de l'ouverture associée au franchissement des frontières, bref, indexée à une maîtrise de l'espace.

> « Ce qui est essentiel aussi aujourd'hui, c'est de parler deux, trois langues. C'est peut-être un point faible des Anglais et des Anglo-Saxons, qui ne parlent qu'une langue. On s'aperçoit que bien sûr les réunions d'affaires se passent en anglais, mais il y a toutes les réunions après affaires, et tous les échanges je dirais un peu plus approfondis, et là, le différenciateur, c'est la connaissance de la langue du pays. Il est essentiel aujourd'hui de parler au moins trois langues. [...] De par mon travail, j'ai été amenée à rencontrer pas mal de gens. C'est vrai que plus on travaille avec l'européen, plus les liens sont faciles. Je dirais qu'on s'aperçoit que les personnes qui travaillent dans les entités européennes des pays sont des gens qui sont un peu plus ouverts que les gens qui sont encore en train de travailler localement. Les Européens travaillent et pensent européen alors que les gens qui travaillent localement ne sont pas complètement encore ouverts[61]. »

Ceci leur permet de reprendre pied et place dans un univers – parler politique, exercer leur compétence politique – dans lequel ils étaient plus ordinairement dominés. C'est par exemple le cas de cet ingénieur, adhérent au Parti socialiste mais qui déclare ne pas « aimer » la politique, en tous cas les postures agonistiques de la politique « politicienne », ce qui le conduit à « ne rien dire » lorsqu'il est confronté à des discussions politiques avec ses amis. En revanche, c'est un fervent défenseur de l'Europe et des débats qui ont accompagné la campagne référendaire, présentés comme susceptibles de faire advenir des discussions plus argumentées et des façons plus respectueuses de parler politique.

> « – *D'accord. Et tu te souviens de la dernière fois où tu as parlé politique avec des amis ou des collègues ?*
> – Ouais, avec mes amis oui. C'était sur le contrat première embauche [CPE]. [...] Mais j'ai rien dit. C'était samedi dernier. [...] Bah j'ai rien dit. J'ai pas voulu... J'ai écouté ce qu'on m'a dit, parce que j'ai un copain, que tu connais d'ailleurs, Hervé, qui cherchait à me convaincre que c'était bien [le CPE], tout ça. Voilà, moi je me méfie des positions politiciennes, je suis membre du Parti socialiste aussi par principe, mais j'ai pas du tout envie de me battre sur chacun des points, tout le temps, parce que politiquement, il faut attaquer le gouvernement, ça m'intéresse pas vraiment.
> [...]
> – *C'est un de ceux avec qui tu parles souvent de politique ?*
> – Ouais.
> – *Et souvent, vous êtes d'accord ou pas ?*
> – Non, non, on n'est pas d'accord, parce qu'il m'attaque toujours, parce qu'il sait que je suis membre du PS, voilà, donc à chaque fois il attaque. Et moi je réponds : "Ouais, ouais, si tu veux, c'est pas une atteinte à ton opinion, elle est valable, mais les choses ne sont pas si simples (*sur un ton ironique*)." [...] J'ai trouvé cela formidable qu'il y ait un tel engouement, c'est-à-dire des amis, dans mon boulot par exemple, comme on s'abstient, en général, de parler de politique, donc même au boulot [on en parlait]... Alors, justement, un débat, où les gens ont appris à débattre de façon argumentée, et respectueuse de l'autre, alors qu'au début, c'était vachement chaud, parce que les gens n'ont pas l'habitude de discuter politique. Et donc, ils se braquent, et puis c'est pour ça qu'on ne veut pas parler politique, parce qu'on sait que ça crée des tensions...
> – *Tu parles pour le boulot là ?*
> – Au boulot, mais même aussi avec les amis, c'est un peu pareil, et progressivement, ça été assez pédagogique, sur le fait même d'avoir un débat. J'ai trouvé ça super[62] ! »

Dans cette première génération d'enquêtés, les profits symboliques anticipés à pouvoir « parler d'Europe » ne sont pas les mêmes que ceux qui conduisent à parler de politique de façon plus générale. Les stratégies de distinction liées à l'Europe sont différentes des stratégies d'affirmation de soi liées à la politique nationale. Les formes politiques associées à l'Europe (en parler, en discuter, y être favorable, s'y intéresser, et faire cela davantage que pour la politique nationale) contribuent à l'affirmation d'une « identité stratégique » liée à la détention et à la monstration de formes d'investissement du capital politique et culturel qui sollicitent davantage l'espace, et qui sont en concurrence avec les formes plus classiques de capital culturel et politique, constituées dans le temps et dans un rapport au temps. Par l'exposition de leur capital cosmopolite et de leur maîtrise symbolique de l'espace, ils recouvrent des manières de « tenir leur rang » sur des marchés de sociabilités et de conversations politiques sur lesquels ils étaient antérieurement dominés lorsqu'il s'agissait d'épreuves associées aux activités politiques. Cela atteste le lien maintenu entre les deux ordres de pratiques, politique et culturelle, mais manifeste également la dépréciation relative de certaines ressources associées à la définition classique de la compétence politique ; d'autant plus que dans la cohorte générationnelle suivante, les opinions en toute généralité, les points de vue politiques et surplombants sont plus souvent démonétisés au nom d'une compétence politique transnationale et plus experte.

L'Europe comme crise de reproduction de la compétence politique

L'énonciation d'un point de vue « politique », lorsqu'il est exprimé par nos enquêtés de la deuxième génération (nés dans les années 1970 ou au début des années 1980), s'appuie sur des mises en forme et des connaissances techniques – le droit, l'économie, les politiques publiques. Il est davantage indexé à des problèmes (*issues*) spécialisés. Ces points de vue s'opposent ainsi à ceux, généraux, critiques, appuyés sur la maîtrise d'une axiomatique politique liée au champ politique, tenus par le pôle politisé de la première génération. Les enquêtés de cette génération parlent de ce qu'ils connaissent, de ce sur quoi ils peuvent mobiliser des connaissances expertes (liées à leurs études, aux travaux académiques qu'ils ont pu réaliser, à leurs compétences professionnelles). Ils soulignent régulièrement leur défaut de compétences techniques sur tel ou tel point (« j'suis pas non plus économiste[63] »),

61. France, 55 ans, ingénieure, cadre supérieure dans le secteur privé international, deux enfants études supérieures de commerce, père industriel, marié cadre supérieur dans le privé, région parisienne. **62.** Quentin, 47 ans, ingénieur optique, cadre, conjointe cadre supérieure organisation humanitaire, Paris. **63.** Femme, 31 ans, ingénieure agronome, père attaché principal d'administration centrale, Paris.

et préfèrent alors s'abstenir de s'exprimer. La compétence politique est implicitement entendue comme devant reposer sur des savoirs experts, scolaires, technique et par-là distinguée de la compétence à opiner, fondée sur la maîtrise d'une idéologie, et déployée en toute généralité.

> « – *Et alors les points positifs ? Est-ce que vous voyez des points positifs ?*
> – Oui. Enfin je sais pas si je tombe dans le cliché si je vois des points positifs, parce que euh... je suis pas du tout experte... J'ai... Pfou... Oui, des points positifs, ce serait... Ce serait beaucoup d'idées reçues peut-être sur la monnaie unique, sur... sur le... le libre-échange, la libre circulation des travailleurs, des capitaux, des marchandises[64]. »

> « – *Quand tu penses à l'Europe, est-ce que tu dirais, de ton point de vue, que c'est quelque chose de positif ou de négatif ?*
> – (*Elle marque un temps de réflexion.*) Ben c'est... C'est quelque chose de positif, parce qu'en matière d'agriculture... Enfin moi j'ai été vraiment formatée aux politiques agricoles. J'ai été formée dans une école qui forme des... notamment les profs de lycée agricole, mais aussi tout un tas de fonctionnaires du ministère de l'Agriculture. Et donc on apprend très vite que la grande période pour l'agriculture c'est... c'est la PAC. Et donc c'est quelque chose de globalement positif pour la France[65]. »

> « – *Et vous, est-ce que vous avez suivi les débats sur la Constitution au moment du référendum ?*
> – Oui, ils m'ont agacé. Même en tant que juriste, ils m'ont agacé. Et j'avoue que j'ai jeté un vague coup d'œil à la Constitution, qui est imbitable. Mais bon, quelle Constitution ne l'est pas ?
> – *Et par rapport à une défense européenne, qu'est-ce que vous en pensez ?* [...]
> – Je ne sais pas. C'est pareil, c'est très complexe comme question. Je pense que d'abord peu de personnes sont à même d'y répondre bien parce qu'il faut être techniquement compétent [...].
> – *Et qu'est-ce que vous pensez de l'euro ? Vous pensez que c'est une bonne chose ou une mauvaise chose ?*
> – J'ai beaucoup de mal à évaluer pour le niveau européen. C'est pareil, c'est une question complexe qui dépasse mes compétences, c'est évident. Donc voilà, la réponse évidente, c'est de dire "je ne sais pas"[66]. »

Alors que la mobilité internationale devient un horizon d'attente, une injonction sociale et éventuellement une voie de sortie possible pour échapper à des marchés professionnels encombrés ou maximiser ses chances d'y avoir néanmoins accès, l'Europe peut être également envisagée comme une « carrière » ou une partie de celle-ci. Des vocations européennes ou internationales trouvent ainsi à s'actualiser, de façon relativement inédite, dans des secteurs liés au service public et à l'État. L'injonction à l'ouverture et à la « maîtrise de l'espace » se diffuse ainsi parmi les professions ou les secteurs antérieurement caractérisés par l'accumulation et la concentration d'un capital culturel sollicitant davantage le temps et plus circonscrit par les frontières nationales. Ceci contribue à expliquer la transformation des formes d'accumulation du capital culturel, davantage gagé sur le capital linguistique, comme la diffusion d'un rapport enchanté à « l'ouverture ».

> « – Maintenant, en tant que jeune femme de 28 ans, ce que j'apprécie, c'est tout ce que ça m'apporte : c'est la libre circulation, cette espèce de culture commune, le fait que vous soyez grecque devant moi et que je ne sens pas de différence, c'est le fait qu'on se tourne plus vers les langues vivantes des pays européens, c'est toutes les possibilités d'échange, Erasmus, Socrates, c'est tout ce que l'Europe a apporté en termes de toutes petites choses, mais qui font que l'on forme une grande communauté. Ça, c'est vraiment ce qui moi, en tant que toute jeune, je n'ai même pas encore 30 ans, m'émeut le plus. [...] (*Interrogée sur sa mobilité et ses voyages à l'étranger*) Oui, dès que l'occasion m'en est donnée, avec plaisir, toujours. Et on a surtout des échanges via mail. Bien sûr on travaille en anglais, comme ça tout le monde s'y retrouve. Mais dès que l'occasion m'en est donnée, oui, dès qu'un colloque international m'est proposé, oui. Oui, je voyage beaucoup en Europe. D'autant plus que certaines destinations, c'est devenu vraiment accessible : Londres, Berlin, Rome, les grandes capitales dans lesquelles il est possible de travailler dans mon domaine notamment. [...] Ça se passe très bien. Et quand j'aurai terminé ma thèse, je souhaite être prof à l'université. Ici ou ailleurs, en Europe !
> – *Vous pratiquez des langues étrangères ?*
> – Oui : l'anglais, l'espagnol, l'italien, et l'allemand. [...] Professionnellement j'ai voyagé grâce aux collaborations européennes, aujourd'hui je travaille grâce aux collaborations européennes, j'ai des amis d'un point de vue européen... J'ai rencontré des gens qui n'étaient pas français, je me suis donc ouverte du point de vue intellectuel, du point de vue de l'esprit, j'ai eu des histoires d'amour avec des gens qui n'étaient pas français. Je suis devenu un être humain très différent, un être humain qui a grandi dans une communauté qui était multiculturelle ; et pourtant pas tant que ça finalement[67]. »

Cette ouverture internationale plus diffuse produit des effets sur les formes d'exercice de la compétence politique de cette génération. Celle-ci paraît se dénationaliser relativement, les références et les connaissances sur les organisations internationales ou les ONG supplantant celles investies dans les organisations politiques nationales, les connaissances de politiques comparées étant davantage mobilisées et valorisées que celles concernant les politiques nationales stricto sensu, et les problèmes « cosmopolitiques », comme l'environnement par exemple, remplaçant les questions sociales.

La compétence politique, au sens de politisation, d'intérêt pour l'offre politique nationale, d'exercice du sens critique et de propension à évaluer des gouvernants sur la base d'une axiomatique politique, paraît moins impliquée dans les styles de vie de ces générations plus jeunes. De la même façon, pour lesquelles elle semble également moins considérée comme devant faire partie des attributs de classes qui s'affirment comme cultivées. Pour le dire autrement, le déclin relatif de l'exercice quotidien de cette compétence se mesure au fait qu'elle suscite moins de conversations avec l'entourage, moins de pratiques politiques quotidiennes et continues, moins de recherche d'informations généralistes et cumulées, y compris dans les milieux où elles constituaient auparavant une dimension

64. Aurélia, 25 ans, IEP de Toulouse, administratrice adjointe au Sénat, père haut fonctionnaire, Paris.
65. Lucie, 31 ans, ingénieure agronome, père attaché principal d'administration centrale, Paris.
66. Luc, avocat d'affaires, DEA, études au Canada et aux États-Unis, grand cabinet parisien, conjointe dans une organisation internationale, Paris.
67. Julie, 28 ans, doctorat histoire de l'art, professeure d'histoire, militante PS, père ouvrier, conjoint cadre supérieur, Strasbourg.

centrale de l'identification sociale, c'est-à-dire les groupes sociaux des petites et moyennes bourgeoisies intellectuelles liées au secteur public[68].

En témoigne, enfin, le fait que la compétence politique n'est plus un levier de valorisation dans les populations jeunes et scolarisées, ce dont atteste la troisième génération de nos enquêtés, jeunes au moment de l'enquête, c'est-à-dire ayant accédé à la majorité au début des années 2000. Comme les formes de culture les plus légitimes, au premier rang desquelles la lecture, les références et les pratiques politiques ne paraissent plus caractériser l'univers de cette génération d'étudiants enquêtés. Le politique paraît moins constituer un univers lointain, sacré, inatteignable ou compliqué, qu'un univers flou, relativement désinvesti et déclassé y compris dans les formations socialement sélectives où l'on retrouve des formes d'exercice d'une « compétence » de type spécialisée ou technique, qui n'est pas nécessairement mise au service d'un point de vue politiquement articulé. Il semble que le rapport « désintéressé », généraliste, assorti d'une dimension critique ou d'une visée évaluative aux affaires publiques se soit transformé, parmi les jeunes générations des classes supérieures cultivées qui veulent tenir leur rang, en rapport spécialisé, relativement utilitaire, et tourné vers l'international. Ce sont en effet les incitations à développer un capital culturel lié à la maîtrise de l'espace et les compétences connotant l'internationalité qui suscitent des investissements au sein de cette jeune génération, pour laquelle langues, voyages, ouvertures internationales sont toujours considérés comme insuffisants[69]. Ce sont ces caractéristiques qui sont valorisées, qui redéfinissent les styles de la vie et les formes investies du capital culturel.

Au total, ce que permet de montrer l'Europe, c'est encore que cette injonction à l'internationalisation s'est diffusée bien au-delà des seules classes supérieures diplômées et favorisées. En effet, s'il est apparu que la sollicitation à répondre à des questionnements à propos de la politique nationale et institutionnelle produisait des effets de violence symbolique moindres que par le passé dans les autres espaces sociaux étudiés, c'est moins le cas de toutes les questions qui portent sur le capital linguistique ou plus largement sur les marqueurs de l'internationalité, lorsqu'elles étaient adressées à ceux qui en sont dépourvus et qui sont caractérisés par leurs positions défavorisées dans « l'accès très inégal aux ressources culturelles de la mondialisation[70] ». L'aveu du défaut, que ce soit sous la forme de la honte ou de la culpabilité, de la bonne volonté culturelle ou de l'ironie, s'observe ici bien davantage, et la domination semble désormais s'exercer par l'intermédiaire de nouvelles injonctions culturelles (parler anglais, être ouvert, voyager) dont se font l'écho les questions des enquêteurs eux-mêmes, parfois teintées d'une certaine condescendance ou d'une forme de gêne lorsqu'il apparaît que les questions sont susceptibles de faire perdre la face aux enquêtés.

> « – *Et est-ce que vous ou vos enfants, vous parlez un peu anglais ou d'autres langues ?*
> – Ah moi pas du tout (*rires*). Oh [les enfants] ils ont fait un peu d'anglais, mais... j'sais pas... (*il prend une inspiration*) ils ont arrêté !
> – *Vous parlez anglais aux vaches...*
> — (*Rires*) Oh oui. C'est dommage par contre, parce que maintenant l'anglais c'est utile[71]. »

> « – Schengen ? C'est la Chine ça... ah non... hein ! Ah, les produits chinois, non hein !
> – Schengen, c'est le marché de Schengen ça... pour nous (*l'entretien est réalisé « en couple »*), c'est la Chine [...].
> – Ben explique nous, c'est quoi Schengen ?
> – *Schengen, à la base, c'est une petite ville du Luxembourg...*
> – Ah, ben dis-nous le avant[72] ! »

Parmi les enquêtés des classes « populaires », les réactions oscillent entre forme de résistance ironique et bonne volonté culturelle manifeste. Ainsi, lorsque l'enquêteur s'étonne qu'un ouvrier à la mairie de Paris sans diplôme, multiplie les références à la situation des travailleurs en Allemagne, ou à ce pays de façon générale, celui-ci le renvoie tout à la fois à sa condescendance et à sa prétention « de classe » à monopoliser les marqueurs d'internationalité :

> « – *Mais comment est-ce que tu réussis à capter toutes ces informations sur l'Allemagne ?*
> – Je regarde beaucoup Arte (*ton ironique*)...[73] »

Mais le plus souvent les enquêtés « reconnaissent » le caractère obligatoire de la maîtrise des langues (« [o]n est obligés de toute façon, on est obligés de suivre, c'est une obligation[74] ») et de la domination de l'anglais, d'autant plus qu'ils en sont dépourvus et font montre d'une bonne volonté culturelle, investie par eux ou pour leurs enfants, dans l'acquisition de ce nouveau « capital ».

> Un ouvrier du bâtiment, s'esclaffe lorsque l'enquêteur lui demande s'il a déjà voyagé en Europe pour son boulot : « Voyagé par mon boulot ?! (*rires*) Elle est bonne celle-là ! Non jamais... Moi je reste toujours à peu près dans le même secteur, tu sais, je voyage presque pas. [...] Bah, j'ai fait un peu d'anglais à l'école, mais j'étais nul. Puis j'ai fait de l'espagnol... j'étais nul aussi. (*rires*) [...] Ma femme est bilingue par contre ! Moi ça jamais été trop mon truc les langues... mais, bon, je fais des efforts[75]. »

L'investissement scolaire dans les langues est ainsi central pour ces deux employées, qui le décrivent comme un capital, accumulé dès l'école primaire.

> « – *Je sais que vos enfants sont jeunes, mais est-ce que vous aimeriez que plus tard ils voyagent en Europe ?*
> – Ah oui, pour apprendre des langues... Je me rends compte que, moi, c'était pas vraiment ce qui m'intéressait les langues, mais je vois avec mon fils qui est en CM1 : il commence à apprendre l'anglais déjà, il aura un capital quand il arrivera en sixième... C'est vrai que c'est très important[76]. »

68. Élie Guéraut, *Le déclin de la petite bourgeoisie culturelle*, Paris, Raisons d'agir, 2023.
69. Adrian Favell, *Eurostars and Eurocities. Free Movement and Mobility in an Integrating Europe*, Oxford, Blackwell Publishing, 2008.
70. P. Coulangeon, *Les métamorphoses de la distinction. Inégalités culturelles dans la France d'aujourd'hui*, Paris, Grasset, 2011.
71. René, 58 ans, maison agricole, propriétaire « héritier », travail avec ses deux fils, marié, trois enfants, représentant communal FNSEA, Manche.
72. Émile et Lucette (couple), 74 ans ; homme : CAP d'électricien, ouvrier puis carrière à l'EDF (jusqu'à la maîtrise), retraité ; femme : ancienne couturière, Charleville-Mézières.
73. Patrick, 38 ans, CAP, ouvrier municipal, célibataire, sans enfant, Paris.
74. Homme, 55 ans, sans diplôme, ancien ouvrier, invalidité, marié, deux enfants, Lorraine.
75. Franck, 27 ans, pas d'indication de diplôme, ouvrier BTP, père maçon, conjointe employée chez McDonald's, banlieue parisienne.
76. Martine, 40 ans, secrétaire médicale, père agriculteur, mariée, conjoint ouvrier, deux enfants, village, Anjou.

Enfin une femme de ménage d'origine portugaise, mariée à un artisan et mère de deux enfants, souhaiterait développer l'apprentissage des langues à l'école, qu'elle considère comme un gage d'égalisation des classes sociales.

> « Bon voilà, et je trouve que dans l'Europe on devrait être égaux partout... [...] Parler une seule langue ! Moi, je partirais... Parler que l'anglais ou que le français dans toute l'Europe, faudrait parler l'anglais, qu'une seule langue européenne, faudrait parler qu'une seule langue et voilà, après tout puisque c'est l'Europe, tout le monde est obligé de passer par là alors je dis : "Une seule langue, ça aurait suffi." [...] Commune pour toute l'Europe... On est obligé dans tous les pays de devoir parler que l'anglais... Comme en Allemagne, vous allez en Allemagne, ils parlent pas l'anglais. [...] Alors moi, que je parle pas l'anglais, que le français et le portugais euh... voilà, l'Allemagne ils parlent pas l'anglais, qu'est-ce que vous voulez... c'est pas normal. [...] Au moins si ils parlaient l'anglais, puisque c'est une langue courante, partout ! Même nous ce serait dur, mais je m'y serais mise, au moins pour me faire comprendre. [...] Quand on se déplace c'est horrible... L'Europe voilà, moi je dis l'Europe... Les enfants de maintenant, il faudrait qu'ils apprennent à parler une langue courante pour l'Europe et ça par exemple, ils s'en foutent, ils l'imposent pas[77]. »

Faire parler d'Europe, épreuve plus inédite, plus incertaine, moins stabilisée, tant pour ceux que l'on fait parler que pour ceux qui font parler, aura finalement conduit à réinterroger toute une série de routines scientifiques fonctionnant comme autant de réflexes pour s'efforcer de s'en déprendre et de saisir autrement les rapports ordinaires au politique. Depuis, cette réanalyse a pu trouver sa place dans une « grammaire » définie par Julien Weisbein[78] comme « possibiliste », et se trouver inscrite dans un tournant désormais assez « banalisé » des travaux de sociologie politique. Cette grammaire possibiliste, qui émerge dans la sociologie politique au tournant des années 2000, se décale de la grammaire réaliste – fondée sur une conception spécialisée du politique, indexée à l'espace social qui s'est historiquement constitué autour des activités de gouvernement et qui envisage la politisation comme une capacité à comprendre et manipuler les biens symboliques particuliers produits dans cet espace très différencié selon le capital culturel des agents. Comme elle, et à l'inverse de la grammaire pragmatiste, la grammaire possibiliste considère le politique comme une activité spécialisée. Mais, contrairement à la grammaire réaliste, elle s'intéresse à d'autres espaces sociaux de production du rapport au politique, et redéfinit la politisation « comme une requalification des activités sociales les plus diverses selon les logiques de l'espace spécialisé du politique, avec l'idée d'emprunts et d'hybridations mutuelles entre les divers pôles de ces échanges[79] ». Cette banalisation, qui permet de dialoguer avec nombre de travaux de sociologie politique sur le « rapport » à des objets politiques plus familiers[80] permet d'espérer faire de l'Europe un objet parmi d'autres de la sociologie politique, et de le désencastrer ainsi des seules interrogations sur la légitimité des institutions communautaires pour le saisir dans l'épaisseur des mondes sociaux.

Ce passage par l'Europe, toutefois, nous a paru plus heuristique encore puisqu'il nous a obligée, alors qu'on ne voyait rien, ou rien de plus ni rien de neuf dans les entretiens, à formaliser une grille de lecture analytique des entretiens qui impliquait constamment ces derniers dans la construction de l'objet. C'est cet objectif qui a été le fil de la réanalyse de ces entretiens, engagée avec Philippe Aldrin. Outre les dimensions heuristiques d'une telle perspective, il semble que cela renforce aussi l'entretien comme méthodologie, en évitant la dimension illustrative qui lui est souvent reprochée, mais aussi la perspective individualiste dont elle peut être porteuse, souvent au corps défendant de ses utilisateurs. On a vu la part de réappropriation que cela supposait et l'ensemble des notions proposées ne sont pas obligatoirement transposables d'un terrain ou d'un objet à l'autre. En revanche, il y a de multiples façons d'incorporer ainsi le matériau à la construction de l'objet, qui peuvent se transmettre comme une ficelle du métier.

77. Clara, 48 ans, femme de ménage, mariée, conjoint artisan, deux enfants, Vaucluse.

78. Julien Weisbein, « Politisations ordinaires. Nouveaux regards à contre-jour sur les relations à l'ordre politique dans la sociologie politique française », HDR de science politique, IEP de Paris, 2023.

79. *Ibid.*, synthèse de l'auteur.

80. Pour n'en citer que quelques-uns parmi les ouvrages récemment parus : Eric Agrikoliansky, *et al.* (dir.), *Ordre social, désordre électoral. Une sociologie du vote de 2017*, Villeneuve-d'Ascq, Presses universitaires du Septentrion, 2024 ; É. Agrikoliansky, P. Aldrin et S. Lévêque (dir.), *Voter par temps de crise. Portraits d'électrices et d'électeurs ordinaires*, Paris, PUF, 2021.

LE BÂTIMENT DE LA COMMISSION EUROPÉENNE à Bruxelles représente, pour beaucoup, une incarnation du pouvoir européen. La Commission est pourtant tout sauf un monolithe et elle ne monopolise pas le pouvoir au sein de l'espace de concurrence et de coopération plus vaste que constitue le champ de l'eurocratie.

Par-delà le champ de l'eurocratie

Entretien avec Didier Georgakakis

L'Union européenne peut apparaître comme un cas sur lequel le concept de champ semble inapplicable. Avec quelques autres travaux, les recherches que Didier Georgakakis mène depuis plus de vingt ans sur les institutions européennes montrent que le concept de champ bureaucratique est particulièrement adapté à l'analyse du cœur institutionnel de l'Union européenne, mais aussi que ce terrain peut conduire à reposer et repenser certaines dimensions de l'analyse en termes de champ – si l'on applique rigoureusement le principe selon lequel chaque nouvelle application d'un modèle oblige à poser la question des spécificités du cas étudié. Dans l'entretien[1] ci-dessous, Didier Georgakakis explicite la démarche qui a été la sienne. Il montre la fécondité d'une analyse des institutions européennes en termes de champ, notamment par comparaison aux démarches dominantes sur cet objet (souvent d'inspiration institutionnaliste), et les nuances existantes entre différents usages de la théorie des champs dans le cas de la « construction européenne ». Il identifie et développe ensuite cinq grands points qui proposent des conceptualisations spécifiques et qui, comme il l'explique, constituent autant de pistes pour d'autres objets transnationaux ou procédant de structures de pouvoir (collective, multiniveau, à tendance plus oligopolistique que monopolistique) comparables. [N.D.E.]

Champ bureaucratique et champ politique

Comment en êtes-vous venu à développer une sociologie du « champ de l'eurocratie » ?

J'ai commencé par une étude des métiers de l'Europe[2], et ce n'est que progressivement que j'ai développé une sociologie des structures sociales du champ bureaucratique européen[3] qui est devenue une branche des études européennes en France et en Europe[4]. Les approches du système institutionnel européen étaient très éloignées de la théorie des champs[5]. Tout en prenant au sérieux l'espace institutionnel singulier qu'elles représentent, la recherche sur « le champ de

1. Cet entretien se situe dans la suite de publications visant à étendre l'usage du concept de champ à l'administration (*Revue française d'administration publique*, 180, 2021 et 181, 2022) et aux politiques publiques de l'UE (voir Didier Georgakakis, « Ce que le champ de l'eurocratie nous dit des politiques européennes », *in* Vincent Dubois (dir.), *Les structures sociales de l'action publique. Analyser les politiques publiques avec la sociologie des champs*, Vulaines-sur-Seine, Éd. du Croquant, 2023, p. 483-517).

2. D. Georgakakis (dir.), *Les métiers de l'Europe politique. Acteurs et professionnalisations de l'Union européenne*, Strasbourg, Presses universitaires de Strasbourg, 2002.

3. Pierre Bourdieu, « De la maison du roi à la raison d'État. Un modèle de la genèse du champ bureaucratique », *Actes de la recherche en sciences sociales*, 118, 1997, p. 55-68 ; V. Dubois, « Introduction », *in* V. Dubois (dir.), *Les structures sociales de l'action publique*, *op. cit.*, p. 7-24 ; D. Georgakakis, « Champ bureaucratique », *in* Gisèle Sapiro (dir.), *Dictionnaire international Bourdieu*, Paris, CNRS éditions, 2020, p. 131-133.

4. L'ouvrage dirigé par D. Georgakakis, *Le champ de l'Eurocratie* (Economica, 2012), a fait l'objet d'une vingtaine de communication internationales à la suite de sa réédition en anglais avec Jay Rowell (Palgrave 2013) puis au travers d'un ensemble de *handbooks*, dont le chapitre de D. Georgakakis, « European Integration », dans *The SAGE Handbook for Political Sociology*, Londres, Sage, 2018, p. 1083-1103.

5. La théorie des champs est, au départ, importée dans les *European studies* par les travaux de Neil Fligstein ou Alec Stone. Dans le sillage des travaux d'Yves Dezalay, Giselle Sapiro ou Anne-Catherine Wagner sur l'international, une série d'auteurs (notamment Niilo Kauppi, Didier Bigo, Antonin Cohen, Antoine Vauchez, Adrian Favell, Frédéric Lebaron, Mikael Madsen, etc.) puis plus tard la nouvelle école allemande de sociologie de l'européanisation (Christian Schmidt-Wellenburg et Stefan Bernhard (dir.), *Charting transnational fields. Methodology for a political sociology of knowledge*, Londres, Routledge, 2020 ; Sebastian M. Büttner *et al.*, « Professionalization in EU Policy-Making ? The Topology of the Transnational Field of EU Affairs », *European Societies* 17(4), 2015, p. 569-592) ont, dès la fin des années 1990, et à partir de point de vue divers, cherché à réinscrire la théorie des champs dans une référence plus proche de Bourdieu. On en trouvera un bon exemple dans le numéro coordonné par Antonin Cohen, Yves Dezalay et Dominique Marchetti, « Constructions européennes », *Actes de la recherche en sciences sociales*, 166-167, 2007. Sur ces variations transatlantiques et européennes, voir D. Georgakakis et A. Vauchez, « Le concept de champ à l'épreuve de l'Europe », *in* Johanna Siméant (dir.), *Guide de l'enquête globale en sciences sociales*, Paris, CNRS éditions, 2015, p. 197-220.

l'eurocratie » relève d'une volonté de travailler à rebours de présupposés d'une grande partie de la littérature sur l'Union européenne, notamment anglo-saxonne, qui privilégie souvent une lecture des institutions sous une forme réifiée (sinon anthropomorphique), tubulaire (la Commission européenne et le Parlement sont des organisations étanches, dans le meilleur des cas) et désincarnée (un univers de règles et de pratiques sans individus ou groupes sociaux). Plutôt que partir des institutions formelles ou, ce qui revient au même, d'une lecture des institutions par les institutions, cette perspective de recherche fait le choix d'explorer la structure sociologique des agents *a priori* très divers qui peuplent ces institutions et de leurs luttes pour la définition d'une autorité légitime sur le champ. Elle remet au centre des préoccupations le système des positions *indissociablement* sociales et politiques que ces agents forment ensemble.

En quoi cette sociologie des milieux politico-bureaucratiques européens renouvelle-t-elle les questions de la littérature dominante ?

En posant les institutions comme champ bureaucratique, elle invite à s'interroger sur l'espace de fabrication des catégories politiques européennes. Pour le dire autrement, la pratique de ce terrain de recherche au croisement de plusieurs cultures nationales conduit d'emblée à dénaturaliser les catégories politiques et institutionnelles les plus usuelles qui sont ici loin d'être évidentes pour tous les protagonistes[6]. Mais enquêter sur ces institutions en tant que champ bureaucratique, c'est aussi se situer à un point d'observation privilégié de la construction des catégories et ici des tentatives plus ou moins abouties de les bricoler pour les remodeler sous une forme commune à l'échelon de l'Europe et au-delà[7]. Traiter de ces institutions comme d'un champ bureaucratique invite simultanément à dépasser les grandes variables (idéologiques ou partisanes) pour étudier les effets de domination qui structurent et se jouent dans les batailles pour la fabrication des « compromis européens », ce qui est d'autant plus utile que ces derniers les dénient dans leur forme même (les bons compromis sont réputés sans gagnants et apparaissent, singulièrement dans ce milieu, souvent comme des « miracles »). Enfin, enquêter sur l'Union européenne (UE) à partir d'une sociologie du champ bureaucratique réduit la complexité du système institutionnel et décisionnel européen (que l'on pourrait décrire comme une infinité de compromis sur des compromis dans des arènes multiples). Cette approche oblige, de fait, à une parcimonie relative et à se tenir à l'écart du « compte rendu » de ce qui se passe arène par arène (ou institution par institution) et qui tend à obscurcir les logiques générales, sans pour autant céder à la paresse de grandes explications (idéologique, partisane, ou relevant de la force supposée pure de certains États sur le champ).

De ce point de vue, la sociologie des champs va dans son principe à l'encontre d'une pente empiriste décelable dans une partie de la littérature (y compris proche). Elle nécessite aussi de clarifier les enjeux théoriques fondamentaux et les hypothèses qu'ils conduisent à formuler. Elle prend symétriquement à rebours nombre de théories et de présupposés abstraits ou formels. La littérature dominante de science politique, notamment en langue anglaise, se fonde sur des oppositions tranchées entre structure et *agency*, choix rationnel et socialisation ; elle minimise ce qui relève des dynamiques de capitalisation (qu'il s'agisse de capital matériel ou symbolique). Lorsqu'elle les prend en compte, c'est en séparant formellement les processus rationnels (fondés sur la nécessité économique ou politique), culturels et historiques. Construite dans un autre contexte que le contexte intellectuel américain, la sociologie des champs intègre d'emblée ces différentes perspectives. Elle se situe, par exemple, au point géométrique des trois néo-institutionnalismes[8] qui dominent la littérature : les calculs et orientations stratégiques existent mais ils s'opèrent dans des conditions sociales et culturelles structurées par l'histoire (des coups précédents, de l'espace et de la distribution des ressources en son sein, etc.). En offrant un modèle de compréhension d'emblée relationnel tout en spécifiant la structuration de l'espace en tant que champ diplomatico-bureaucratique, elle rompt avec le « politisme » dominant qui se focalise sur le processus décisionnel formel, les partis et les élections ou qui fait primer l'intérêt rationnel des organisations (les États, la Commission maximiseraient leur intérêt en termes d'autonomie).

L'espace institutionnel européen n'est donc pas un champ politique ?

En effet, il constitue moins un champ politique *stricto sensu* qu'un terrain de jeu où des mandataires d'institutions et d'organisations (bien plus que des

6. Les périmètres de la droite et de la gauche, ou de concepts comme ceux de « fonction publique » ou de « service public », n'ont pas à Bruxelles l'évidence qu'on leur prête à Paris. Sur les effets de contre-pied auxquels cela conduit en pratique, et pour la catégorie « parlement », voir D. Georgakakis (avec Marylou Ham), « S'investir dans la domesticité du champ : observations sur la mobilisation des SHS dans Horizon Europe », *Politique européenne*, 85, 2024.

7. Pour un bon exemple, voir Mélanie Vay, « L'impossible doctrine européenne du service public. Aux origines du service d'intérêt économique général (1958-1968) », *Revue française de science politique*, 69(1), 2019, p. 75-94.

8. Peter Hall et Rosemary Taylor, « Political Science and the Three New Institutionalisms », *Political Studies*, 44(5), 1996, p. 936-957.

électeurs) s'affrontent pour la définition de politiques communes dans un jeu très collectif sur le moyen voire le long terme. C'est dans le mouvement perpétuel de la négociation européenne sur des politiques singulières (qui apparaissent de loin comme des détails), et non dans des moments électoraux (le capital électoral ne constitue pas là une ressource dominante), que se définit et se conquiert pour l'essentiel l'autorité des agents qui y interviennent. Dans cette conception, l'Union européenne se saisit comme une machine étatique transnationale entre champs[9] qui, bien qu'elle soit politique de part en part, relève de pratiques qui tendent à dénier son statut politique (au sens de la représentation politique)[10] – et également à euphémiser le rôle des clivages entre groupes et/ou classes sociales.

De ce point de vue, la notion de « champ bureaucratique » constitue une boîte à outils parfaitement adaptée pour construire des espaces transnationaux, et tout particulièrement, dans ce cas, un quasi-État en formation – le champ bureaucratique étant ici fortement objectivé dans des textes, mais surtout des postes, des lieux officiels, etc. Ce champ a ainsi des structures d'opposition qui ne sont pas seulement politiques ou diplomatiques. Que ce soit à partir d'analyses statistiques ou qualitatives (voire ethnographiques), on a pu faire apparaître un ensemble de structures d'opposition en fonction du volume de capital, mais aussi des types de capital qui distinguent des agents dont l'autorité provient de leur permanence au champ et d'autres plus encastrés dans la représentation de leur organisation et plus intermittents dans la machine européenne. Il y a une opposition entre une autorité à parler fondée sur le général et le public, et une autre sur le particulier et le marché, un peu comme dans la politique du logement analysée par Bourdieu[11], mais dans un équilibre plus favorable au marché pour différentes raisons.

Mais est-on en présence d'un espace vraiment unifié ?
Non, au sens où il y a une tension entre des forces hétéronomes et autonomes. Par ailleurs, de même que le champ bureaucratique se réfracte différemment dans des secteurs d'action publique, les structures générales mises à jour pour le champ institutionnel européen sont loin de tout expliquer des prises de position : celles-ci doivent plus finement s'analyser secteur par secteur, sous-champ par sous-champ. On a affaire à une distribution des ressources sociales qui est différente, selon que l'on considère une politique très intégrée (la concurrence, le commerce, etc.) ou, par exemple, la politique de la défense, dominée par des grands États. Le champ de l'eurocratie (si on le construit théoriquement comme un champ de luttes pour le pouvoir sur les institutions et les politiques communes de l'Union européenne en général) est ainsi inégalement objectivé. Pris dans son ensemble, il se rapproche, pour le dire de façon imagée, d'une structure à trous[12], c'est-à-dire avec des sous-champs qui sont inégalement objectivés et moins sous l'effet des forces autonomes du champ. Si le champ de l'eurocratie comme champ *théorique* des luttes pour la définition des politiques européennes permet de dégager des grandes structures, il doit être actualisé dans des secteurs ou des sous-champs plus fins si l'on veut en tirer tout le bénéfice pour la compréhension de politiques ou de catégories singulières[13].

Clôture et objectivation du champ

Venons-en à la façon dont ce cas vous amène à réinterroger certains fondements ou usages de la théorie des champs. Vous insistez sur le fait qu'une première particularité de ce champ est qu'il n'a pas de centre unique, qu'il n'est pas très objectivé socialement.
Dans un usage courant de la sociologie des champs, postuler que le champ s'organise autour d'un centre d'attraction est une étape importante, mais il ne faut pas confondre le postulat nécessaire à une étape du raisonnement avec ce qui se passe en réalité, et qui peut relever de forces ou de pressions multiples. Analyser ce champ bureaucratique européen suppose d'admettre d'emblée que son objectivation n'est pas aussi forte qu'ailleurs. Une partie substantielle des agents en lutte sont des mandataires d'État, d'industries ou de groupes sociaux (eux-mêmes plus ou moins objectivés sur un plan transnational) qui doivent leur position à ce statut de mandataire plus ou moins temporaire : ils doivent leur présence dans le champ, et une bonne partie de ce qui fait leur position, à des principes hétéronomes au champ.

9. Voir le numéro « Constructions européennes » d'*Actes de la recherche en sciences sociales*, 166-167, 2007. Sur la distinction établie ici entre champ politique, champ du pouvoir et champ bureaucratique, voir les articles cités en note 1.

10. Un constat établi également par d'autres approches : Wolfram Kaiser et Johan Schot, *Writing the rules for Europe. Experts, cartels, international organizations*, Londres, Palgrave Macmillan, 2014. Voir aussi les travaux de longue date de Cécile Robert – en particulier, « L'impossible "modèle social européen" », *Actes de la recherche en sciences sociales*, 166-167, 2007, p. 94-109 – ou plus récemment Sébastien Michon, *À l'école des eurocrates. La genèse de la vocation européenne*, Rennes, PUR, 2019 ; Sara Lindberg, *Forming EU-professionals. Geopolitical and Symbolic Hierarchies at the College of Europe*, thèse de sociologie, Université d'Uppsala, 2022.

11. P. Bourdieu, « L'État et la construction du marché », dans *id.*, *Les structures sociales de l'économie*, Paris, Seuil, 2000, p. 113-153.

12. D. Georgakakis, « La sociologie historique et politique de l'Union européenne : un point de vue d'ensemble et quelques contre points », *Politique européenne*, 25, 2008, p. 53-85.

13. D. Georgakakis, « Ce que le champ de l'eurocratie nous dit des politiques européennes », chap. cité, p. 479-515 ; Yiorgos Vassalos, *L'Europe de la finance. Enquête sur la production de la régulation financière européenne (le cas de MiFID 2, 2009-2017)*, thèse de science politique, Université de Strasbourg, 2020.

Est-ce que vous reprendriez la notion de « champ faible[14] » ?

Non, pas sur le terrain que j'étudie. Cette notion a été élaborée pour penser des moments circonscrits ou des espaces interstitiels moins structurés et dans des jeux multiscalaires. Mon point d'observation et mon objet sont différents dans la mesure où je cherche à construire sociologiquement l'espace des institutions. Or les institutions européennes n'apparaissent comme une nébuleuse que vues de loin. Ce sont des institutions durables (ici les trois institutions principales ont plus de 65 ans). Les passages des agents d'un champ à l'autre ont à raison remisé l'idée d'un champ transnational autonome[15], mais le constat d'une présence intermittente de certains agents ne doit pas amener à négliger que l'organisation dont ils sont mandataires est très souvent permanente dans le champ, ni la masse des agents permanents – que ces derniers soient statutairement permanents ou pas. Une fraction de ces agents permanents peut appartenir à un « groupe de statut[16] », comme les fonctionnaires européens. D'autres qui circulent d'une position (dans le champ) à une autre ne sont pas moins permanents (au sens où ils sont là depuis longtemps ou se projettent dans le long terme du champ), à l'instar des représentants d'intérêt (ou d'autres comme des communicants ou des journalistes) de longue date dans le milieu des affaires européennes ou de son centre bruxellois. Cette différenciation est peu comprise lorsqu'on raisonne en opposant binairement autonomie et hétéronomie, ni quand on plaque d'autres réalités institutionnelles pour comprendre la bureaucratie européenne. Par exemple, pour les États-Unis, la permanence des postes de gouvernement et d'administration est incompréhensible, beaucoup de chercheurs étatsuniens (et ceux qui les imitent) ne perçoivent pas l'existence d'une fonction publique européenne permanente et, partant, son rôle politique. Dans les pays européens, le raisonnement est presque inversé : beaucoup de critiques de Bruxelles font comme si les décisions étaient prises par les fonctionnaires européens (« apatrides »), alors qu'elles le sont formellement par des collectifs de représentants d'État (et donc de gouvernements élus) ainsi que de parlementaires européens et, en réalité, dans et par un processus collectif de coproduction permanent et de moyen terme dans le fonctionnement routinier du champ. On voit l'intérêt d'utiliser le concept : il objective d'emblée le microcosme (et non telle ou telle de ces composantes collectives ou organisationnelles) et il permet de visualiser sur une même cartographie des agents qui sont des permanents du champ et d'autres qui y interviennent plus occasionnellement.

Vous pensez donc que le fait d'avoir affaire à un espace qui est dans un entre-deux, qui n'est pas parfaitement sociologiquement institutionnalisé, n'empêche pas de recourir à la notion de champ.

L'institutionnalisation des organisations, des pratiques et d'une partie des agents font que ce champ de l'eurocratie est plus fort qu'un champ faible. Mais comme une partie de ceux et celles qui le peuplent sont des mandataires extérieurs, dont l'investissement est temporellement réduit ou séquencé, il est simultanément plus hétéronome que des champs plus clos. Les agents doivent composer avec cette réalité ambivalente. Par exemple, les représentants permanents d'un État membre ont un poids important dans la machine à compromis : en tant qu'ambassadeurs, ils ne sont pas nommés de façon autonome par les institutions, mais par leur État d'origine, suivant des logiques *a priori* extérieures au champ. Cependant, leur crédit dans le champ est à la fois le produit de la position hiérarchique de l'État membre, dont ils sont le porte-parole, et de leur pratique dans le champ (c'est-à-dire des capitaux autonomes qu'ils ont pu y accumuler et, donc, de leur permanence relative dans le champ), et des perceptions qu'en ont les autres agents du champ (sont-ils perçus comme « jouant le jeu » du compromis et comme contributeurs à l'effort général ou dans une posture qui relève de la « basse-politique » nationale ou calque celle de leur mandant ?). Ils sont donc bien ici, pour partie, dépendants de jeux et d'enjeux autonomes (et au demeurant souvent étrangers à leur hiérarchie dans leur capitale). Pour cette raison, l'hypothèse d'une polarité entre des capitaux de permanents et d'intermittents du champ est féconde, et vaut pour d'autres espaces que l'UE, pour autant qu'ils fassent l'objet d'une structuration proche.

Cette structure d'opposition entre permanents et intermittents est perçue et théorisée par des agents du champ, qu'il s'agisse des plus dominants lorsque l'on parvient à des moments réflexifs, ou des plus dominés qui se sentent exclus par les permanents. Dans un travail collectif récent, Pierre Vimont – ancien ambassadeur représentant la France auprès de l'UE, puis ancien secrétaire général du Service

14. Christian Topalov, « Le champ réformateur », *in* C. Topalov (dir.), *Laboratoires du nouveau siècle. La nébuleuse réformatrice et ses réseaux en France, 1880-1914*, Paris, Éd. de l'EHESS, 1999, p. 461-474 ; D. Georgakakis et A. Vauchez, « Le concept de champ à l'épreuve de l'Europe », *loc. cit.*

15. Yves Dezalay et Bryant Garth, « Le "Washington consensus". Contribution à une sociologie de l'hégémonie du néolibéralisme », *Actes de la recherche en sciences sociales*, 121-122, 1998, p. 3-22 ; Mikael Rask Madsen, *La genèse de l'Europe des droits de l'homme. Enjeux juridiques et stratégies d'État (France, Grande-Bretagne et pays scandinaves, 1945-1970)*, Strasbourg, Presses universitaires de Strasbourg, 2010.

16. Max Weber, *Économie et société*, Paris, Pocket, 1995.

LE ROND-POINT ROBERT SCHUMAN à Bruxelles – situé entre le bâtiment de la Commission européenne, celui du Conseil qui représente les États-membres et ceux de nombreux lobbies – est l'incarnation géographique du centre du champ. Il est aussi l'un des lieux privilégiés des manifestations « européennes », comme ici lors d'un rassemblement des producteurs de lait, le 5 octobre 2009, qui réclament des aides face à la chute des prix.

C
O
P
I
E

5 rue Antoine Chantin, PARIS XIV.
14 Octobre 1952.

Cher Monsieur,

M. Beuve-Méry vient de me mettre au courant de vos intentions à mon égard. Vous devinez combien je suis touché par ce nouveau témoignage de votre confiance.

Votre proposition ne pose pas seulement pour moi des probèmes de réalisation pratique très complexes - mais un problème de principe : il s'agit de savoir exactement la nature des tâches que vous entendez me confier. Je commence à mesurer assez exactement ce queje suis capable de faire - et ce que je ne suis pas capable de faire.

M. Beuve-Méry m'indique que vous allez passer à Paris très prochainement. Je désirerais beaucoup que vous puissiez alors m'accorder quelques entretiens.

Je séjourne à Paris jusqu'au débit de Décembre - bloqué par le concours d'agrégation de droit public qui m'oblige à siéger tous les matins. Je suis libre en principe l'après-midi, sauf cas exceptionnels (Samedi prochain - à la réunion de la Fondation des Sciences Politiques - du 22 au 24 Oct. à l'UNESCO).
Je suis libre d'autre part le lundi toute la journée.

Si vous le désirez, je peux également me rendre au Luxembourg, entre deux trains - un dimanche à lundi par exemple.

Je vous prie d'agréer, cher Monsieur, l'hommmage de ma déférente sympathie.

M. Duverger

FONDATION JEAN MONNET
POUR L'EUROPE
Ferme de Dorigny
CH-1015 LAUSANNE

MAURICE DUVERGER, professeur de droit public et directeur de l'Institut d'études politiques de Bordeaux, répond à une invitation à le rejoindre de Jean Monnet, qui préside alors la Haute autorité de la Communauté européenne du charbon et de l'acier (CECA) – l'organisation supranationale rassemblant les pays du Bénélux, la France, l'Italie et la RFA, créée à la suite du discours de Robert Schuman du 9 mai 1950. Cette lettre de 1952 montre les capacités très relatives d'attraction de Jean Monnet dans un moment de genèse des institutions et, simultanément, l'absence d'évidence de l'investissement dans ce champ en gestation.

européen pour l'action extérieure (SEAE) – parle de la différence entre les « résidents » et les autres[17]. Si on en trouve des traces, par exemple, dans les analyses des *lobbys*, l'opposition permanence/intermittence est rarement construite comme une polarité fondamentale dans la littérature. Une littérature plus classique distingue l'*in-group* et l'*out-group*[18] ou, en science administrative, « acteurs dans la machine » et « acteurs hors machine », mais il s'agit là encore de modèles typologiques et éloignés de la pensée relationnelle du champ. Il me semble que ce principe peut valoir pour une série de champs qui ne sont pas nécessairement internationaux, pour autant que leur degré de d'institutionnalisation ou de fermeture laisse d'autres forces s'exercer sans que cela réduise à néant la force d'attractivité propre au champ. Cela conduit à prendre en compte des équilibres complexes entre forces autonomes et hétéronomes.

L'investissement dans le champ

Un deuxième point sur lequel vous insistez est l'investissement dans le champ. Le milieu des institutions européennes est d'une telle complexité qu'il y a un coût évident à s'y investir.

La structure double qui vient d'être évoquée invite à faire de la question de l'investissement dans le champ une question, en effet, centrale. Au sein même du champ, il y a une différence importante entre ceux qui sont investis dans le champ et qui sont plus ou moins en lutte pour être investis par lui, et ceux dont l'investissement est plus distant ou intermittent. C'est patent dans le discours politique en France, où apparaît l'écart avec les enjeux tels qu'ils sont vus et construits à Bruxelles. Le personnel politique français est le plus souvent dépassé par la complexité du jeu et/ou son étrangeté culturelle, au point de désinvestir tendanciellement le champ européen. Pierre Muller l'avait noté[19] : aller voir un commissaire européen pour plaider un cas n'a pas, dans un processus aussi collectif et horizontal sur le plan formel, le même impact qu'avoir l'assentiment d'un ministre proche du Premier ministre ou du président de la République dans un système politique plus vertical comme la France. Il est aussi fréquent d'entendre (évidemment dans des situations *off*) des fonctionnaires investis craindre que des ministres, qui le sont nettement moins, interviennent « comme des chiens dans un jeu de quilles » alors que le compromis assez fin proposé a pris des mois de travail.

Tous les champs constitués exigent un investissement initial fort qui peut conduire à des effets d'exclusion et de démission…

Oui, mais, dans le cas présent, ces effets frappent des agents qui sont parfois au cœur du champ et que l'on pourrait (et qui ont l'habitude de se) penser comme centraux. J'ai observé des agents qui, bien qu'ayant les deux pieds dans le champ, avaient tellement la tête en partie ailleurs (et beaucoup dans leur capitale) qu'ils ne connaissaient pas des interlocuteurs ou des ressorts pourtant décisifs pour eux. Ce n'est du reste pas toujours volontaire, comme le montrent les propos d'un membre d'un cabinet ministériel réticent : « Oula, l'Europe, on ne touche pas ! On a essayé mais, quoi qu'on fasse, cela ne va pas, on nous tombe dessus. Alors il faut voir cela avec le SGAE [Secrétariat général des affaires européennes] ». De façon symétrique, les agents qui se sont investis dans le centre du microcosme européen et qui se retrouvent par la suite dans des fonctions européennes à Paris (en ministère ou en collectivité) sont souvent désorientés. Une ancienne chargée de mission me disait ainsi : « J'étais heureuse qu'on me confie un poste important du fait de mon expérience à Bruxelles, mais j'ai très vite déchanté. Les gens n'y connaissent rien et ils en font un truc complètement marginal. Quand ils se réveillent, c'est trop tard et tu te fais engueuler. » Bref, ce que font ou ce que sont en capacité de faire les agents sociaux relève non pas de la seule question de la compétence, mais aussi de la manière dont ils sont investis dans ce microcosme-ci.

Peut-on théoriser cela en faisant appel à la notion d'illusio *?*

Oui, pour jouer dans le champ, il faut y être investi et partager une forme *d'illusio*, qui suppose des conditions sociales spécifiques : au moins dans les grands pays, les dominants s'investissent peu dans des carrières européennes longues, cédant la première place à leurs seconds, ce qui a encore récemment été bien montré pour les formations à l'Europe[20]. Le coût (de l'expatriation, de la complexité culturelle et politique, des barrières politiques) est élevé, mais différent de celui de l'entrée dans les grands

17. Jim Cloos et Pierre Vimont (avec Michel Mangenot et Luuk van Middelaar), « Les rouages du Conseil et du Conseil européen », *Revue française d'administration publique*, 180, 2021, p. 979-994.

18. Henri Tajfel, *Differentiation between social groups. Studies in the social psychology of intergroup relations*, Londres, Academic Press, 1978.

19. Pierre Muller, *Airbus, l'ambition européenne. Logiques d'État, logiques de marché*, Paris, L'Harmattan, 1985.

20. Sur ces aspects, voir D. Georgakakis, *Au service de l'Europe. Crises et transformations sociopolitiques de la fonction publique européenne*, Paris, Éd. de la Sorbonne, 2019 ; S. Bordier et D. Georgakakis, « Qui dirige les administrations du triangle institutionnel et des agences ? », *Revue française d'administration publique*, 181, p. 65-86 ; D. Georgakakis, « The EU elite constellation in 2021 », colloque « EU professionals and EU staff studies : where are we, where do we go ? », College of Europe, Bruges, 16 et 18 mai 2023. Sur les formations, voir notamment S. Michon, *À l'école des eurocrates*, *op. cit.*

corps et plus généralement des positions du champ du pouvoir national. Pour réussir des compromis dans un univers où la possibilité de contrôle de l'ensemble des processus et des protagonistes en jeu est extrêmement faible – y compris pour ceux qui occupent les positions dominantes –, il faut aussi et *en pratique* s'investir corps et âme dans la bataille de la législation et donc dans les méandres du labyrinthe. La multiplicité des arènes et des malentendus (ils sont légion en situation multiculturelle) ainsi que l'inflation technicienne liée à la force de la compétition obligent à des investissements hors norme. C'est l'une des sources de l'inégalité pour la représentation d'intérêt : moins on a de capital, plus il est difficile d'investir. Cependant, le capital ne fait pas tout, ce qui explique la faillite relative de positions *a priori* dominantes, lorsque les agents ne s'investissent pas dans le jeu des nécessaires alliances multiscalaires, ou quand ils sont dans l'attente d'une intervention en dernière instance, qui est quasi vaine du fait des structures collectives de ce jeu. Cela ouvre des possibles pour des agents *a priori* plus périphériques que d'autres mais qui mettent tout dans leur bataille au cœur du champ.

La structure particulière du champ invite donc à s'interroger sur la nature et direction des investissements dont les capitaux font l'objet. Dans le cas de la crise Selmayr (le chef de cabinet, véritable « homme fort de la Commission Junker », dont la nomination comme secrétaire général a fait scandale)[21], on peut se demander si l'un des points de rupture n'est pas pour partie le produit d'une forme de surinvestissement dans le contrôle de la machine. Le regard porté sur le champ de l'eurocratie appelle donc de manière plus générale à ne pas s'en tenir à une description statique du capital comme combustible, mais à prêter attention à la combustion, ce qui suppose des propriétés individuelles (une forme de *libido*), ainsi que systémiques ou relationnelles, à l'instar de ce que Peter Lindseth et Cristina Fasone appellent le « métabolisme constitutionnel[22] ». Cette question implique aussi de rouvrir la discussion sur la relation entre champ et « investissements de forme[23] » tant l'accumulation de compromis multiscalaires, l'enjeu central que représente la mise en équivalence (codes, standards, coutumes, etc.) et la capacité de coordination sont ici essentielles[24].

Domination, autorité et capital national

Un troisième point concerne le capital symbolique qui permet de dominer dans cet espace : dans quelle mesure les capitaux reconnus dans les espaces nationaux le sont-ils encore dans les champs transnationaux ?

Il faut d'abord souligner, contre beaucoup de travaux pour lesquels seul le poste politique est important, qu'en raison de la complexité du jeu européen, les agents sociaux ne peuvent se contenter de leurs titres ou de leur poste. Beaucoup de titres sont illisibles pour les autres ou ne représentent rien à leurs yeux. Au Quai d'Orsay, tout le monde reconnaît le nom du fils d'un ancien ministre des Affaires étrangères, mais ce n'est pas le cas à Bruxelles. Si le fait d'être énarque peut générer des effets contrastés, le titre de « normalien » ne dit rien à la plupart des agents du champ de l'eurocratie, étrangers au système universitaire français. La catégorie « grande école » ne signifie rien en Europe ou tout le contraire de ce qu'elle désigne en France. L'université (qu'elle soit nationale, européenne ou américaine) est le lieu central de la consécration académique. De ce point de vue, et plus généralement, les « titres institutionnels[25] » qui fonctionnent dans les espaces nationaux comme des *raccourcis* symboliques dans la lutte pour la reconnaissance, ne suffisent pas : les agents sont ici conduits à mobiliser différentes strates de capitaux (connaissance experte du sujet et/ou de la machine, relation sociale pertinente, etc.) dont ils doivent faire connaître et reconnaître la valeur dans le cours même de leurs luttes, sauf s'ils bénéficient des positions reconnues comme les plus hautes (Allemand, Français au Conseil, commissaires ou directeur général parlant au nom de la Commission) – et encore de façon variable.

Vous reprenez la distinction, utilisée dans la sociologie politique française, entre capitaux individuels et collectifs, en disant qu'elle prend des formes particulières dans ce contexte transnational. Qu'en est-il, d'abord, au sujet du capital individuel, dans lequel on range famille, école, expérience professionnelle ?

En ce qui concerne la famille, l'héritage direct est sans doute moins important à Bruxelles qu'ailleurs. La capitale compte peu de dynasties qui vivent par et pour l'Europe sur plusieurs générations (Ursula von der Leyen et Charles Michel[26] font exception même si leurs pères n'ont pas exclusivement investi le champ

21. D. Georgakakis, « Ce que la théorie des champs nous dit de l'administration européenne (II) : les transformations du champ bureaucratique européen (2000-2020) », *Revue française d'administration publique*, 180, 2021, p. 952.
22. Peter Lindseth et Cristina Fasone, « L'Union européenne et les limites de la gouvernance administrative supranationale : de la crise de la zone euro à la réponse au coronavirus », *Revue française d'administration publique*, 180, 2021, p. 864.
23. Laurent Thévenot, « Les investissements de forme », *in* L. Thévenot (dir.), *Conventions économiques*, Paris, PUF, 1986, p. 21-71.
24. Sur ces enjeux plus généraux, voir le numéro « Des classes sociales européennes ? » d'*Actes de la recherche en sciences sociales*, 219, 2017.
25. Par exemple, P. Bourdieu, *Sociologie générale, vol. 1. Cours au Collège de France 1981-1983*, Paris, Raisons d'agir-Seuil, 2015, en particulier les cours de juin 1982.
26. Depuis 2019, la première est présidente de la Commission européenne et le second président du Conseil européen (soit le Conseil des chefs d'État et de gouvernement).

européen). La reproduction s'est réalisée à un niveau plus modeste, limitée par le nombre lui-même réduit de fonctionnaires permanents, le taux très élevé de sélection pour ces fonctions permanentes (deux à trois fois plus important qu'à l'ENA) et les élargissements successifs. Dans ce microcosme restreint, et en raison des effets de l'expatriation, le capital familial passe plutôt par les couples. Des couples assez nombreux se forment au sein du champ ou de ses antichambres lors des études supérieures – pour des couples de nationalités différentes, Bruxelles est un lieu de compromis. Pour ce qui est des universités, quelques grands noms sont connus et reconnus. La Sorbonne a de ce point de vue un prestige de reconnaissance bien supérieur aux grandes écoles qui, à l'exception de Sciences Po, sont peu connues. La valeur de l'expérience professionnelle, de la même manière, est inégale selon qu'elle se situe dans le champ ou en dehors. Les capitaux individuels acquis dans le champ bénéficient, du fait de cette méconnaissance relative, d'un avantage relatif. Dans les arènes plus publiques, ces capitaux individuels sont, du reste, masqués par la force des capitaux collectifs.

Quel est le poids, dans ce champ de mandataires, de ces capitaux collectifs qui tiennent à ce que les agents représentent ?

Le poids du capital collectif est corrélé à l'institution d'appartenance, à l'intérêt industriel, économique ou social que l'on représente, et bien sûr au pays d'origine. Celles et ceux qui sont autour de la table jouissent d'un poids et d'une écoute inégale. Ce n'est pas la même chose de représenter la Commission européenne (« gardienne des traités »), ou une agence ou un organe jugé plus périphérique. Le représentant de Volkswagen ou Google n'a pas le même poids que celui de la confédération des associations de science politique ou d'anthropologie sociale. Cependant, la valeur de ces capitaux collectifs passe par la médiation de systèmes d'équivalence et de mesure indigènes. Le poids d'un représentant de Google ou d'Amazon n'est pas objectivable *in abstracto* : il dépend des budgets investis, du personnel dont ces groupes disposent, etc.[27]. Cela vaut aussi pour le capital collectif lié à la représentation des États : la valeur du capital ne résulte pas simplement de la « puissance » objective (diplomatique, bureaucratique ou militaire) de chaque État. Cette puissance objective compte mais elle se double d'éléments symboliques comme le montrent les visites protocolaires : Joe Biden rencontrera le Président français, le Chancelier allemand et le Premier ministre britannique en poste quels que soient les occupants de ces fonctions. Cependant, la valeur du capital étatique fluctue en fonction de la conjoncture (attente d'un changement de majorité, dégradation de la note d'une agence de notation, ou d'une notification de déficit) mais aussi, et sur un plan plus structural, en fonction de leur positionnement entre forces symboliques et culturelles, d'un côté, et forces économiques, de l'autre. L'opposition entre États dépensiers et États gestionnaires, ou entre pays du Sud et du Nord, a structuré le débat lors de la crise de la zone euro. Ces oppositions sont encore à l'œuvre dès lors qu'il s'agit d'envisager les solidarités sur les questions climatiques ou d'accueil des réfugiés ; elles ont des effets sur la perception des prises de parole des représentants de ces États et circonscrivent les stratégies de ralliement et l'espace des pratiques possible (les uns devront montrer leur bonne volonté quand d'autres jouiront des bénéfices symboliques qu'offre la compréhension ou « tolérance »).

Jeu du compromis et charisme de fonction

Un autre point sur lequel vous insistez beaucoup est le rôle central du compromis dans ce champ.

Oui, car dans ce champ, la monopolisation du pouvoir par le centre n'est que partielle. Se pose donc le problème singulier des conditions du compromis et, partant, des ralliements. Ceux-ci obéissent à des conditions structurelles objectives et extérieures au champ lui-même (pression internationale, intérêts politiques, économiques ou sociaux constitués indépendamment des luttes du champ et sortis de toute négociation), mais ce qui se joue dans le compromis n'est pas réductible au pouvoir du plus fort. Le plus fort n'a de pouvoir qu'à condition de jouer le jeu dans les règles consensuelles du jeu du consensus. Cela explique la force des positions allemandes. Lors de la crise économique, les représentants allemands ont tenu des postures d'attente qui étaient « à l'écoute » et même engagées dans le compromis à venir, tout en relevant d'une stratégie conservatrice par excellence : le dominant peut attendre et voir venir, jouer le jeu du compromis et ainsi multiplier ses chances d'être un point de ralliement. Si à Paris, ou ailleurs, Angela Merkel était perçue comme « Madame *Nein* », ce n'était pas le cas à Bruxelles où elle était plutôt considérée comme une ex-ingénieure, réflexive et agente du compromis[28]. C'est une belle illustration des différences de perception entraînées par la clôture relative des champs. Ce qui explique la force relative des fonctionnaires

27. Sylvain Laurens, *Les courtiers du capitalisme. Milieux d'affaires et bureaucrates à Bruxelles*, Marseille, Agone, 2015. **28.** Contrairement à ce qui a aussi beaucoup été dit en France, il faut plus généralement rappeler que les mandataires allemands n'ont jamais été seuls, mais au cœur d'une large coalition (avec les Pays-Bas, la Finlande et bien d'autres). Pour mémoire, seuls les représentants français et ceux de la Commission se sont opposés à la possible sortie de la Grèce de l'euro.

européens, c'est non seulement qu'ils sont objectivement le seul point permanent (et à la permanence garantie), mais aussi les seuls en capacité à incarner le point d'équilibre entre les parties prenantes.

Pour éclairer ces dynamiques, vous mobilisez l'analyse par Bourdieu du capital symbolique comme capacité à incarner l'intérêt général[29].

Elle est parfaitement transposable : les fonctionnaires européens, et singulièrement les hauts fonctionnaires de la Commission européenne, ont représenté une forme d'incorporation collective de l'intérêt européen. Les conditions de reproduction de ce capital symbolique ont certes été mises à mal à partir des années 2000 : sous l'effet du nouveau management public, les nouvelles instances de production de ce capital (concours, formations, promotions) se sont mises à consacrer des aptitudes indifférenciées (rapidité d'exécution, capacité à délivrer, performance individuelle etc.) moins tournées vers l'incarnation de l'Europe (plurilinguisme et multiculturalisme, consistance des raisonnements, décentrement)[30]. Ce changement s'observe d'ailleurs dans bien d'autres situations et d'autres fonctions publiques.

Cette théorisation gagne simultanément à être amendée : dans le contexte à la fois transnational (qui brouille les catégories, comme on l'a dit) et non centralisé de la « culture du compromis », le prestige (auquel on réduit parfois le capital symbolique) compte moins qu'un effet de confiance dont peuvent se prévaloir les mandataires[31]. L'autorité (ou à tout le moins le crédit minimum requis pour participer à la définition collective des enjeux et des solutions) repose ici beaucoup sur la croyance en leur capacité de nouer et, surtout, de respecter le compromis. La valeur du capital symbolique en dépend et ceci se manifeste de multiples façons. Lors de la crise de la zone euro, elle a fonctionné à plein : cette crise ne fut pas une crise politique marquée par la désectorisation des espaces sociaux (et encore moins nationaux), mais plutôt une crise de confiance qui a affecté les transactions collusives entre partenaires[32] (en particulier après la menace de référendum par le Premier ministre grec George Papandreou ; beaucoup de fonctionnaires disaient alors « c'est difficile de travailler, on n'a plus confiance, plus personne ne croit personne »). Ce capital symbolique singulier fonctionne aussi pour des individus qui sont loués dans le champ pour avoir débloqué des situations ou pour avoir servi le « miracle » d'un compromis mal engagé.

Dans quel sens peut-on parler d'un charisme européen ?

Ce charisme spécifique, local, reconnu par les négociateurs – et plus généralement par le champ bureaucratique européen – est surtout un charisme de fonction, c'est-à-dire un charisme institutionnel, voire bureaucratique. Ce charisme – que l'on observe aussi pour d'autres positions, particulièrement dans l'administration ou le management d'entreprise (au-delà de la figure de l'entrepreneur)[33] – vaut de fait pour des hauts fonctionnaires (nous l'avons montré, il y a longtemps, avec Marine de Lassalle, pour les directeurs généraux de la Commission), et plus généralement pour la fonction publique européenne[34]. Il permet aussi de comprendre ce qui a pu faire autorité sur le champ et, dans une certaine mesure, la capacité transformative d'un Jacques Delors (auquel le témoin ou l'analyste de la vie politique française des années 1980 peine à prêter du charisme) ou d'un Mario Draghi. Ni le statut d'économiste, ni les complexités de la situation transnationale n'empêchent des mécanismes magiques. Au contraire, on peut être à la fois réputé expert et être porté en tant qu'incarnation de l'institution et de la mission du compromis. Ce charisme spécifique exclut simultanément du champ le charisme tout court, c'est-à-dire le *leadership* individuel, la force du verbe ou l'incarnation personnelle de la force ou d'une ferveur populaire. Il reste que cette reconnaissance est confinée au champ et que, transnationale et bureaucratique, elle s'importe mal dans l'espace politique national. Dans ces conditions, la segmentation des champs de la représentation politique et de la légitimité électorale favorise la montée de césarismes qui se construisent contre l'UE, avec une série d'effets-retour perturbants sur les routines du champ[35].

29. P. Bourdieu, « Esprits d'État. Genèse et structure du champ bureaucratique », *Actes de la recherche en sciences sociales*, 96-97, 1993, p. 49-62 ; *id.*, *Sur l'Etat. Cours au Collège de France 1989-1992*, Paris, Raisons d'agir-Seuil, 2012 et *id.*, *L'intérêt au désintéressement. Cours au Collège de France 1987-1989*, Paris, Raisons d'agir-Seuil, 2022.

30.. D. Georgakakis, *Au service de l'Europe*, *op. cit.*

31. Niklas Luhmann, *La confiance. Un mécanisme de réduction de la complexité sociale*, Paris, Economica, 2006.

32. Michel Dobry, *Sociologie des crises politiques. La dynamique des mobilisations multisectorielles*, Paris, Presses de la FNSP, 1992.

33. Jean-Philippe Heurtin, « L'autorité du présent. Essai de reconstruction du concept de charisme de fonction », *L'Année sociologique*, 64(1), 2014, p. 123-169 ; Vincent Gayon, *Épistémocratie. Enquête sur le gouvernement international du capitalisme*, Paris, Raisons d'agir, 2022.

34. Sur ces aspects, voir Didier Georgakakis et Marine de Lassalle, « Genèse et structure d'un capital institutionnel européen. Les très hauts fonctionnaires de la Commission européenne », *Actes de la recherche en sciences sociales*, 166-167, 2007, p. 38-53 ; D. Georgakakis, « The deconsecrated administration : EU civil servants from mission to management », Paper presented for the European Group on Public Administration meeting, Toulouse, 2010, en ligne : https://shs.hal.science/halshs-03766556/ ; D. Georgakakis, *Au service de l'Europe*, *op. cit.*

35. Ces développements ont fait l'objet de plusieurs communications récentes : voir D. Georgakakis, « The Eurocratic paradox. Amtscharisma, Cesarist Challenges and European political crisis in pre and post Maastricht's treaty configurations », Kongress der Deutschen Gesellschaft für Soziologie, septembre 2020 ainsi que « Ruses de l'autorité charismatique et paradoxe de la légitimation de l'UE », colloque *Penser les sociétés et les pouvoirs avec Max Weber*, Centre international de Cerisy, octobre 2022. Sur le cas du mystère du charisme delorien, voir D. Georgakaki, « Can a president of the European Commission be charismatic ? On Delors' "exception" and the EU bureaucratic field », Europaeum seminar, Oxford, printemps 2016.

UN « HEARING » AU PARLEMENT EUROPÉEN le 28 juin 2018. Le rapporteur du Parlement européen, le commissaire et le directeur général en charge de la recherche reçoivent des porte-parole des associations européennes de recherche et répondent à leurs questions à propos du cadre institutionnel d'Horizon Europe qui est en train d'être finalisé.

LA « TABLE DES NÉGOCIATIONS » concentre les attentions et l'activité de bien plus d'agents que les seuls « décideurs officiels ». Ici une réunion de l'Eurogroupe en mai 2019, qui réunit dans la salle du Conseil de l'Union européenne les ministres des Finances des vingt États membres de la zone euro, un représentant de la Banque centrale européenne (BCE) et un autre de la Commission européenne.

Coalitions, mobilisations, temporalités

L'insistance sur le compromis ne s'oppose pas, dans votre esprit, à l'analyse en termes de champ ?

La structure collective du jeu et le poids central (à la fois objectif et symbolique) du compromis n'empêchent pas de penser la lutte, ni l'inégale distribution des capitaux ou les écarts d'investissement au sein du champ dont ce compromis dépend. Au contraire, les compromis sont une « bataille », et je propose d'analyser leurs conditions de fabrication (mais aussi de leur pérennité) à partir de ces catégories (et ceci vaut là encore au-delà du contexte européen). Mais cela invite simultanément à comprendre des jeux plus conjoncturels de coalitions socio-professionnelles ou politiques. Si l'on met souvent l'accent sur la structure du champ (là où une littérature insiste sur l'agentivité), c'est pour poser la structure du jeu comme contrainte à la fois extériorisée et intériorisée du jeu ; cela n'exclut en aucun cas que l'on néglige le jeu et, avec lui, celui des coalitions et des mobilisations dans le champ. Cela va sans dire, mais va encore mieux en le disant, tant l'opposition structure/agence demeure un point de clivage scolastique[36].

Il faut donc dépasser l'opposition entre structure et conjoncture…

Le champ (qui peut admettre une certaine plasticité de la structure) invite en effet à ne pas étudier l'une sans l'autre. Bien que l'on observe de la permanence, et que les agents doivent ou misent une partie de leur autorité sur cette dernière, le champ de l'eurocratie est marqué *à la fois* par une forte stabilité socio-politique (qui tient à différents facteurs : la permanence du personnel déjà évoquée, le fait que les variations politiques intervenant dans un pays sont presque toujours compensées par un mouvement inverse ailleurs, le fait que le large compromis requis exerce une pression au centre) et une infinité de micro-mouvements sensibles à la variation conjoncturelle de la valeur des capitaux, tout particulièrement en fonction de la singularité de la structure des sous-champs cités plus haut. À un niveau général, les scandales récurrents qui frappent les institutions européennes (celui qui s'est soldé par la démission de la Commission Santer en 1999, ou l'affaire Selmayr en 2019) ont conduit à une dévalorisation accélérée des capitaux symboliques d'agents centraux. Les scandales industriels ou les crises offrent des occasions de rebattre la donne, au moins temporairement. Ainsi, si le champ de l'eurocratie est résilient (tous les coups n'y sont pas permis, comme le montrent le référendum grec ou la proscription de la publicisation de certains désaccords), son fonctionnement est sensible aux effets de la conjoncture et des coups joués sur la valeur globale des capitaux.

À l'inverse, le même raisonnement invite à saisir ensemble ce qui fait les conditions objectives de la stabilité des coalitions (par exemple représentants de pays prêteurs ou débiteurs, pays à faible ou forte dépense publique), mais aussi leur traduction par le champ dans des jeux plus fluctuants. Ici encore, on gagne à réfléchir à l'économie singulière des échanges symboliques qui vont de pair avec la « culture de compromis ». Les marchandages, lorsqu'ils existent, ne sont pas des coups *one shot*. Si c'était le cas, tout serait différent, en particulier tout ce que l'on a dit sur l'accumulation du capital symbolique et la confiance, sur la dénégation ou le fait de vivre le compromis comme un miracle collectif perpétuel. Si les coalitions sont une composante du jeu de négociation, il faut, du fait de la centralité du jeu du compromis et du caractère permanent des négociations, évaluer chaque fois la consistance socio-politique des ralliements plutôt que les prendre à leur valeur faciale. Il faut encore moins prêter aux discours une matérialité ou un sens qu'ils n'ont pas.

Votre approche fait une grande place à la question de la temporalité dans ce champ.

La question de la temporalité est en effet assez centrale, notamment pour comprendre l'opposition entre permanents et temporaires (ou intermittents du champ). Les premiers sont portés par le temps long de la construction européenne, alors que les seconds sont davantage ancrés dans le temps plus court de secteurs industriels ou de politiques nationales. Il en découle de nombreuses différences, quant aux représentations sur le statut de l'Europe (finalité pour les uns, instrument pour les autres), aux attitudes (tolérance à l'égard une construction de longue à l'haleine *vs* impatience envers des résultats) ou au fondement des pratiques de pouvoir et des stratégies. Le milieu parle de « stratégie du vélo » (il faut pédaler pour ne pas tomber) : on préfère un compromis au rabais que pas de compromis du tout, ce qui est évidemment plus favorable au pôle permanent, où l'on a le temps de percevoir et, potentiellement, de prévoir le coup d'après, alors qu'à l'autre pôle, les agents sont spontanément plus portés au « ça passe ou ça casse », même si à la fin leurs coups doivent se situer malgré tout dans une continuité

36. Pour un exemple de ces incompréhensions et des constructions étranges dont elles procèdent chez des auteurs, parfois importants, qui souhaitent démontrer positivement la supériorité de modèles fondés sur les mobilisations ou les champs, voir par exemple Justin Greenwood, « Civil Dialogue and the Citizens' Initiative : Accounting for collaboration and competition using the advocacy coalition framework and the strategic action field », *in* Hakan Johansson et Sara Kalm (dir.), *EU civil society. Patterns of cooperation, competition and conflict*, Londres, Palgrave Macmillan, 2015, p. 193-209.

minimale avec les prises de position de l'institution, l'État ou, à un moindre degré, le secteur qu'ils représentent. Cette opposition joue tout autant sur l'axe dominant/dominé. Pendant longtemps les agents représentant la France se pensant dominants ont peu anticipé les politiques car ils se sentaient en position de force relative (avec les Allemands dans une Europe à douze) au Conseil des ministres. Les représentants Britanniques, nouveaux entrants (le Royaume-Uni est entré dans l'UE quinze ans après les « fondateurs ») qui se sont longtemps vus aux marges du couple franco-allemand, ont développé des stratégies d'anticipation fondées non pas sur le moment (par définition tardif) de la décision, mais le moment (très en amont) de la construction des problèmes (qui pouvait se jouer dans les *think-tanks* qu'ils dominaient par ailleurs culturellement et dont ils ont fait une arme efficace). Un même décalage s'observe dans les façons de soutenir des agents de sa nationalité dans les institutions : les pays dominants le font au plus haut grade et au dernier moment quand les pays plutôt dominés tendent à le faire très tôt et en faveur de jeunes. On pourrait multiplier les exemples...

Il faut ajouter à cela la question des relations entre champs. En tant que « champ à la croisée des champs » et simultanément qu'espace de coordination, le champ de l'eurocratie doit également compter avec la désynchronisation temporelle des espaces sociaux qu'il met en relation et qu'il est censé faire converger. Pour ne prendre qu'un exemple, les espaces politiques nationaux n'ont pas les mêmes rythmes. Les élections nationales (celles qui comptent le plus dans l'état d'institutionnalisation de l'UE) sont décalées, ce qui crée une sorte de mouvement perpétuel, avec des effets de charisme temporaire mais aussi des décalages dans les anticipations. Par exemple, Matteo Renzi, lorsqu'il s'est retrouvé seul Premier ministre en place à remporter les élections, ce qui est rarissime, a bénéficié d'un court moment de grâce en 2019. À l'été 2017, Emmanuel Macron pouvait difficilement profiter de l'aura particulièrement forte que lui a temporairement value sa victoire contre Marine Le Pen dans les milieux européens pour peser sur les transformations qu'il voulait obtenir parce qu'il devait attendre la fin de la campagne en Allemagne prévue en septembre (et surtout la coloration de la majorité qui ne s'est finalement décidée qu'en mars 2018). Sur le plan de l'action publique, la conjoncture du Covid-19 a été au départ un bel exemple de désynchronisation temporelle des espaces sociaux, les différents pays de l'UE arrêtant des mesures selon des rythmes et des orientations différentes. Si l'État a pu être défini comme un champ des champs et crédité de la force très particulière de procéder à la synchronisation temporelle des espaces sociaux qui le composent, ce n'est que très partiellement le cas dans l'état d'institutionnalisation de l'UE, même si la direction en est prise (notamment avec la mise en place du semestre européen [de coordination des politiques économiques]).

Cette attention à la dimension temporelle des processus complique quand même beaucoup les analyses.

Je ne vous le fais pas dire, mais elle présente aussi l'avantage d'inviter à rompre avec les lectures purement utilitaristes. Les intérêts sont toujours construits dans le va-et-vient entre le groupe et l'intérêt[37]. Mais à cela s'ajoute que le processus même de création de politique commune mise sur des effets (ou des promesses) de convergence qui en modifient sensiblement le statut dans le champ, tout en étant à la fin dépendant de structures temporelles qui n'appartiennent pas au champ et aux promesses et anticipations qui y ont été faites. L'attention portée à la temporalité permet aussi de réinvestir la question de la conversion des intérêts dans le processus même de la fabrication du « miracle du compromis ». On se souvient que dans l'économie des biens symboliques, l'opérateur de la conversion du don en acte gratuit, c'est le temps qui fait que le contre-don est différé et différent[38]. La même logique vaut, *mutatis mutandis*, pour le compromis : avec le temps, une multitude de positions au départ divergentes parviennent finalement à se vivre comme une position commune ou au moins de compromis, de sorte que ce processus va au-delà même du jeu de forces qui le constitue. Cette dimension temporelle est aussi l'une des conditions de la « distance » perçue et de la clôture objective qui sépare ce champ des autres espaces politiques et sociaux, et ce notamment des contre-pouvoirs qui y sont situés. Cet aspect pèse sur le coût déjà élevé des mobilisations transnationales. Les groupes de la « société civile » font face à la désynchronisation des espaces sociaux dans lesquels ils puisent les forces sociales qui leur permettent de peser et de s'opposer. Il leur faut par ailleurs maîtriser la temporalité propre au champ de l'eurocratie. C'est l'une des grandes inégalités du jeu, au-delà de la technicité et de l'expertise sur lesquelles on se focalise d'ordinaire. La fabrique des politiques européennes répond à un cadrage temporel local, qui n'est connu et maîtrisable que des seuls spécialistes. Moins un agent est permanent dans le champ, moins ses marges de jeu dans le champ sont fortes puisqu'il n'en contrôle pas les calendriers. C'est une source de malentendus et d'erreurs qui radicalise la dépossession. Penser qu'on a gagné parce qu'on a remporté de haute lutte une bataille à un instant *t* dans une seule des arènes, rater la temporalité d'un trilogue (le compromis final entre la Commission qui propose et le Conseil des ministres et le Parlement qui codécident), oublier que les actes d'exécutions (qui se jouent bien après

37. Ces aspects ont été particulièrement bien développés dans les travaux de Michel Offerlé et, sur le terrain européen, dans les travaux d'Hélène Michel ou de Sylvain Laurens notamment. **38.** P. Bourdieu, *Raisons pratiques. Sur la théorie de l'action*, Paris, Seuil, 1996 [1994], p. 177.

le moment noble de la décision) sont ici comme ailleurs cruciaux, se mobiliser lors de la transposition d'une règle par définition déjà décidée (à Paris, on distribuait des tracts contre l'adoption de la règle d'or visant à constitutionnaliser les questions budgétaires trois ans après que le gouvernement français avait négocié cette règle) rappellent l'importance de cette dimension.

Vous avez plusieurs fois suggéré que les analyses que vous développiez pouvaient être étendues à d'autres objets que l'Union européenne.

J'ai conscience que l'exercice réflexif sur la pratique de l'outil auquel je me suis livré est bien imparfait. Il permet néanmoins de rappeler que l'analyse du champ de l'eurocratie ne se résume en rien à une « analyse prosopographique des acteurs » à laquelle elle est souvent réduite ; si celle-ci a représenté un passage obligé à un moment où l'on en ignorait tout ou presque, le champ est ici surtout conçu comme la matrice de processus et dynamiques qui valent pour quantité de questions et d'objets.

Dans un jeu de va-et-vient entre théorie et empirie, la mobilisation de la sociologie des champs sur ce terrain international conduit, en retour, à proposer des adaptations à la théorie générale, et, partant, en généraliser l'usage en dehors de ces lieux ou réseaux de prédilection. Cela peut être notamment le cas pour d'autres arènes institutionnalisées de négociations internationales, pour saisir des relations entre bureaucraties internationales ou pas, et possiblement pour sociologiser une bonne partie de ce que la science politique a mis sous le terme de gouvernance depuis la fin des années 1990. L'analyse devrait particulièrement s'étendre à des champs, historiquement et socialement constitués ailleurs mais qui peuvent posséder des propriétés comparables aux institutions européennes (situation en tant que champ entre les champs, dans la balance autonomie/hétéronomie et corrélativement fraction permanente/intermittente, institutionnalisation différentielle des sous-champs qui composent le champ global, ou dans un moment socio-historique de semi-institutionnalisation, etc.).

Cet usage ouvert a aussi une fonction qui relève davantage de la géopolitique académique. La plupart des espaces académiques européens vivent et se vivent dans des contextes où l'étanchéité des disciplines est beaucoup plus forte qu'en France. Pierre Bourdieu a beau être le sociologue le plus cité au monde, l'effet d'ouverture des frontières disciplinaires qu'il a produit en France – en traversant sociologie de la culture, de la politique, du droit, de l'économie, etc. – existe dans des proportions nettement moindres ailleurs. C'est aussi un enjeu de donner une certaine flexibilité à l'outil en montrant qu'il peut servir dans bien des cas au-delà de ceux dans lesquels il a été conçu, sans pour autant le rabattre sur l'usage stratégiste et déshistoricisé qui domine ailleurs.

LE « MONDE DU CINÉMA » PRÉSENTE, ou du moins revendique, très tôt une dimension mondiale. L'hebdomadaire français *Cinémonde* (1928-1971) célèbre, par exemple, les vedettes « internationales » (des femmes en nette majorité, très souvent étatsuniennes ou françaises) comme, ici, Lupe Velez, actrice d'origine mexicaine qui se fait connaître dans des films hollywoodiens et, un bref moment, britanniques.

Julien Duval

Le cinéma français et le monde

Note sur les relations entre un champ transnational et les champs nationaux

L'extension à des objets transnationaux est un développement de la théorie des champs important en soi et susceptible d'enrichir celle-ci. Dans la mesure où le concept de champ a été élaboré comme un « instrument de construction d'objets qui est fait pour étudier la réalité sociale et non pas pour être considéré en lui-même[1] », cette note traite de questions liées à la mise en œuvre du concept à l'échelle transnationale, non pas de façon générale, mais sous la forme spécifique qu'elles ont prise dans le cadre d'une recherche particulière – consacrée au champ cinématographique. Ce choix condamne à des conclusions d'une portée potentiellement circonscrite à l'objet étudié, mais qui ont l'avantage d'être assez précises et rigoureuses et d'introduire dans la discussion des questions techniques (définition d'une population, construction de variables statistiques, etc.) qui sont négligées dans les réflexions théoriques déconnectées d'une logique de recherche. Un risque est certes de décevoir des attentes bien ancrées. Par exemple, on procède rarement, dans une recherche empirique, à un examen des notions et hypothèses mobilisées de façon aussi systématique qu'on ne le fait (croire) dans une dissertation.

L'analyse présentée s'est ainsi inspirée des travaux qui, à partir de la fin des années 1990[2], ont recouru à la notion de champ international ou transnational[3], au risque d'en reconduire des présupposés qui mériteraient idéalement examen[4]. De même, les différentes facettes de la notion de champ ont fait l'objet d'une attention sélective : un intérêt particulier a été porté au fait qu'un champ peut être plus ou moins institutionnalisé[5], qu'il se caractérise par des enjeux spécifiques et relativement communs à ses participants ou qu'il désigne un objet méthodologiquement autonomisable (car non inséré « dans un réseau de relations dont il tient l'essentiel de ses propriétés[6] »), mais une interrogation systématique aurait probablement dégagé d'autres aspects de la notion intéressants à mettre en jeu. Sur le cas du cinéma étudié ici, on se concentrera d'abord sur la question de savoir si l'étude d'un tel secteur doit se situer prioritairement à l'échelle nationale ou transnationale. On développera ensuite quelques implications de l'analyse proposée relatives, pour la plupart, aux relations entre le champ transnational et les champs nationaux.

Un premier moment « national »

Cette recherche a été engagée dans les années 2000, à un moment où le concept de champ commençait à être mobilisé, en France et à l'étranger, dans des travaux sur des cinémas nationaux, mais de manière un peu flottante. Elle se donnait pour objectif d'apporter une contribution empiriquement

1. Pierre Bourdieu, « Le fonctionnement du champ intellectuel », *Regards sociologiques*, 17-18, 1999, p. 5.

2. Particulièrement Pascale Casanova, *La république mondiale des lettres*, Paris, Seuil, 1999 ; Johan Heilbron, « Towards a Sociology of Translation : Book Translations as a Cultural World-System », *European Journal of Social Theory*, 2(4), 1999, p. 429-444 ; P. Bourdieu, *Les structures sociales de l'économie*, Paris, Seuil, 2000, p. 271-280 – ainsi que les textes de Bourdieu récemment réunis dans *Impérialismes. Circulation internationale des idées et luttes pour l'universel* (Paris, Raisons d'agir, 2023) qui portent principalement sur la culture et l'économie, deux facettes du cinéma dont il sera question ici.

3. L'adjectif « transnational » paraît, en sciences sociales aujourd'hui, mieux convenir pour caractériser des espaces qui, notamment du fait des transformations des dernières décennies, sont plus « mondiaux » et moins réductibles à des relations entre des États ou des organisations gouvernementales que par le passé. Pour cette raison, on privilégiera ici ce qualificatif au sujet de l'espace cinématographique. En d'autres cas (par exemple à propos des « festivals internationaux »), on conservera l'adjectif « international » : l'espace porte en effet la marque du passé et d'initiatives « internationales » ; il faut aussi prendre acte de la subsistance dans la langue courante d'usages du terme « international » (il sera alors placé ici entre guillemets) qui sont peut-être contestables mais qui, on le verra, gagnent à être pris comme objets.

4. On hérite notamment de ces travaux le postulat, inscrit dans les termes utilisés, qu'il existerait un champ transnational distinct des champs nationaux, ou l'usage simultané des termes de « champ » et d'« espace » (le second, moins défini que le premier, peut être utile pour parler d'univers peu institutionnalisés ou des espaces statistiques que l'on construit pour étudier des champs sociaux mais qu'il faut se garder d'identifier à eux).

5. P. Bourdieu, *Sociologie générale*, vol. 2, Paris, Seuil-Raisons d'agir, 2016, notamment p. 36-37, 55-56 et 118-120.

6. P. Bourdieu et L. Wacquant, *Invitation à une sociologie réflexive*, Paris, Seuil, 2014, p. 289.

fondée à la question, alors parfois discutée, de savoir si le cinéma présentait la structure dualiste des champs de production culturelle mise en évidence dans le cas du champ littéraire au XIXe siècle[7] et, dans l'affirmative, de caractériser, plutôt que de s'en tenir à une évocation impressionniste, les pôles de diffusions restreinte et élargie. L'analyse s'est rapidement située à un niveau national, par mimétisme avec les travaux existants, et parce que, le projet de procéder à une analyse des correspondances multiples (ACM) se profilant, l'identification d'un ensemble d'agents et de capitaux efficients paraissait sensiblement moins difficile à l'échelle française. Des enjeux s'imposaient comme organisant le monde cinématographique à l'échelle nationale, et des sources permettaient de renseigner des variables se rapportant à eux : obtention de récompenses nationales (Césars, prix Delluc, etc.), performances au « *box-office* » national (qui est public et dont les modalités d'établissement sont homogènes sur le territoire), concours de certaines sociétés de production (à commencer par les « *majors* françaises » : Gaumont, Pathé, etc.) ou de chaînes de télévision (dont l'audience est surtout nationale et qui ont, en France, des obligations d'investissement dans la production locale), aides publiques (distribuées par l'État), etc. La plus grande faisabilité du travail statistique et de l'objectivation sociologique à l'échelle nationale renvoie au fait que les enjeux mentionnés et, au-delà, l'univers qu'il s'agit de construire font l'objet d'une objectivation sociale assez forte (le second sous le terme de « cinéma français »).

D'autres arguments justifient de postuler l'existence, au moins en France, d'un univers cinématographique national assez autonome organisé autour d'enjeux propres. Le cinéma, par opposition à d'autres productions culturelles (les arts visuels notamment), comporte une dimension linguistique, comme le rappellent la faible mobilité transnationale des acteurs et actrices, mais aussi des films (qui, pour circuler, doivent être doublés ou sous-titrés), le morcellement du cinéma dans un pays multilingue comme l'Inde, ou la réduction de la circulation des films qui a accompagné le passage au cinéma « parlant ». Un film est presque toujours attaché à une langue et, du même coup, à un ou quelques territoires. Par ailleurs, un grand nombre de films qui se rattachent à des genres, des goûts ou des formes d'humour très nationales ne sortent pas de leur pays d'origine. Certains États en outre contribuent à fermer leurs marchés cinématographiques, par exemple en limitant les importations de films ou en attribuant des avantages de différents types aux films domestiques.

Le « cinéma français » semble donc former un univers autonome au sens où il ne tient pas ses propriétés essentielles de son insertion dans un espace plus large. Ce point posé, il est possible, à partir d'une population homogène (en l'occurrence des cinéastes) et de variables relatives aux enjeux évoqués plus haut, de construire un espace qui présente, sous une forme spécifique au domaine et au pays étudiés, les caractéristiques générales que Pierre Bourdieu prête aux champs de production culturelle. L'espace s'organise selon un premier principe[8] qui correspond au degré auquel les individus détiennent les propriétés les plus prisées, et ainsi au « volume de capital global », et un second qui exprime « la distance objective et subjective des entreprises de production culturelle à l'égard du marché[9] » et conduit à opposer des réalisateurs qui doivent leur position à des succès rencontrés auprès d'un large public et d'autres davantage à la reconnaissance dont ils bénéficient dans la critique spécialisée et dans des festivals.

Le « milieu de milieux »

Mais cette démarche consistant à étudier isolément le cinéma français ne peut être que provisoire. La question de savoir si un espace social contient ou non en lui-même le principe de ses propriétés « essentielles » ne peut recevoir de réponse incontestable[10]. Les limites de l'opération autonomisant un espace cinématographique national refont surface durant le travail de construction statistique du champ, et cela dès la constitution d'une population empirique de « cinéastes français » : que faire, par exemple, des cinéastes qui partent provisoirement ou durablement à l'étranger (et des cas de figure inverses) ou qui travaillent dans le cadre de coproductions ? Autre problème : si les entreprises se disputent des enjeux nationaux, certains d'entre eux, notamment le marché domestique, sont accessibles à des entreprises étrangères. La concurrence des films étatsuniens, en particulier, a des effets sur le cinéma français. Les ressources, en outre, ne se définissent pas toutes à un niveau national : il n'est pas possible de construire le champ national sans prendre en compte les effets que produisent, en son sein et sur les carrières des individus concernés, les sélections ou les prix dans les festivals internationaux, ainsi que les contrats avec certaines compagnies étrangères. De même, des artistes (certes minoritaires en nombre) ont une notoriété, un public, des liens à l'étranger. Le « cinéma français » n'est ni un univers clos, ni une « économie fermée », le champ national ne peut pas être construit sans référence à l'étranger.

On pourrait dire, en reprenant des mots de Marcel Mauss, que si le champ cinématographique national forme un « milieu », sa « vie intérieure » trouve des « principes explicatifs » dans les relations qui l'unissent à d'autres « milieux » au sein d'une sorte de « milieu de milieux » (un champ transnational) ; le « désintér[êt] [...] de tout ce qui n'est pas [soi-]même » correspond à une limite jamais atteinte dans la réalité et dont seuls des pays dotés d'« un certain degré d'autonomie et d'indépendance économique » peuvent s'approcher[11]. Des agents sociaux ont parfois le sentiment d'évoluer dans un univers clos mais aucune nation ne se forme sans échanges ni transferts avec d'autres nations. Limitée à une échelle nationale, l'analyse des phénomènes sociaux risque de négliger des facteurs explicatifs ou de prêter au pays retenu une centralité qu'il n'a pas. Elle doit s'étendre à l'échelle de la « société transnationale » qui, comme

7. P. Bourdieu, *Les règles de l'art. Genèse et structure du champ littéraire*, Paris, Seuil, 1992.

8. Julien Duval, *Le cinéma au xxe siècle. Entre loi du marché et règles de l'art*, Paris, CNRS Éditions, 2016, p. 29-66.

9. P. Bourdieu, *Les règles de l'art*, *op. cit.*, p. 201-202.

10. Elle évoque, sous ce rapport, celle qui consiste à se demander si une ville doit être appréhendée comme un « tout » ou comme une « *part society* » (Patrick Champagne, *L'héritage refusé. La crise de la reproduction sociale de la paysannerie française, 1950-2000*, Paris, Points-Seuil, 2002, p. 107).

11. Marcel Mauss, *La nation*, Paris, PUF, 2013, p. 117 et 122-123.

le note Abram De Swaan, a cette particularité qu'« il n'existe aucune puissance extérieure pour la menacer ou la sauver[12] », ni par conséquent la déterminer du dehors. La sociologie doit traiter du niveau transnational si elle veut aller au bout de la logique consistant à « prendre mentalement ses distances avec soi[13] », à rompre avec une tendance spontanée (ou enfantine) qui porte à attribuer, à soi-même ou aux collectifs auxquels on appartient, une position centrale autour de laquelle le monde social s'organiserait.

La construction d'un espace dans le cas du cinéma rencontre cependant davantage d'obstacles à une échelle transnationale que nationale. La détermination d'une population et d'un ensemble de variables pertinents, pour des individus ou des entreprises de « nationalités » différentes, n'est pas simple. On ne peut construire l'espace en recherchant, dans chaque pays, des équivalents aux institutions sur lesquelles s'était appuyée l'analyse dans le cas français : le CNC, les « *majors* », le *box-office* local, les prix nationaux, les sources de financement que sont les aides publiques nationales (ou même européennes) et les chaînes de télévision (nationales...). Bien souvent, en effet, de tels équivalents sont inexistants (par exemple, dans le cas de l'intervention publique) ou ne sont qu'apparents. Ainsi, si des prix tels que les Goya espagnols, les Coqs d'or chinois, les Nika russes ou les Grande Otelo brésiliens sont couramment qualifiés, les (rares) fois où l'on en parle en France, d'« équivalents des Césars », rien n'autorise à postuler qu'ils jouent exactement le même rôle et ils ne sont en aucun cas l'équivalent de leur modèle commun – les Oscars étatsuniens –, précisément parce qu'ils en sont une déclinaison, une acclimatation à un autre pays. Un espace transnational construit par la mise en équivalence (nécessairement arbitraire) d'institutions nationales serait un artefact. Un champ se doit d'être un minimum unifié autour d'enjeux communs. Ce qu'il faut chercher, ce sont les équivalents transnationaux aux institutions françaises évoquées. Mais ceux-ci existent rarement et il n'y a pas au cinéma, comme dans d'autres domaines, de prix Nobel ou de revue réellement « internationale ». On invoque parfois un « marché international » mais aucun « *box-office* » ne fait autorité à son sujet. On peut, au plus, pour tenter de le cerner, agréger les *box-offices* nationaux disponibles en les supposant établis dans des conditions qui ne soient pas trop hétérogènes. En fait, les seules instances transnationales sont des festivals que l'on dit « internationaux » parce qu'ils présentent des films de différentes nationalités devant des jurys composés de ressortissants de différents pays. Peuvent éventuellement être ajoutées certaines instances nationales (Oscars ou, dans une moindre mesure, des cinémathèques nationales ou des revues spécialisées – surtout anglophones ou françaises) qui exercent des effets au-delà de leur pays d'origine.

Si l'espace transnational est difficile à construire, c'est notamment parce que, contrairement à beaucoup de champs nationaux, il n'est pas lié à un État. En France, l'État, entre autres choses, circonscrit et recense (par l'attribution d'un visa d'exploitation) les films dont il autorise l'exploitation, définit les films juridiquement considérés comme « français », met en place un système d'enregistrement des entrées homogène sur l'ensemble du territoire, produit un savoir statistique sur le secteur, etc. Le travail de construction d'un espace national tire profit de ces interventions publiques (il peut certes aussi en pâtir et reproduire des fictions étatiques). À l'échelle transnationale, les données statistiques disponibles sont rares et fragiles car elles résultent de la compilation de sources hétérogènes. Il n'existe pas, par exemple, de registre central de la production cinématographique mondiale. Les annuaires de films qui existent sur Internet (comme IMDb) n'ont pas de valeur officielle et ils couvrent toujours, dans les faits, une aire géographique, culturelle ou linguistique de façon privilégiée. L'échelle transnationale conduit à travailler sur une « société sans État » ou, plus exactement, une société qui « sans relever d'un système d'États, [...] englobe tous les États[14] ». De fait, l'espace transnational résulte, pour une part, d'actions exercées par des États qui cherchent, par différents moyens et pour différents motifs (nationalisme, *soft power*, soutien à l'industrie nationale...), à peser sur la circulation des films.

Une autre source de difficultés, liée à la précédente, est que l'espace transnational est moins institutionnalisé que des champs nationaux. Des chercheurs avancent que les « champs transnationaux » seraient, par comparaison avec les champs étudiés à l'échelle nationale, « peu objectivés ou peu durcis », peu stabilisés[15] ; lieux de « convergence d'acteurs que l'on caractérise par des propriétés fondées dans d'autres champs[16] », ils s'apparenteraient à des « champs faibles ». Cette thèse, élaborée au sujet de « champs experts transnationaux qui se forment à la périphérie des politiques et institutions internationales » et où évoluent des « agents qui [...] continuent de faire des carrières ancrées dans des espaces politico-administratif nationaux »[17], reste pertinente pour le champ cinématographique : celui-ci s'apparente au niveau transnational à un lieu de « convergence » entre des entreprises (films, sociétés de production, etc.) ancrées dans un champ national avec lequel elles conservent des liens privilégiés. Le champ transnational peut paraître second du fait que de nombreuses entreprises cinématographiques n'y sont pas engagées, alors qu'inversement, il n'est pas d'entreprise cinématographique « apatride ». Même les « coproductions internationales » sont attachées à quelques pays particuliers (et bien souvent à un pays de façon principale).

Il reste cependant possible de construire un espace cinématographique transnational[18]. Une façon

12. Abram de Swaan, « Pour une sociologie de la société transnationale », trad. par Daniel Cunin en collaboration avec Matthijs Engelberts, in *La société transnationale. Langues, Cultures et politiques*, Paris, Seuil, 2022, p. 31.

13. Norbert Elias, *Qu'est-ce que la sociologie ?*, trad. par Yasmin Hoffmann, Paris, Pocket, 1993, p. 7.

14. A. de Swaan, « Pour une sociologie de la société transnationale », *loc. cit.*, p. 31.

15. Didier Georgakakis et Antoine Vauchez, « Le concept de champ à l'épreuve de l'Europe », *in* Johanna Siméant (dir.), *Guide de l'enquête globale en sciences sociales*, Paris, CNRS Éditions, 2015, p. 197-220.

16. *Ibid.*, p. 204.

17. *Ibid.*, p. 203 et 207.

18. Pour des développements sur tous ces points, voir J. Duval, « Les échanges transnationaux de films. De l'opposition centre-périphérie à la construction d'un champ », *Revue française de sociologie*, 64(4), 2023, p. 655-684.

de procéder consiste, au prix de certains biais, à réunir les *box-offices* nationaux d'une année donnée (cela a été fait pour l'année 2017[19]) et à renseigner, pour les films[20] ainsi recensés et distribués dans au moins deux pays, des variables relatives au nombre de marchés où ils ont été exploités, à la plus ou moins grande concentration de leurs recettes dans leur pays d'origine, et à leurs éventuelles sélections dans des grands festivals. L'analyse fait ainsi émerger deux critères de différenciation : le degré de transnationalisation (les films les plus locaux s'opposent aux films les plus « planétaires ») et la forme de celle-ci selon qu'elle s'opère prioritairement par le marché « grand public » ou par les festivals (statistiquement, les films présentés dans les festivals sont rarement ceux qui font le plus de recettes). Le champ transnational présente donc, lui aussi, une structure dualiste, comme l'avançait, dans le cas de la littérature, Pascale Casanova qui parlait même d'une relation d'homologie avec les espaces nationaux[21]. Il s'analyse aussi comme un espace des pays, lorsqu'on associe les films à leurs pays d'origine. Le premier critère conduit alors à isoler de grandes nations cinématographiques (au premier chef, les États-Unis, la Chine, l'Inde, le Japon, les grands pays européens) et le second à opposer des pays (États-Unis et, à un moindre degré, Inde et Chine) qui produisent surtout des films engendrant de grosses recettes et des pays (pays européens, dont la France) qui doivent leur existence transnationale surtout aux grands festivals.

Le champ du monde et des nations

Dotée de vertus comparables à l'analyse comparative, la construction de l'espace transnational conduit à regarder différemment le champ français étudié dans un premier temps. L'espace transnational étant traversé par des divisions linguistiques, et dépourvu d'État central, cette opération fait apparaître, par contraste, ce que le cinéma en France doit à une situation de monolinguisme, et à l'existence et aux interventions d'un État. Elle invite également à considérer la France, non comme un « cas national » quelconque, mais comme une position polaire, dominante (sans être hégémonique) à un pôle (dominé) de l'espace transnational.

L'analyse initiale, cantonnée à un niveau national, ne permettait pas de caractériser (ni de percevoir) cette position dominante, qui pourtant la rendait possible : l'autonomisation d'un espace national aurait été plus difficile pour des cinématographies plus dominées et, par conséquent, davantage façonnées par des forces extérieures. Si un champ cinématographique français se laisse isoler, c'est que sa dépendance à l'espace transnational peut être, provisoirement, négligée. Le fait que la France dispose, plus que d'autres pays, d'un marché intérieur conséquent, mais aussi de savoir-faire, d'infrastructures et d'institutions lui donnant les moyens de produire un grand nombre de films sans le concours de sociétés étrangères, est un aspect de sa « puissance » cinématographique et une condition sans laquelle il ne serait pas possible de penser l'espace français comme organisé autour d'enjeux propres.

Si l'étude du champ national apparaissait *supra* comme une étape provisoire, il en va donc de même, à présent, pour l'analyse disjointe des espaces nationaux et de l'espace transnational : elle occulte la relation d'interdépendance qui unit les premiers et le deuxième.

Selon une première hypothèse, cette relation pourrait être d'inclusion : le champ transnational correspondrait à l'ensemble ou à la somme des champs nationaux. Pascale Casanova identifie ainsi parfois la « république mondiale des lettres » à « la totalité des espaces [...] nationaux[22] ». Un argument qui invite à penser l'espace transnational comme l'espace de tous les espaces nationaux est que tout film ou toute entreprise engagée dans l'un de ces espaces est soumis, même de manière indirecte, aux forces du premier. L'hégémonie du cinéma étasunien se manifeste jusque dans ce qui est désigné comme des « poches de résistance » et qui, précisément, se définissent encore par rapport à elle. Il n'existe pas de microsociété close en matière de cinéma. Si, selon une tautologie parfois proposée par Bourdieu, le champ s'arrête là où il cesse d'exercer des effets, tout relève du champ transnational.

Il reste que la construction du champ transnational, évoquée plus haut, repose sur l'idée que le champ transnational correspond à l'intersection, plutôt qu'à la somme des champs nationaux. L'hypothèse s'est imposée dans le travail empirique du fait que la plupart des films produits à travers le monde n'ont pas de diffusion hors de leur pays d'origine ; ils se situent, de fait, à l'écart de la concurrence qui s'organise autour des enjeux que tendent à constituer la conquête du « marché mondial » ou la lutte pour la visibilité dans les festivals internationaux. Certaines cinématographies nationales ne produisent des films que pour leur marché, ne les exportent pas et sont absentes des festivals. Si le champ transnational coïncidait avec l'ensemble des champs nationaux, le travail statistique caractériserait une grande quantité de films de façon négative (absence du marché mondial, des festivals, etc.) car, difficulté sans doute significative, il semble impossible de trouver un ensemble de caractéristiques pertinentes pour les films de tous les pays ; celles qui ont été utilisées pour construire l'espace français, par exemple, ne seraient pas utilisables pour d'autres espaces nationaux.

Mais, conçu comme une intersection, plutôt que comme une somme, le champ transnational reste défini par rapport aux champs nationaux et la question peut se poser de savoir s'il ne correspond pas à une simple extension des champs nationaux dominants. Des festivals apparaissent comme « internationaux » mais le sont-ils vraiment, ou en quels sens ? Ne faut-il pas voir le festival de Cannes, par exemple, comme une contribution que la France, qui bénéficie d'une position dominante au pôle relativement autonome de l'espace transnational, apporte à la consolidation de ce pôle ? La position dans l'espace des festivals qu'occupe

19. Nous avons retenu l'année 2017 (voir « Les échanges transnationaux... », art. cité) pour des raisons liées à la disponibilité des données et parce que les années les plus récentes sont perturbées par les conséquences de la pandémie de Covid-19. Elle n'a rien d'atypique à notre connaissance par rapport aux précédentes.

20. Ce choix, s'il diffère de celui qui avait été fait pour l'espace français (l'unité d'analyse était des cinéastes, et non des films), est neutre au degré de généralité où nous nous situons : dans chaque cas, espace des cinéastes et espace des films (mais aussi des sociétés de production, de distribution, etc.) sont des espaces homologues.

21. P. Casanova, *La république mondiale des lettres*, *op. cit.*, p. 120-121.

22. *Ibid.*, p. 155.

ORIGINE NATIONALE DES FILMS présentés en sélection officielle dans les festivals de Berlin, Cannes et Venise depuis leur création (carte réalisée sur magrit.cnrs.fr).

MISE EN SCENE ET RÉALITÉ de l'international dans les grands festivals : la mise en avant de la grande diversité des nations (photo du haut) tend à dissimuler la domination d'un petit nombre de pays occidentaux (photo du bas), ici le jury de la Berlinale en 2015 qui, en dehors d'une réalisatrice péruvienne et d'un réalisateur sud-coréen, ne compte que des professionnels étatsuniens, français ou allemand – de gauche à droite : Claudia Llosa (Pérou), Martha De Laurentiis (États-Unis), Bong Joon-ho (Corée du Sud), Matthew Weiner (États-Unis), Audrey Tautou (France), Darren Aronofsky (États-Unis), Dieter Kosslick (directeur du festival, Allemagne), Daniel Brühl (Allemagne).

cette manifestation – parfois présentée comme « l'événement le plus médiatisé au monde après les Jeux Olympiques » et « dans le monde du cinéma, [...] l'événement numéro 1 [qui] attire pas moins de 30 000 professionnels passionnés et 5 000 journalistes[23] » – répond en un sens à celle de son pays organisateur dans l'espace cinématographique. Cette manifestation, qui se dit « internationale », se tient en France et elle est financée surtout par des fonds (publics ou privés) français. Par ailleurs, comme presque tous les festivals « internationaux », elle propose un florilège de la production mondiale où les films locaux occupent une bonne place. Les grands festivals qui célèbrent « l'art cinématographique » étant surtout organisés dans les pays les plus renommés pour leur excellence en matière d'« art cinématographique » (France, Allemagne, Italie, Russie, etc.), la célébration de cet « art » censé être universel y est mêlée à celle de la grandeur de leur pays en la matière.

De façon plus générale, « l'international » fonctionne au cinéma à l'initiative et au bénéfice des pays dominants dans l'espace. Parmi les 1 016 films exploités sur au moins deux marchés en 2017, 316 films sont des (co)productions étatsuniennes, 159 films des (co) productions françaises et 64 des (co) productions allemandes. Au total, 409, soit les deux cinquièmes des films, sont des (co)productions d'au moins l'un de ces trois pays. La proportion est encore plus élevée parmi les films circulant dans un grand nombre de pays : les films « grand public » diffusés sur beaucoup de marchés sont presque tous des (co)productions étasuniennes et la sélection officielle « internationale » de Cannes compte, chaque année, une forte proportion de coproductions françaises (en 2023, elle comportait ainsi, sur 21 films, 4 films français et 7 coproductions françaises). En 2017, la moitié des 910 films présentés dans les trois festivals généralement tenus pour les plus prestigieux (Berlin, Cannes, Venise) venaient des États-Unis ou de leurs pays organisateurs – la France, l'Allemagne ou l'Italie.

L'adjectif « international[24] » appelle une analyse critique. Son sens élastique est source de malentendus. Les dictionnaires y voient un synonyme de « mondial » ou d'« universel », tout en recensant d'autres sens bien plus restrictifs ; ainsi, l'expression de « film international » est couramment employée pour des films simplement produits par (et/ou – chose distincte – diffusés dans) « deux ou plusieurs nations » et celle d'« acteur international » pour un acteur ou une actrice « connue dans plusieurs pays » ou, ce qui est différent, « qui exerce sa profession dans plusieurs nations ». Des glissements peuvent se produire entre ces différents sens. Et une connotation positive étant attachée à « l'international », le regard dominant percevra sans doute davantage comme « international » un film diffusé dans des pays peu nombreux mais dominants qu'un film diffusé dans des pays plus dominés (ce film passera plutôt pour « régional »).

Le sens de l'adjectif est également ambigu dans l'expression de « marché international » qui désigne, c'est selon, une simple somme de marchés nationaux ou, puisqu'il s'agit largement d'une construction des filiales des grands studios hollywoodiens, un prolongement du champ étatsunien (un peu comme le festival de Cannes est une forme d'appendice du champ français). L'expression de « public international », quant à elle, ne fait que nommer une somme de publics nationaux hétérogènes puisque séparés par les barrières des langues et des « goûts nationaux ». Quand elle est utilisée pour qualifier l'audience des grands « festivals internationaux », elle renvoie à une population très spécifique, en termes de pratiques culturelles et d'origines nationales : une scénariste et écrivaine tchèque rapporte la faible présence de son pays dans les grands festivals internationaux, au fait, évident à ses yeux, que le « public international » a les préoccupations de « l'Europe occidentale »[25] ; en ce cas, l'adjectif, tout en continuant de signifier potentiellement « mondial » ou « universel », renvoie à un public très étroit, tenté de se poser en porte-parole de l'universel, mais socialement et géographiquement situé (cultivé et occidental).

Au total, l'adjectif « international » au cinéma paraît surtout s'appliquer à des agents ou des films originaires des pays dominants (ou « centraux ») et diffusés dans ces mêmes pays. La transnationalisation est quasi immédiate pour des professionnels ou entreprises appartenant à des pays centraux où l'investissement dans l'espace national « suffit ou presque à [...] assurer une visibilité internationale, en raison de la capacité des champs dominants à irradier par-delà leurs frontières[26] ». Du fait de la centralité d'Hollywood, beaucoup de films hollywoodiens existent ainsi bien au-delà du seul espace étatsunien (c'est même ce qui définit cette centralité). Travailler à Hollywood constitue, pour un ou une professionnelle, le moyen le plus sûr d'acquérir une dimension « internationale », laquelle peut être consolidée par une sélection aux Oscars – manifestation qui, organisée par une association étatsunienne et limitée aux films sortant dans le comté de Los Angeles, resterait nationale si elle n'était couverte par des médias dans de nombreux pays. Entre 1929 et 2023, 479 acteurs ou actrices ont été sélectionnées pour les Oscars. Un peu plus de 60 % sont de nationalité étatsunienne et ont une notoriété internationale fondée sur une carrière purement nationale. Les autres – dans trois cas sur quatre originaires de pays anglophones – ont travaillé une (souvent longue) partie de leur carrière aux États-Unis.

Au pôle de diffusion restreinte, une stratégie *mutatis mutandis* comparable consiste, pour des cinéastes de pays périphériques, à tourner des films coproduits dans des pays dominants (notamment en Europe) ; cela leur facilite l'accès aux marchés de ces pays – et aux grands festivals « internationaux » que ceux-ci organisent et qui peuvent leur ouvrir d'autres marchés. Dans ces festivals, la part laissée aux nations cinématographiques dominées dont viennent ces cinéastes est, non pas explicitement, mais objectivement

23. Voir le site de l'office du tourisme de Cannes : https://en.cannes-france.com/what-to-do/cinema-all-year-round/cannes-film-festival/ (consulté en juin 2024). Sous d'autres critères, le festival de Cannes n'est pas « numéro 1 », mais reste l'un des plus importants. Il est, par exemple, en 2017, des trois grands festivals « internationaux », celui dont les films en sélection officielle sont diffusés en moyenne dans le plus de pays.

24. Sur les ambiguïtés du terme, voir aussi Fabrice Ripoll, « Du "capital d'autochtonie" au "capital international". Penser la structuration scalaire des capitaux et des espaces sociaux », *Sociologie*, 14(1), 2023, p. 71-87.

25. Propos de Tereza Brdeckova, « Coup de projecteur sur les festivals internationaux de cinéma », Radio Prague International, 2004, en ligne : https://francais.radio.cz/coup-de-projecteur-sur-les-festivals-internationaux-de-cinema-8093995 (consulté en juin 2024).

26. Gisèle Sapiro, « Le champ est-il national ? La théorie de la différenciation sociale au prisme de l'histoire globale », *Actes de la recherche en sciences sociales*, 200, 2013, p. 70-85.

contingentée (et assez stable au travers du temps). Ces pays se trouvent ainsi en concurrence mais il en va de même pour leurs ressortissants car l'attention des festivals tend à se concentrer, dans le cas de ces pays, sur un unique réalisateur « porte-drapeau ». Plus de la moitié – et parfois la totalité – des films sélectionnés, pour certains pays, au festival de Cannes depuis 1946, sont ainsi l'œuvre d'un unique réalisateur : Nuri Bilge Ceylan pour la Turquie, Mohammed Lakhdar-Hamina pour l'Algérie, Leopoldo Torre Nilsson pour l'Argentine, Brillante Mendoza pour les Philippines, Aki Kaurismäki pour la Finlande, etc.

La situation des cinéastes des nations cinématographiques dominées implique les mêmes dilemmes et souffrances que celles que décrit Pascale Casanova pour les écrivains[27]. L'accès aux grands festivals comporte des exigences implicites : l'adhésion des cinéastes aux conceptions de « l'art cinématographique » inventées dans les pays occidentaux, la promotion de valeurs dominantes dans ces derniers et/ou la reconduction de stéréotypes occidentaux sur leur pays d'origine. L'exemple de cinéastes originaires de pays politiquement isolés par rapport à l'Occident, à la façon des pays socialistes durant la guerre froide ou de l'Iran aujourd'hui, montre que le « capital international[28] » acquis dans les festivals s'apparente surtout à une reconnaissance obtenue dans les nations économiquement et cinématographiquement dominantes et agissant (et/ou utilisée) à ce titre dans leur pays d'origine.

Dans ces conditions, il pourrait suffire de procéder à une analyse en termes de déplacements entre des champs nationaux sans recourir à la notion de « champ transnational » susceptible de renforcer une fiction de « l'international » qu'il faudrait, au contraire, déconstruire. Cela n'est toutefois pas entièrement vrai. D'abord, le « champ transnational », conçu comme une intersection des champs nationaux, permet de prendre en compte l'interdépendance et la synchronisation (partielle) de ces derniers : des films, des fonds et des professionnels circulent entre ces champs et certaines instances produisent simultanément des effets dans différents espaces nationaux. Ensuite, si l'« international » est une rhétorique qui fonctionne surtout au bénéfice des pays dominants, elle les oblige aussi. Tout en servant les intérêts des pays où ils sont organisés, les festivals « internationaux » se doivent, pour accroître leur efficacité, d'inclure – même dans des proportions modestes – des représentants de périphéries cinématographiques et de présenter ainsi un réel caractère « international ».

L'idée selon laquelle les pays dominants bénéficient d'une visibilité internationale du seul fait de leur centralité est, par ailleurs, inexacte. La position dominante des grands studios hollywoodiens repose aussi, de longue date, sur un travail actif pour défendre leurs intérêts dans les négociations de commerce international et pour conquérir des marchés en s'adaptant, le cas échéant, aux goûts locaux. Ils ont, depuis leur création, emprunté des sujets de films à d'autres pays, débauché ou accueilli des vedettes et des « talents » et, dans une proportion plus variable selon les époques, engagé des coproductions avec des sociétés étrangères. Si les compagnies hollywoodiennes produisent, en matière de cinéma grand public, une grande part de « la culture transnationale[29] », c'est (aussi) qu'elles se sont inscrites dans un espace plus large que leur seul champ national et que leur production présente, malgré tout, un caractère international minimal – que négligent les dénonciations rapides de l'impérialisme culturel étatsunien.

Il est utile, dans le cas du cinéma, de parler de champ transnational, et pas seulement de champs nationaux. Il existe une telle interdépendance entre le premier et les seconds que les niveaux transnational et national ne devraient pas être étudiés séparément, mais simultanément. Et s'ils ne sont pas du même type, il n'en résulte pas nécessairement que le niveau transnational soit plus « faible[30] » et moins déterminant que le premier.

Il est difficile, par exemple, dans le cas du cinéma, de prêter, comme cela peut être fait pour des activités sociales « anciennes », une antériorité historique aux champs nationaux – et de penser le champ transnational comme le résultat d'un processus d'unification[31]. Le cinéma, en effet, a eu dès les premières décennies du XXe siècle (et sans que cela soit exclusif de composantes nationalistes) une dimension transnationale, symbolisée par la notoriété, sans précédent en termes d'étendue et de rapidité, de Charlie Chaplin. Une culture cinématographique transnationale s'est formée dès les années 1920, essentiellement autour de films étatsuniens en position de force sur les marchés européens dès les lendemains de la Première Guerre mondiale. Au pôle de production restreinte, un mouvement « mondial » (en fait européen) se forme aussi, avec notamment la convergence d'initiatives nationales qu'orchestre le 1er Congrès du cinéma indépendant en 1929.

Les décennies récentes s'inscrivent toujours dans ces dynamiques. Au pôle grand public, l'unification des marchés a progressé autour des « *blockbusters* ». À partir des années 1970 et surtout 1980, les compagnies hollywoodiennes ont accordé une place de plus en plus centrale, dans leurs stratégies économiques, à ces films qui, de plus en plus coûteux, ne peuvent s'amortir que sur un grand nombre de marchés nationaux. D'un autre côté, la décomposition du bloc socialiste – au sein duquel existaient des échanges cinématographiques – puis la montée en puissance des BRICS leur ont ouvert de nouveaux

27. Voir Romain Lecler, *Une contre-mondialisation audiovisuelle, ou comment la France exporte la diversité culturelle*, Paris, Sorbonne université presses, 2019 et Claire Tomasella, *Entre les mondes : socio-histoire des modes de participation des réalisateurs d'origine étrangère à l'espace cinématographique (France et Allemagne, 1980-2020)*, thèse d'histoire, EHESS, 2022.

28. Anne-Catherine Wagner et Bertrand Réau, « Le capital international : un outil d'analyse de la reconfiguration des rapports de domination », *in* J. Siméant (dir.), *Guide de l'enquête globale en sciences sociales*, *op. cit.*, p. 33-46.

29. A. de Swaan, « Pour une sociologie de la société transnationale », *loc. cit.*, p. 30.

30. La qualification de « champ faible » est d'ailleurs potentiellement normative et relative : le champ transnational ne paraît peut-être « faible » qu'en comparaison avec un champ national dominant ; le jugement pourrait être différent depuis le point de vue d'un pays dominé.

31. Voir les analyses de Bourdieu sur le champ économique (*Les structures sociales…*, *op. cit.*, notamment p. 271-280), la science ou le « champ mondial de la formation des dirigeants » (« Conclusion : quelques remarques sur les conditions et les résultats d'une entreprise collective et internationale de recherche comparative », *in* Monique de Saint Martin et Mihai D. Gheorghiu (dir.), *Les institutions de formation des cadres dirigeants. Étude comparée*, Rapport MSH/CSE/CSEC, 1992, p. 281-282).

marchés étrangers[32]. Au total, le cinéma, au cours des quatre dernières décennies, donne à voir, au pôle grand public, des évolutions semblables à celles qui sont souvent mises sous le terme de « mondialisation » : un renforcement du rôle des États-Unis, une homogénéité plus grande de l'offre aux différents endroits du monde – le découpage qui, dans les décennies d'après-guerre, distinguait deuxième et tiers monde perdant de sa pertinence. Le mouvement d'« homogénéisation globale » ne s'est toutefois pas accompagné, comme dans d'autres domaines, d'une « hétérogénéisation locale[33] » ; l'offre a tendu, au contraire, à se resserrer sur les grosses productions étatsuniennes, avec l'affaiblissement de grandes cinématographies nationales (Égypte, Italie, Mexique, etc.).

Au pôle de diffusion plus restreinte, l'évolution principale est la plus grande intégration de pays jusqu'alors périphériques. En Asie particulièrement, de nouveaux festivals ont été créés, même s'ils ne produisent pas à ce jour des effets comparables aux trois festivals les plus anciens d'Europe occidentale. Dans ces trois festivals, le nombre de pays représentés en sélection officielle a augmenté depuis 1946 : il se situait aux alentours de 50 pays dans les années 1970, de 60 dans les années 1980 et 1990 et entre 70 et 80 dans les années 2000 et 2010 – cette dernière augmentation résultant en partie de l'éclatement de l'empire soviétique. Globalement, les forces d'inertie sont fortes : la concentration sur les États-Unis et les trois pays organisateurs, malgré une petite baisse dans les années 1960 et 1980, est au même niveau (environ 50 % des films) dans les années 2010 qu'entre 1946 et 1959 ; et, depuis les années 1960, à peu près deux tiers des sélections se concentrent sur 10 pays (et quatre cinquièmes sur 20 pays). Les pays les plus représentés dans les festivals restent les États-Unis, l'Allemagne, l'Italie, la France, le Royaume-Uni et le Japon. Les changements concernent des puissances cinématographiques plus modestes, la Chine et la Corée du Sud, qui tendent à prendre depuis les années 1990 et 2000 la place occupée naguère par des pays comme la Hongrie et l'Espagne.

Les évolutions récentes confirment que la thèse de l'antériorité historique des champs nationaux est difficile à défendre dans le cas du cinéma[34]. L'exemple du cinéma correspond plutôt à un cas où un champ transnational et des champs nationaux se sont formés conjointement et ont sans doute toujours interagi.

La relation d'homologie

L'interdépendance du champ transnational et des champs nationaux, leur formation apparemment conjointe rend compréhensible qu'ils aient des structures homologues. Les développements *supra* montrent que les espaces cinématographiques français et transnational s'organisent selon les mêmes principes et suggèrent que la France, dans son opposition aux États-Unis (telle qu'elle se présentait, de façon explicite, lors des débats sur « l'exception/diversité culturelle[35] »), contribue à donner à l'espace transnational une structure homologue à son espace national ou qu'inversement, l'espace national français reproduirait la structure de l'espace transnational : le volume du capital, à l'intérieur de l'espace national, est en partie corrélé au degré de transnationalisation et l'opposition nationale entre des pôles de diffusion large et plus restreinte retraduit l'opposition entre Hollywood et les grands festivals européens, c'est-à-dire entre les deux grandes formes de consécration « internationales » recherchées en France.

Il faudrait en toute rigueur construire *tous* les espaces nationaux pour déterminer s'il y a toujours homologie avec l'espace transnational. Faute de pouvoir procéder de la sorte (ce qui supposerait d'engager une recherche collective car il faudrait, pour chaque pays, mener une réflexion spécifique et réunir des connaissances indigènes), des éléments peuvent être réunis. L'hypothèse de l'homologie peut déjà être élargie aux États-Unis où s'observe une structure dualiste du même type qu'en France, à ceci près que la continuité entre les pôles de diffusion restreint et élargie y semble moins forte ; la zone, au sommet de l'espace, située entre les grosses productions des *majors* (celles qui circulent beaucoup dans le monde) et les productions « indépendantes » les plus consacrées, est beaucoup moins dense qu'en France[36].

L'exemple étatsunien aide à identifier les propriétés de structure susceptibles de varier selon les pays. Le caractère chiasmatique du champ pourrait être une constante. Il est en un sens trivial : dès lors qu'existe, dans un espace national, une production cinématographique destinée à un vaste public, un « art pour l'art » a de fortes chances de se développer. Cela se vérifie dans les pays européens, mais aussi dans des contextes en apparence très éloignés. En Inde, face aux productions grand public, un cinéma de moindre diffusion, partiellement inspiré de modèles étrangers, parfois financé par des fonds publics et visant un public plutôt cultivé et/ou occidental, a vu le jour dans les années 1960. Des aspirations à un cinéma « de qualité » et à une reconnaissance dans les grands festivals s'observent aujourd'hui au sein de la production du Nigeria, très abondante depuis les années 1990[37]. Faire l'hypothèse qu'un grand nombre de champs nationaux présentent, comme l'espace transnational, une structure dualiste et que les variations nationales tiendraient plutôt, comme le suggère la comparaison entre France et États-Unis, aux relations entre les deux pôles, paraît donc peu risqué.

Ce facteur, hélas, est difficile à mesurer simplement et ses variations d'un pays à l'autre le sont encore plus : un pôle d'attraction ne se laisse pas, par définition, précisément circonscrire puisqu'il n'a pas de limite ; de plus, les notions qui permettent de qualifier ces

32. Deux indications rapides mais suggestives peuvent être données : la part de marché des films étasuniens, inférieure à 10 % en Union soviétique, était d'environ 80 % dans la Russie des années 2000 et 2010 ; le marché chinois, pourtant protégé par des quotas, est devenu, du fait de sa taille et de son développement dans les années 2010, stratégique pour les studios hollywoodiens, certains films y réalisant plus de recettes qu'en Amérique du Nord.

33. Sur cette distinction, voir A. de Swaan, « Pour une sociologie de la société transnationale », *loc. cit.*, p. 40.

34. De la même manière, la thèse de l'antériorité du champ transnational, pertinente pour certains univers (Julian Go et Monika Krause, « Fielding Transnationalism : An Introduction », *The Sociological Review*, 64(2 suppl.), 2016, p. 10), l'est moins pour le cas du cinéma.

35. Luis Mauricio Bustamante Fajardo, *L'UNESCO et la culture : construction d'une catégorie d'intervention internationale, du « développement culturel » à la « diversité culturelle »*, thèse de sociologie, EHESS, 2014.

36. Sur ce point, voir J. Duval, *Le cinéma au xxe siècle*, *op. cit.*, p. 74-80.

37. Anouk Batard, « Nollywood en quête de respectabilité : de Lagos à Berlin, l'exemple de l'ascension d'Abba Makama, réalisateur nigérian », *in* Claude Forest (dir.), *Produire des films. Afriques et Moyen-Orient*, Villeneuve-d'Ascq, Presses universitaires du Septentrion, 2018, p. 233-258.

LA TURQUIE, pays européen où la production locale est la plus puissante sur le marché cinématographique intérieur (autour de 50 % au milieu des années 2010). Ici, l'entrée d'un cinéma historique de l'avenue de l'Indépendance, principale artère du quartier Beyoğlu, situé sur la rive européenne d'Istanbul en 2015.

MASI
SES 1885
ORTAOYUNCULA
11:30
15:30
19:30
AŞKA VE ADALETSIZLIĞE DAIR GERÇEK BIR HIKAYE
AŞKA ÖZGÜRLÜK
ORTAOYUNCULAR-2014
Ferhan Şensoy
Ferhangi Şeyler
1850.OYUN
62
PASAJI

Doubles espaces et doubles jeux

Compte tenu des relations qu'entretiennent les espaces nationaux et l'espace transnational, les professionnels du cinéma doivent être appréhendés, en certains cas, comme des agents « multipositionnés[1] » ou immigrés[2], qui, engagés dans des espaces sociaux différents quoique interdépendants, peuvent développer des « doubles jeux[3] ».

L'exemple du réalisateur indien Satyajit Ray (1921-1992) donne à voir des stratégies particulièrement intéressantes parce que, tout en étant conditionnées par l'état et les relations de ces deux espaces à un moment donné, elles aspiraient et contribuaient à les modifier[4]. Venu d'un pays cinématographiquement périphérique, Ray a réussi un coup double en se créant une position dans l'espace transnational et en prenant part à une transformation de son espace d'origine. Il ne dispose aujourd'hui, « à l'international », que d'un public étroit[5] dans des circuits de diffusion restreinte, mais il reste le plus connu des cinéastes indiens (il est le réalisateur d'un cinquième des films indiens présentés dans les trois grands festivals d'Europe occidentale depuis 1946). Sa « multipositionalité » est à mettre en relation avec ses propriétés sociales. Il a une double familiarité avec la culture indienne classique et la forme la plus légitime de la culture occidentale. Il est issu d'une famille de la grande bourgeoisie proche de Rabindranath Tagore (premier prix Nobel de littérature indien) et hérite d'une classe sociale qui, sous la période coloniale, occupait des postes administratifs et s'imposait, grâce à sa maîtrise des langues, comme intermédiaire entre les Britanniques et les Bengalis.

Ray se prend d'intérêt pour le cinéma au moment de l'indépendance de l'Inde et s'investit dans le mouvement de diffusion du cinéma artistique européen dans l'intelligentsia indienne[6]. Il est particulièrement attiré par le néo-réalisme italien et analyse, dans des écrits critiques, la situation de son pays, dont la production cinématographique est abondante mais aussi, à ses yeux, aliénée, prisonnière de conventions et, par suite, « pas présenté[e] à l'étranger[7] ».

Il tourne – avec très peu de moyens et en marge des industries cinématographiques indiennes – son premier film, *Pather Panchali* (1955), en bengali, alors que le cinéma hindi de Bombay est déjà devenu le centre du cinéma indien. Ray a été crédité d'avoir opéré, avec ce film, « une révolution dans le cinéma de son pays ». Aucun réalisateur n'était alors allé aussi loin dans la mise en question des conventions du cinéma indien : *Pather Panchali* ne comporte ni chanson ni danse, développe un « récit simple et direct », repose sur un souci de réalisme et le jeu des interprètes, des inconnus, est sobre. Ray a rendu concevable un type de films jusqu'alors impossible en Inde et a joué, à ce titre, un rôle important dans le développement, dans les années 1960, d'un pôle de diffusion restreinte au sein de l'espace national.

Pather Panchali n'aurait pas produit un tel effet en Inde – sa préparation y suscitait perplexité, voire hostilité – s'il n'avait obtenu une reconnaissance dans les festivals et les réseaux d'art et essai occidentaux. Il semble que le film n'a obtenu du succès au Bengale qu'après avoir été distingué au festival de Cannes et au Musée d'art moderne de New York[8]. Dans l'espace transnational, Ray crée une position sans précédent pour un réalisateur indien (et, plus généralement, issu du « tiers monde ») mais son premier film y est moins une « révolution » qu'il n'introduit une variante nouvelle du néo-réalisme[9].

Par la suite, Ray continuera de se situer entre l'espace national et l'espace transnational, non sans rencontrer des difficultés dans ces stratégies doubles.

Certains de ses films suscitent de l'intérêt en Europe ou aux États-Unis (au détriment parfois d'autres cinéastes indiens) même s'ils sont souvent « replacés » dans une « histoire du cinéma » (ou, plus largement, une culture) presqu'entièrement occidentale[10]. D'autres passent inaperçus, parce qu'ils sont d'abord produits pour leur espace d'origine, et que la compréhension de l'intrigue ou du comportement des personnages exige la maîtrise de codes spécifiquement indiens ou bengalis[11]. La notoriété internationale de Ray lui confère en Inde un statut particulier. Son entreprise de transnationalisation a bénéficié, au moment de *Pather Panchali*, de l'approbation personnelle de Nehru mais il lui a aussi été reproché, notamment par une actrice-vedette du cinéma hindi, de ne pas réaliser de « succès commerciaux » et de flatter des attentes occidentales dans le but d'obtenir des « prix internationaux », en donnant une vision de l'Inde centrée sur la pauvreté[12]. Ses films atypiques (et presque tous en bengali) n'obtiendront jamais qu'un succès limité en Inde. Comme l'ensemble du « nouveau cinéma » indien qu'il contribue à initier (et comme beaucoup d'autres cinéastes issus de pays périphériques), il tend à être « à la fois trop "occidental" de facture pour concerner un public indien, et [...] trop "indien" pour séduire un public occidental[13] ». Les tiraillements de ce type sont liés à cette multipositionalité et se perpétuent aujourd'hui[14].

1. Luc Boltanski, « L'espace positionnel : multiplicité des positions institutionnelles et habitus de classe », *Revue française de sociologie*, 14(1), 1973, p. 3-26.
2. La division de la sociologie en spécialités tend à faire écran aux ressources que l'étude de la circulation transnationale des biens culturels peut trouver dans les analyses d'Abdelmalek Sayad sur l'immigré pris entre deux espaces. Voir Dominique Marchetti, « Les espaces de la migration des biens culturels transnationaux » *in* J. Siméant (dir.), *Guide de l'enquête globale en sciences sociales*, *op. cit.*, p. 115-126.
3. Voir les travaux d'Yves Dezalay, notamment « Les courtiers de l'international. Héritiers cosmopolites, mercenaires de l'impérialisme et missionnaires de l'universel », *Actes de la recherche en sciences sociales*, 2004, 151-152, p. 4-35.
4. Ce moment de l'histoire du cinéma indien est documenté dans de nombreux ouvrages. Les informations mentionnées ici sont empruntées à Henri Micciollo, « Le cinéma indien : tentative de repérage », *in* Jean-Loup Passek (dir.), *Le cinéma indien*, Paris, L'Équerre-Centre Georges Pompidou, 1983, p. 31-70 ; Ashish Rajadhyaksha, *Indian Cinema. A very short introduction*, Oxford, Oxford University Press, 2016.
5. Voir l'enquête présentée par Jean-Michel Guy, *La culture cinématographique des Français*, Paris, La Documentation française, 2000, p. 175.
6. Rochona Majumdar, « Art Cinema : The Indian Career of a Global Category », *Critical Inquiry*, 42(3), 2016, p. 582.
7. Satyajit Ray, « Les problèmes du cinéma indien », *in Écrits sur le cinéma*, Paris, Ramsay, 1996, p. 25-30.
8. Andrew Robinson, *Satyajit Ray. The Inner Eye. The Biography of a Master Film-Maker*, Londres, I. B. Tauris, 2004, p. 104.
9. A. Rajadhyaksha, *Indian Cinema*, *op. cit.*, p. 66.
10. Pour un exemple, voir Michel Ciment, « Le monde de Satyajit Ray », *Positif*, 59, mars 1964, p. 29-34.
11. Voir par exemple ce que Ray dit de l'un de ses films dans A. Robinson, *Satyajit Ray...*, *op. cit.*, p. 121.
12. A. Rajadhyaksha, *Indian Cinema*, *op. cit.*, p. 67.
13. Henri Stern, « Défense et illustration du cinéma commercial indien », *in* J.-L. Passek (dir.), *Le cinéma indien*, *op. cit.*, p. 73.
14. Stine Agnete Sand décrit, par exemple, le tiraillement de cinéastes en Norvège entre les exigences contraires du « marché international » et celles d'instances publiques qui réclament un ancrage des films dans la culture nationale (« Small places, universal stories. Diversity, film policy and the geographical dimension of filmmaking », *Nordisk Kulturpolitisk Tidsskrift*, 22(1), 2019, p. 20).

pôles (« commercial », « art et essai », « *art houses* », secteur alternatif, indépendant, etc.) diffèrent d'un pays à l'autre et, lorsque les mots sont les mêmes, ils n'ont pas le même sens dans les différents contextes nationaux[38]. Certaines informations, dans la base de données de l'Unesco ou dans celle que nous avons constituée pour l'année 2017, fournissent cependant des indications – notamment par comparaison avec le cas français. En effet, certains constats statistiques ont à voir avec la force relative du pôle de diffusion restreinte en France : en 2017, la France est le pays où les recettes des salles sont le moins concentrées sur de gros succès, le pays qui a le plus grand nombre de films sélectionnés dans les grands festivals, le pays où ont été exploités le plus grand nombre de films présentés dans les trois grands festivals ; et c'est aussi, de loin, le pays où le plus de films sont exploités dans les salles. Le fait que la production nationale annuelle, en nombre de films, soit élevée et qu'elle représente une part conséquente des entrées, est souvent lu comme un signe de la force, en France, du secteur cinématographique (et celle-ci conditionne sans doute la possibilité d'un réseau « art et essai »).

En prenant en compte ce type de critères[39], on peut ainsi distinguer, en plus du cas français, deux autres configurations. L'Inde incarne la première : la production nationale de films est très abondante et en situation de quasi-monopole sur le marché domestique, mais elle est peu présente dans les festivals internationaux ; dans ce cas, un pôle grand public puissant coexiste avec un pôle de diffusion restreinte assez faible. Dans l'autre configuration, incarnée par un grand nombre de pays, la question de l'équilibre entre les pôles paraît secondaire, l'élément central étant la faiblesse générale de la cinématographie nationale[40] : la production nationale est faible (voire quasi inexistante), tout comme l'offre de films dans les salles qui tend à se réduire, dans les cas limites, aux films étatsuniens à succès.

Les autres pays représentent des situations intermédiaires entre ces trois configurations. Les États-Unis correspondent à un cas où, comme en Inde, le pôle grand public est très puissant mais où, comme en France, il existe un pôle de diffusion restreinte (bien qu'il soit moins fort). La plupart des pays d'Europe occidentale (Allemagne, Espagne, Italie, Royaume-Uni) et quelques autres pays (Australie et, dans une moindre mesure, Argentine, Russie, Turquie) apparaissent, à des degrés différents, comme des intermédiaires entre la France et les pays dominés. Le Japon et la Corée du Sud s'apparentent à une configuration présentant un peu plus de points communs avec l'Inde, même si la production domestique cohabite, sur le marché grand public, avec des films étatsuniens.

Malgré leurs limites, ces éléments suggèrent que le rapport de force entre les pôles varie selon les pays. Les différences de structure contribuent à produire les inégalités entre pays, à créer les rapports de force inégaux au sein de l'espace transnational. La circulation des films d'un pays à l'autre est contrainte par ces structures. Sur le marché grand public, ne circulent guère que des coproductions étatsuniennes. La comparaison des listes des 20 films qui, dans chaque pays, ont réalisé le plus d'entrées en 2017, enseigne que 59 films figurent dans au moins deux *Top 20*. À cinq exceptions (négligeables car présentes, chacune, dans seulement deux *Top 20*)[41], ce sont des (co-)productions étasuniennes.

Les films non-étasuniens qui, dans leurs champs nationaux, obtiennent un succès important auprès du grand public ont généralement une diffusion et un succès très limités hors de leurs frontières[42]. Il n'est pas rare qu'ils ne soient exploités sur aucun marché étranger et lorsqu'ils le sont, c'est sur un petit nombre de marchés où ils rencontrent un succès bien moindre que dans leur pays d'origine[43]. Quand ils sont exportés, les succès nationaux non-étatsuniens font ainsi l'objet d'une sorte de (forte) décote[44]. Ils sont déportés du pôle grand public de leur espace d'origine vers des réseaux de diffusion restreinte dans d'autres pays. Les films ne bénéficiant, dans leur propre pays, que d'une diffusion restreinte subissent aussi presque systématiquement un déclassement. Mis à part quelques cas rares et particuliers (en 2017, un film de Raoul Peck sur *Le jeune Karl Marx*, un film de Woody Allen, et quelques films argentins ou russes ayant un rang un peu meilleur dans un ou des *box-offices* à l'étranger que dans leur pays d'origine), les seuls films susceptibles d'illustrer la formule selon laquelle « nul n'est prophète dans son pays » sont des « films de festivals » qui ne sortent pas dans leur pays alors qu'ils atteignent un public (restreint) ailleurs : ainsi, des films africains parfois qualifiés de « films d'ambassade » (parce qu'ils ne sont guère projetés, en Afrique, que dans des festivals ou des consulats) et nombre de films présentés dans des festivals comme venant de « pays du Sud » mais ne circulant que dans des pays du Nord qui en sont souvent coproducteurs[45].

38. Voir, pour l'exemple de l'indépendance, Sophie Noël et Aurélie Pinto, « Indé vs *Mainstream*. L'indépendance dans les secteurs de production culturelle », *Sociétés contemporaines*, 111, 2018, p. 5-17.

39. Le paragraphe qui suit s'appuie sur une ACP reposant sur différentes variables : nombre de sélections en 2017 dans les festivals accrédités par la FIAPF (Fédération internationale des associations des producteurs de films) ; nombre de (co)productions domestiques et nombre de (co)productions étatsuniennes parmi les 20 plus gros succès sur le marché national ; part des entrées réalisées par les films nationaux ; volume de la production (nombre total de longs métrages nationaux produits, etc.)

40. Dans cette configuration, la question de savoir si, en-deçà d'un certain degré de structuration, de différenciation (et, en quelque sorte, d'autonomie par rapport à l'espace transnational), il est encore pertinent de parler de « champ national » pourrait se poser. Seules des analyses empiriques précises permettraient d'y répondre, avec peut-être pour résultat d'affiner l'analyse proposée ici en corrigeant ce que celle-ci doit à son point de départ, l'analyse d'un champ national relativement dominant (et inscrit dans le cadre particulier d'un État-nation).

41. Il s'agit de deux coproductions européennes distribuées dans de nombreux pays et de trois films (russe, espagnol et argentin) distribués sur un petit nombre de marchés, mais qui ont obtenu un succès important dans un pays proche, culturellement ou linguistiquement, de leur pays d'origine.

42. Le cas de la France, pourtant parfois présentée comme une bonne exportatrice (en comparaison avec d'autres pays), suffit à le montrer : entre 2013 et 2022, les entrées en salles réalisées par les films français hors de France représentent en moyenne 85 % des entrées réalisées en France (donc auprès d'un public potentiel qui représente moins de 1 % de la population mondiale).

43. Les films correspondant à ce type de cas, et présents dans les *Top 20* de 2017, sont exploités en moyenne sur sept marchés nationaux et réalisent 90 % de leurs recettes sur leur marché d'origine.

44. Là où les 20 plus gros succès de l'année 2017 sur le marché nord-américain sont en moyenne à la 22e place dans les *box-offices* des pays étrangers où ils sont exploités, les films non-étatsuniens figurant dans le *Top* 20 de leur pays d'origine se trouvent presque toujours (bien) au-delà de la 100e place sur les marchés étrangers (déclassement qui n'arrive en 2017 qu'à un seul très gros succès étatsunien).

45. Abdelfettah Benchenna, « La circulation commerciale des films maghrébins dans les salles de cinéma en France », *Africultures*, 101-102, 2015, p. 26-53 ; C. Tomasella, *Entre les mondes…*, *op. cit.*

La structure des champs nationaux aide à comprendre cette situation. En dehors des États-Unis, un chiasme tend à se dessiner partout, avec simplement une acuité variable : certains films sont présentés dans les festivals internationaux mais peu diffusés sur leur marché d'origine quand d'autres attirent un important public local mais ne sortent guère de leur pays. Le phénomène est prononcé dans certains pays périphériques. En Iran, par exemple, sous l'effet de la censure politique et religieuse, le cinéma tend à se compartimenter entre un secteur « officiel » (qui recouvre beaucoup de comédies ou de films de guerre obtenant de gros succès locaux) et des films « alternatifs » et « exilés » n'accédant pas aux salles locales (dont proviennent généralement les films, souvent minimalistes et réalistes, présentés dans les festivals internationaux)[46]. Dans le cas de l'Iran et d'autres pays, ce sont probablement parfois les mêmes raisons (l'adhésion à des valeurs ou des causes associées à l'Occident – démocratie, « droits de l'homme » et des minorités sexuelles –, la peinture « réaliste » du pays d'origine, etc.) qui conduisent des programmateurs de festivals à l'étranger à retenir un film et les autorités locales à l'interdire. Dans des pays africains, d'Europe orientale ou d'Amérique latine, où le nombre d'écrans a parfois fortement diminué au cours des dernières décennies, l'étroitesse du réseau de salles suffit à expliquer que des films sélectionnés dans les grands festivals – qui ne pourraient toucher qu'un public restreint – ne trouvent pas d'exploitants prêts à les programmer localement. Les circuits de diffusion restreinte accueillent des films d'origines nationales beaucoup plus variées que les marchés grand public, ils sont surtout développés dans un petit nombre de pays, concentrés en Europe occidentale et en Amérique du Nord.

L'analyse précise des structures transnationale et nationales, à la fois liées les unes aux autres et parfois partiellement autonomes, serait idéalement à faire dans le détail : elle est une condition à la compréhension des pratiques et des stratégies que les agents sociaux mettent en œuvre [voir encadré « Doubles espaces et doubles jeux », p. 80-81].

Les remarques formulées ici disqualifient moins les analyses « traditionnelles » d'objets nationaux qu'elles ne suggèrent l'intérêt de détours par le transnational : la compréhension du « cinéma français » gagne à prendre en compte la position de celui-ci (ou, plus exactement, de ses segments qui sortent des frontières) dans une structure transnationale. Elles montrent par ailleurs l'intérêt d'étendre le concept de champ au-delà des objets nationaux sur lesquels il a été initialement forgé : parler de champ transnational permet, entre autres choses, dans le cas du cinéma, de rendre compte de la coordination et de la synchronisation partielles des espaces nationaux.

Cette transposition à l'échelle transnationale suppose cependant de retravailler la notion et notamment de développer ce que Johan Heilbron appelle une « analyse de champ multiniveaux[47] ». À ce sujet, les analyses présentées ici sur le cinéma aident à caractériser les relations qu'un champ transnational entretient avec les champs nationaux. Elles invitent d'abord à envisager le premier comme l'intersection, plutôt que comme la somme, des seconds. Emprunt assez facile à la théorie des ensembles, l'image de l'intersection reste sans doute approximative mais elle rend sensible à l'autonomie (certes partielle et inégale) que peuvent conserver des champs nationaux[48]. Elles confortent ensuite la thèse d'une homologie, dans le cas des productions culturelles, entre le champ transnational et les champs nationaux, tout en invitant à l'affiner : il ne faudrait pas penser les champs nationaux comme la réplication, en miniature, du champ transnational, mais plutôt se figurer que s'ils reproduisent la structure de ce dernier, c'est avec des déformations plus ou moins fortes qui ont à voir avec les rapports de force inégaux au sein de l'espace transnational.

L'examen du cas du cinéma a bien entendu des limites. Les conclusions obtenues ne pourraient être généralisées (ou non) qu'au moyen d'une comparaison avec des travaux semblables – encore rares aujourd'hui – consacrées à d'autres champs. Par ailleurs, il est tentant d'étendre au niveau transnational le constat que faisait Bourdieu selon lequel les différents champs « pour des raisons pouvant tenir soit à la nature des données accessibles, soit à des propriétés spécifiques » ne donnent pas à voir, « avec la même clarté », les propriétés générales des champs[49]. À cet égard, le cinéma contemporain (ou les données que nous avons rassemblées à son sujet) se prête mieux à une réflexion sur la dynamique du transnational et du national que sur le niveau régional qui peut s'intercaler entre les niveaux national et transnational[50], ou sur le niveau infranational qui a joué un certain rôle dans la genèse de la théorie des champs. En effet, si certaines questions soulevées au sujet de l'autonomie des espaces nationaux, et de leur insertion dans un espace transnational, ramènent aux problèmes de méthode posés par la monographie villageoise[51], c'est que la réflexion sur l'autonomie des univers sociaux par rapport à des espaces susceptibles de les englober trouve sans doute l'une de ses sources dans les travaux de Bourdieu sur le Béarn et sur la confrontation d'un monde paysan apparemment clos à son insertion dans l'espace social national[52].

46. Parisa Pajoohandeh, *Les trois pôles du cinéma iranien : les enjeux d'une triangulation tissée (1979-2013)*, thèse en études cinématographiques et audiovisuelles, Sorbonne Paris Cité, 2017.
47. J. Heilbron, « Making Sense of Globalizing Social Science », *in* Didier Fassin et George Steinmetz (dir.), *The Social Sciences in the Looking Glass. Studies in the Production of Knowledge*, Durham, Duke University Press, 2023, p. 262-284.
48. D'une façon qui semble convergente, Didier Georgakakis parle, au sujet des institutions européennes, d'un « champ à la croisée des champs » (voir notamment l'entretien dans ce même numéro) ; et Larissa Buchholz souligne, dans le cas de l'art contemporain (et, en passant, du football) l'autonomie des champs nationaux (*The Global Rules of Art. The Emergence and Divisions of a Cultural World Economy*, Princeton, Princeton University Press, 2022, en particulier p. 15).
49. P. Bourdieu, « La production de la croyance. Contribution à une économie des biens symboliques », *Actes de la recherche en sciences sociales*, 13, 1977, p. 9.
50. Les sciences sociales permettent mieux de saisir ce niveau régional : voir J. Heilbron, « The social sciences as an emerging global field », *Current Sociology*, 62(5), p. 685-703 ; *id.*, « Making Sense of Globalizing Social Science », *loc. cit.*
51. Voir P. Champagne, *L'héritage refusé*, *op. cit.*, p. 97-118.
52. P. Bourdieu, *Le bal des célibataires. Crise de la société paysanne en Béarn*, Paris, Seuil, 2002.

EN GRANDISSANT LA FRANCE, SES REPRÉSENTANTS SE GRANDISSENT AUSSI. En février 2013, quelques semaines après avoir autorisé une intervention de l'armée française au Mali au nom de la « lutte contre le terrorisme », le président de la République, François Hollande, se rend à Bamako pour une visite triomphale.

Florent Pouponneau

Les effets de champ dans la politique internationale

Ce que la guerre au Mali doit à la position de la France

L'analyse des effets de la structure du « système international », souvent réduite aux rapports de force entre États, est une longue et riche tradition de recherche des théories des relations internationales. Cette approche vise à expliquer de grandes régularités de la vie politique internationale – comme l'âpre compétition à laquelle se sont livrés les États-Unis et l'URSS durant plusieurs décennies –, en rapportant les comportements des États aux positions qu'ils occupent dans un espace international fortement hiérarchisé et inégalitaire. Toutefois, les grandes théories du système international, notamment parce qu'elles ignorent voire méprisent ce qui se passe au sein des États, ont du mal à concevoir les liens entre la structure de l'espace international et les pratiques effectives des États[1]. Et la politique internationale des États tend au final à être réduite à une simple réponse mécanique à des contraintes extérieures en oubliant que cette politique ne s'explique ni par une forme de décision rationnelle ni par un « intérêt national » objectif[2].

Face à ce problème, dès lors que l'on croit féconde l'idée selon laquelle l'État se construit avec et contre d'autres États, on peut considérer que ce qu'on appelle communément le « système international » gagne à être analysé comme un champ, c'est-à-dire comme un « espace d'espaces » composé d'États nationaux (mais aussi d'organisations intergouvernementales, d'entreprises, d'ONG, etc.) – eux-mêmes conçus comme des champs – et doté de ses propres polarités et logiques de fonctionnement[3]. L'utilisation de la notion de champ international (politique, économique ou culturel par exemple)[4] aide en effet à articuler de manière cohérente les « grandes » logiques de puissance entre États avec les « petites » luttes bureaucratiques et politiques au sein des États. La sociologie des champs incite à prêter attention à la manière dont les rapports de force interétatiques s'impriment dans les acteurs sous la forme de dispositions, tout en soulignant l'autonomie relative des champs nationaux à l'intérieur du champ international considéré. Ainsi, les champs nationaux où se produit la politique étrangère sont soumis à un ensemble de forces, d'attraction et de répulsion, qui dépendent de la position occupée par l'État dans le champ international, mais ces forces extérieures n'exercent leurs effets qu'en étant transformées par les différentes logiques nationales qu'elles rencontrent.

Penser le champ international comme un déterminant (ayant à composer avec d'autres) de la politique internationale des États n'a cependant rien d'évident. D'abord, parce que la sociologie des champs n'a pas encore véritablement investi le concept de champ

1. Y compris les plus abouties et ambitieuses d'entre elles : Kenneth N. Waltz, *Theory of International Politics*, Boston, McGraw-Hill, 1979 ; *id.*, « International politics is not foreign policy », *Security Studies*, 6(1), 1996, p. 54-57. Voir aussi, pour une variante idéaliste, Alexander Wendt, *Social Theory of International Politics*, Cambridge, Cambridge University Press, 1999.
2. De ce point de vue, on a affaire à une politique publique comme les autres, comme l'a montré le travail séminal de Graham T. Allison, *Essence of Decision. Explaining the Cuban Missile Crisis*, Boston, Little & Brown, 1971.
3. Florent Pouponneau, « Ce que le champ international fait aux politiques étrangères », *in* Vincent Dubois (dir.), *Les structures sociales de l'action publique. Analyser les politiques publiques avec la sociologie des champs*, Vulaines-sur-Seine, Éd. du Croquant, 2023, p. 517-545.
4. Pierre Bourdieu, *Les structures sociales de l'économie*, Paris, Seuil, 2000, p. 341-350.

international, qui ne se confond pas avec celui de champ du pouvoir global[5], bien que son utilisation soit susceptible de contribuer à expliquer ce qui se passe dans et entre les autres champs – nationaux et transnationaux – régulièrement étudiés. Les rares travaux sur le sujet se sont focalisés sur la caractérisation et la valeur relative des capitaux nationaux (ou étatiques) que les agents sociaux pris dans des luttes internationales tirent de leur appartenance à un État donné (des moyens financiers et militaires, culturels et linguistiques, de l'expertise et des capacités bureaucratiques, des réseaux, une reconnaissance et un prestige, etc.)[6]. Cette opération de recherche est centrale pour penser le poids des hiérarchies et des luttes entre États. Mais elle n'épuise pas, loin de là, la mise en pratique de la notion de champ international. Ensuite, parce que proposer une sociologie d'un champ international donné revient à se confronter à des problèmes de recherche classiques (sur l'identification et la mesure des capitaux efficients, la forme et les mécanismes de reproduction de la structure du champ, les frontières du champ mais aussi les forces que le champ exerce) qui se trouvent complexifiés par le fait qu'on a affaire à un champ où les positions sont occupées par des unités constituées d'une pluralité de champs et d'institutions (et non par des agents uniformément soumis, telles des particules élémentaires, à des forces). D'autres questions se posent alors sur les rapports entre champ englobant et champs englobés, mais aussi sur les effets des logiques proprement nationales ou transnationales, y compris institutionnelles.

Or, si Pierre Bourdieu a étudié les effets de réfraction exercés par les champs sur les contraintes venues de l'extérieur et a considéré que des institutions peuvent être des positions dans des champs, force est de constater qu'il s'est peu intéressé à ces logiques proprement institutionnelles (lorsqu'il étudie des champs d'organisations ou d'institutions, il a tendance à appréhender ces dernières comme des entreprises individuelles ou comme des champs pour en comprendre le fonctionnement interne[7]). En d'autres termes, avec la notion de champ international, on ne peut se contenter de transposer à une autre échelle la sociologie des champs telle qu'elle est, on est contraint à une certaine inventivité.

Cet article entend montrer qu'une mise en œuvre du concept de champ international, du fait même des difficultés qu'elle pose, est en mesure de contribuer à renouveler la question des effets de champ (leur place dans l'analyse et ce dont ils sont faits). Les effets de champ (ou de position) désignent les mécanismes concrets par lesquels les structures des champs imposent leurs forces objectives et, ce faisant, tendent à façonner les pratiques. On formule trois hypothèses complémentaires sur cet élément central, mais moins développé que d'autres, de la théorie des champs. La première hypothèse est que l'observation d'effets de champ ne sert pas seulement à comprendre les pratiques qui traversent le champ ou à définir les limites du champ (avec l'idée qu'un effet de champ cesse là où le champ s'arrête) mais aussi à construire la structure même du champ. La deuxième hypothèse est que les effets de champ sont plus étendus ou plus variés qu'on ne le pense habituellement, car ils ne se cantonnent ni à des processus, inconscients et sur le temps long, d'intériorisation des structures sous la forme de dispositions, ni à des mécanismes de réfraction de forces extérieures au champ. Les forces du champ contraignent aussi, y compris sur un temps court, les calculs des acteurs, les logiques organisationnelles, la structure des champs englobés et même directement – sans faire intervenir de médiation – les pratiques. Enfin, la troisième hypothèse est que les effets de champs brouillent autant qu'ils révèlent les structures sociales, ce qui oblige, dans la construction des champs, à une prise de distance avec l'empirie pour sortir de tout raisonnement circulaire.

Pour illustrer le propos à visée théorique, on s'appuie sur les résultats d'une enquête de terrain sur ce que l'intervention militaire de la France au Mali (2013-2022) doit à des contraintes inscrites dans la position de l'État français au sein du champ politique international, le lieu où se déploient les luttes, y compris armées, pour le pouvoir de réguler les affaires politiques mondiales (ce champ est un champ international parmi d'autres, mais il est évidemment loin d'être anodin). Il est commun d'avancer que la guerre au Mali, menée au nom de la « lutte contre le terrorisme », répond à une volonté – contrariée – de manifester une influence dans la gestion des crises et des conflits en Afrique et, ce faisant, de tenir un rang

5. Frédéric Lebaron, « Central bankers in the contemporary global field of power : a "social space" approach », *The Sociological Review*, 56(1), 2008, p. 121-144 ; Iver B. Neumann et Daniel H. Nexon, « Hegemonic-order theory : A field-theoretic account », *European Journal of International Relations*, 24(3), 2018, p. 662-686 ; Andreas Schmitz et Daniel Witte, « National, international, transnational and global fields. Theoretical clarifications and methodological implications », *in* Christian Schmidt-Wellenburg et Stefan Bernhard (dir.), *Charting transnational fields. Methodology for a Political Sociology of Knowledge*, Londres, Routledge, 2020, p. 79-97.

6. Pascale Casanova, *La République mondiale des lettres*, Paris, Seuil, 1999 ; Frédéric Mérand, *European Defence Policy. Beyond the Nation State*, Oxford, Oxford University Press, 2008 ; Julian Go, « Global fields and imperial forms : Field theory and the British and American Empires », *Sociological Theory*, 26(3), 2008, p. 201-229 ; Didier Georgakakis et Antoine Vauchez, « Le concept de champ à l'épreuve de l'Europe », *in* Johanna Siméant (dir.), *Guide de l'enquête globale en sciences sociales*, Paris, CNRS Éditions, 2015, p. 197-217 ; Vincent Pouliot, *L'ordre hiérarchique international*, Paris, Presses de Sciences Po, 2017.

7. Respectivement P. Bourdieu, « Une révolution conservatrice dans l'édition », *Actes de la recherche en sciences sociales*, 126-127, 1999, p. 3-28 et *id.*, *Les structures sociales de l'économie*, *op. cit.*, p. 252.

à l'international (les acteurs eux-mêmes font explicitement un lien entre l'intervention et le « rayonnement international » de la France)[8]. Mais l'objectif de notre recherche a été de commencer l'analyse de cette lutte pour le pouvoir là où beaucoup la terminent. Plutôt que de faire découler mécaniquement l'intervention d'une position internationale à maintenir, on a voulu saisir de quelle manière et par quels mécanismes concrets les forces du champ politique international ont orienté la politique internationale de la France et son intervention au Mali.

Cela a impliqué – sur des terrains difficiles d'accès – un important travail empirique pour suivre au plus près les acteurs et leurs pratiques (analyse systématique des nombreuses sources ouvertes, réalisation de près de 200 entretiens avec des agents de l'État aux positions diversifiées, et aussi collecte d'archives privées et d'archives publiques classifiées). Dans cet article, on évoque certains des aspects les plus riches d'enseignement de cette recherche. La « décision » d'intervenir, les conflits entre administrations, la matérialité des pratiques militaires sur le terrain, les efforts pour « européaniser » la politique ou encore l'alliance nouée avec les États-Unis sont autant d'éléments qui donnent à voir des contraintes internationales intériorisées par les acteurs, stabilisées dans des hiérarchies bureaucratiques, objectivées dans des dépendances ou encore marquées dans les effets des actions.

Construire la structure d'un champ en partant à la recherche de ses effets

Le premier intérêt d'une mise en pratique de la notion de champ politique international est d'interroger l'opération intellectuelle familière qui consiste à dégager la structure d'un champ en procédant à une mise à plat synchronique de la répartition des ressources entre les agents impliqués, au moyen en particulier de l'analyse des correspondances multiples[9]. Cette méthode, on le sait, a l'avantage d'obliger à questionner les données que l'on utilise ou, autrement dit, à ne pas considérer les données comme « données »[10] (en se demandant, par exemple, de quoi est fait concrètement le capital militaire). Toutefois, transposée au champ politique international, cette manière de faire pose de sérieuses difficultés – des difficultés que l'on retrouve ailleurs, mais peut-être pas toujours de façon aussi visible –, liées à la mesure de ressources collectives (même pour les aspects *a priori* les plus tangibles comme la richesse économique ou la force militaire, notamment parce que les indicateurs statistiques nationaux ne sont pas harmonisés ou pas toujours fiables[11]) ; à la mise en comparaison de ressources différenciées (comment, par exemple, comparer un nombre de chars avec un nombre d'ambassades) ; à l'évolution de la valeur des ressources selon les contextes (les stocks de munitions peuvent être un coût à limiter ou un capital à accumuler) ; ou encore, et c'est le point qui va retenir notre attention, à la tension entre la distribution des ressources et les pratiques effectives (les ressources à disposition sont utilisées de façon plus ou moins intense et habile, en raison d'un degré d'engagement ou d'investissement différent dans le jeu[12] ou de contraintes liées aux dynamiques bureaucratiques et politiques nationales[13]).

L'intervention militaire de la France au Mali fait apparaître que le capital inégalement distribué dans un champ, en l'espèce le capital militaire des États, n'est pas seulement un ensemble de ressources inertes que l'on possède ou pas (des effectifs et des équipements, des bases militaires, une capacité autonome de renseignement, une aptitude à projeter un corps expéditionnaire, une force de dissuasion nucléaire crédible, un niveau de préparation et d'aguerrissement des soldats et de leurs chefs) mais aussi une manière de valoriser des ressources. Comme il y a plusieurs manières de négocier des accords internationaux, il y a plusieurs manières de faire la guerre et, à en croire les acteurs eux-mêmes et nombre d'analystes, l'intervention au Mali donne à voir un « art français de la guerre » qui pallie le manque de ressources au regard des ambitions internationales affichées. L'armée française entend ainsi se démarquer des autres armées occidentales : d'une part, par son aptitude à la « rusticité », au « bricolage » ou à la « débrouille » ; et, d'autre part, par sa propension à la prise de risque, ce qui lui permettrait

8. Voir, par exemple, Michel Galy (dir.), *La guerre au Mali. Comprendre la crise au Sahel et au Sahara*, Paris, La Découverte, 2013 ; Bruno Charbonneau et Tony Chafer (dir.), *Peace Operations in the Francophone World. Global Governance Meets Post-Colonialism*, Londres, Routledge, 2014 ; Étienne Smith, « Sous l'empire des armées. Les guerres africaines de la France », *Les Temps Modernes*, 693-694, 2017, p. 4-27 ; Frédéric Turpin, « La France et ses colonies », *Pouvoirs*, 174, 2020, p. 39-51.

9. P. Bourdieu, *Les structures sociales de l'économie*, *op. cit.*, p. 128 ; Frédéric Lebaron et Brigitte Le Roux, « Géométrie du champ », *Actes de la recherche en sciences sociales*, 200, 2013, p. 106-109 ; Julien Duval, « L'analyse des correspondances et la construction des champs », *Actes de la recherche en sciences sociales*, 200, 2013, p. 110-123.

10. J. Duval, *Le cinéma au XXe siècle. Entre loi du marché et règles de l'art*, Paris, CNRS Éditions, 2016.

11. William C. Wohlforth, *The Elusive Balance. Power and Perceptions during the Cold War*, Ithaca, Cornell University Press, 1993 ; Michael Beckley, « The Power of Nations : Measuring What Matters », *International Security*, 43(2), 2018, p. 7-44.

12. Michel Dobry, *Sociologie des crises politiques*, Paris, Presses de Sciences Po, 3e éd., 2009 [1986].

13. Gideon Rose, « Neoclassical Realism and Theories of Foreign Policy », *World Politics*, 51(1), 1998, p. 144-172 ; Steven E. Lobell, Norrin M. Ripsman et Jeffrey W. Taliaferro (dir.), *Neoclassical Realism, the State, and Foreign Policy*, Cambridge, Cambridge University Press, 2009 ; S. E. Lobell, N. M. Ripsman et J. W. Taliaferro, *Neoclassical Realist Theory of International Politics*, Oxford, Oxford University Press, 2016.

Quelques repères chronologiques sur la guerre de la France au Mali

mai 2012 : Au moment où ils arrivent au pouvoir, le président François Hollande et son entourage font le constat que l'État malien est en voie d'effondrement, notamment parce que des groupes armés qualifiés de « terroristes » ont récemment pris le contrôle de plusieurs villes du pays (Kidal, Gao et Tombouctou). Durant plusieurs mois, le gouvernement français soutient la mise en place d'une force armée africaine pour régler le problème, en excluant l'envoi de troupes françaises sur le sol malien.

11 janvier 2013 : Alors que les « groupes armés terroristes » se rapprochent de la capitale Bamako, F. Hollande annonce une intervention militaire au Mali. Il la justifie par la nécessité de préserver l'existence de l'État malien et d'assurer la sécurité de la population, et notamment des 6 000 ressortissants français. Dans les semaines qui suivent, avec l'opération Serval, plus de 5 000 soldats français sont déployés au Mali dans le but affiché de défaire les « groupes terroristes » puis de restaurer la souveraineté de l'État malien sur l'ensemble de son territoire.

1er août 2014 : L'opération Serval est transformée en opération Barkhane, la présence militaire française est étendue à d'autres pays de la région (Burkina Faso, Mauritanie, Niger et Tchad).

17 février 2022 : Après des mois de dégradation continue des relations avec les autorités politiques maliennes, le président Emmanuel Macron annonce le retrait des soldats français du Mali.

de faire beaucoup avec peu de moyens, voire plus avec moins (sans nécessairement que cela suffise à venir à bout d'un adversaire très inférieur en nombre et en moyens)[14].

L'enjeu est donc d'éviter de réifier la structure du champ[15] afin de prêter attention au fait que les limites de l'espace des possibles inscrites dans la structure du champ ne sont pas fixes mais dépendent de ce que les acteurs font de leurs ressources inégales. Pour ce faire, on peut suivre une formulation de Bourdieu sur un tout autre terrain[16] et considérer que la structure du champ est bien une distribution du capital, mais du capital au sens de moyens d'appropriation de ressources accumulées et objectivement disponibles. Dans cette perspective, la « balance des pouvoirs » entre États n'est plus une configuration figée – les États comme des poids sur une balance[17] – mais une dynamique qui résulte « des actions et des réactions d'unités de dimensions et de pouvoirs inégaux[18] ». Ainsi, un « monde bipolaire » est un champ international structuré par une opposition entre deux États (plutôt qu'un espace marqué par l'existence de deux « pôles » de même « poids »), tandis qu'un « monde unipolaire » est un champ international structuré par un État qui tend à imposer ses objectifs et ses exigences, malgré les résistances de dominés (plutôt qu'un espace marqué par l'absence d'« équilibre de la puissance »). Il s'ensuit qu'il ne suffit plus de constater l'effondrement de l'URSS ou d'attendre qu'un État remplace, en termes de répartition de la puissance, le vide laissé par l'URSS pour parler de transformation du champ politique international : les structures politiques se transforment « parfois tranquillement sans révolution et après un certain temps, l'observateur et les joueurs s'aperçoivent qu'on est en train de jouer un jeu très différent[19] ».

Par suite, on propose de suivre le conseil qui consiste à construire la structure d'un champ en partant à la recherche de ses effets ou de ses manifestations sur les agents impliqués et leurs pratiques[20]. Et puisque l'une des manifestations les plus visibles de la hiérarchie entre États prend la forme d'une division internationale du travail politique, soit la forme d'un processus au terme duquel un petit nombre d'États s'avère en mesure d'assurer plus de tâches ou de responsabilités que les autres dans la résolution des problèmes communs ou la gestion des crises et des conflits internationaux[21], on entend dégager la structure du champ politique international en cernant les contraintes que cette division du travail exerce sur les acteurs impliqués et leurs pratiques. Il s'agit de rendre compte des luttes pour le pouvoir de réguler les affaires politiques internationales et des rôles de gouvernement qui peuvent être effectivement tenus dans tout ou partie du monde (les États-Unis comme « gendarme du monde », la France comme « gendarme de l'Afrique »), sachant qu'apparaître comme le seul ou parmi les seuls à avoir des chances raisonnables d'intervenir efficacement ne signifie pas nécessairement avoir une grande chance de succès[22].

Il est probable qu'en hiérarchisant les États par leur place dans la division internationale du travail politique, on n'obtienne pas une hiérarchie radicalement différente de celle que l'on obtiendrait en prenant en compte les seules ressources (militaires, économiques et politiques[23]). Mais cette démarche permet de prêter attention au degré d'institutionnalisation des rapports de force[24]. On peut alors saisir que les écarts apparents entre les positions mis en évidence par les mesures statistiques des capitaux présents sont plus ou moins difficiles à combler. Ainsi, la division internationale du travail politique repose sur des investissements coûteux qui, une fois réalisés, s'avèrent durables (un réseau de bases militaires ou une force de dissuasion nucléaire par exemple). Elle est également marquée par des barrières plus ou moins formalisées (des règles juridiques, en particulier le droit de veto au Conseil de sécurité de l'ONU ou le traité de non-prolifération nucléaire par exemple). On peut aussi tenir compte de ce qui se joue dans les organisations

14. F. Pouponneau, « Faire la guerre au-dessus de ses moyens. Les enseignements structurels de l'intervention française », *in* Grégory Daho, Florent Pouponneau et Johanna Siméant-Germanos (dir.), *Entrer en guerre au Mali. Luttes politiques et bureaucratiques autour de l'intervention française*, Paris, Rue d'Ulm, 2022, p. 207-230.

15. Réifier une structure sociale, c'est la faire exister et agir comme une entité dissociée ou séparée des activités des acteurs, comme si elle était un environnement existant en lui-même, alors qu'elle n'est qu'une représentation de la systématicité relative des pratiques.

16. P. Bourdieu, « The forms of capital », *in* John G. Richardson (dir.), *Handbook of Theory and Research for the Sociology of Education*, Westport, Greenwood Press, 1986, p. 245.

17. Hans J. Morgenthau, *Politics among Nations. The Struggle for Power and Peace*, Boston, Mc Graw Hill, 7e éd., 2006 [1948].

18. P. Bourdieu, *Microcosmes. Théorie des champs*, Paris, Raisons d'agir, 2021, p. 584.

19. Frederick G. Bailey, *Les règles du jeu politique*, Paris, PUF, 1971 [1969], p. 29.

20. P. Bourdieu, *Sociologie générale*, vol. 2, Paris, Raisons d'agir-Seuil, 2016, p. 442-443. Avec cette manière de faire, on sort complètement de l'opposition stérile, mais tenace, entre l'agent et la structure. Il ne s'agit plus d'articuler deux moments distincts de la recherche : celui, prioritaire, de la construction des structures sociales, puis celui de l'analyse des pratiques (voir P. Bourdieu, *Le sens pratique*, Paris, Minuit, 1980), mais de concevoir un seul et même moment : suivre les acteurs et leurs pratiques permet d'accéder aux structures.

21. K. N. Waltz, *Theory of International Politics*, *op. cit.*, p. 197-210 ; David Ambrosetti, *Normes et rivalités diplomatiques à l'ONU. Le Conseil de sécurité en audience*, Bruxelles, PIE Peter Lang, 2009 ; Mlada Bukovansky *et al.*, *Special Responsibilities. Global Problems and American Power*, Cambridge, Cambridge University Press, 2012 ; Mathias Albert, Barry Buzan et Michael Zürn (dir.), *Bringing Sociology to International Relations. World Politics as Differentiation Theory*, Cambridge, Cambridge University Press, 2013.

22. K. N. Waltz, *Theory of International Politics*, *op. cit.*, p. 207.

23. F. Pouponneau, « Ce que le champ international fait aux politiques étrangères », art. cité, p. 523-525.

24. Bourdieu évoque l'importance de ce point, mais sans véritablement le mettre en pratique, voir P. Bourdieu, *Microcosmes*, *op. cit.*, p. 666. Pour une critique de l'indifférence de Bourdieu au degré d'objectivation des rapports sociaux au sein et entre les champs, voir M. Dobry, *Sociologie des crises politiques*, *op. cit.*

multilatérales. Ces institutions ne sont pas de simples reflets des hiérarchies entre États. Même si le fait de représenter un grand État plutôt qu'un petit change les choses dans ces arènes, tout n'est pas joué d'avance dans les négociations. Les échanges entre diplomates peuvent, même s'ils sont feutrés, modifier au moins un temps des rapports de force internationaux[25]. Et les organisations multilatérales peuvent constituer des lieux de « rééquilibrage de la puissance[26] ». Ainsi, l'engagement des « partenaires » européens aux côtés de la France lors de l'intervention au Mali est très limité, même pour une simple mission de formation de l'armée malienne. Cela tient à un ensemble de contraintes administratives et juridiques spécifiques à l'Union européenne mais aussi au fait que les gouvernements européens – qui tendent à interpréter la « crise malienne » moins comme un problème européen que comme une politique de puissance française – marchandent leur participation réduite aux coûts de la guerre. Enfin, suivre les modalités concrètes de la division du travail politique entre les États permet de mieux accéder aux conditions et aux limites des transformations en cours du champ politique international. En effet, la fécondité de la distinction entre les ressources potentielles et les pratiques effectives ne se situe pas seulement dans la question de l'ampleur du jeu mais aussi dans celle des limites du jeu. Ainsi, on va le voir, on peut saisir des mécanismes de la domination américaine qui s'imposent aux autres États depuis la fin de la guerre froide dans les efforts même pour y résister.

Saisir les effets de champ au-delà des seules dispositions

Des dispositions à agir réflexives et institutionnalisées

Lorsqu'on part à la recherche d'effets de champ, on est d'emblée conduit à envisager des effets de socialisation sur le temps long. La structure des champs, on le sait, est incorporée par les agents au fil de leurs expériences, elle produit des habitus, soit des systèmes durables de dispositions à agir, à penser et à juger qui conduisent à faire avec le monde tel qu'il est structuré. Dans cette perspective, les producteurs de la politique internationale des États développent progressivement un « sens pratique » du fonctionnement du champ politique international, ils acquièrent un sens de leur place – c'est-à-dire de l'impossible et du possible, du probable et du certain – lié à la position de l'État qu'ils représentent, les amenant généralement à se fixer des attentes raisonnables, à poursuivre des objectifs réalistes et à produire des actions ajustées aux chances objectives inscrites dans la situation[27]. De ce point de vue, il ne fait guère de doute que la longue histoire des relations avec l'Afrique a notamment installé chez les militaires français des schèmes de perception et d'action qui façonnent des identités et des rôles pour la France (« on est chez nous, c'est notre Afrique [...], donc on laisse pas faire n'importe quoi », officier des troupes de marine, 2019). À travers notamment la transmission de tout un héritage et un imaginaire colonial[28], ils ont intériorisé l'idée que c'est à la France de gérer les crises et les conflits en Afrique, qu'il y va de la « grandeur » ou du « rang » de la France dans le rapport de force entre États. Lorsque la situation sécuritaire se dégrade au Mali, nombre d'agents au sein de l'État français sont donc en quelque sorte prédisposés à agir. Cela ne signifie pas nécessairement qu'ils soient les mieux placés pour le faire. Un effet d'hystérésis peut s'exercer sur les représentations des pays étrangers ou de la place de son pays lorsque l'habitus ne répond pas à la situation telle qu'elle est mais à la situation dans laquelle il a été formé.

Le problème de l'approche en termes d'habitus est que ce concept n'est pas observable directement, et qu'il est difficile de l'inférer de l'observation des pratiques[29], sauf à pouvoir repérer des régularités dans une diversité de contextes (les pratiques étant le résultat d'une rencontre entre un habitus et un contexte), ce qui n'est pas toujours aisé à faire sur les terrains fermés de la politique internationale. Il peut donc être utile de trouver des liens entre la structure des champs et les pratiques plus faciles à retracer empiriquement. Un premier moyen de le faire consiste à considérer que les forces du champ produisent aussi des effets sur les calculs des agents sociaux – lorsqu'ils calculent[30] – des calculs qui s'observent dans des archives, des entretiens ou des mémoires. Pour Bourdieu, les stratégies de placement dans les champs ont plus souvent pour principe le sens pratique produit par l'habitus que le

25. D. Ambrosetti, « S'opposer aux États-Unis au Conseil de sécurité. L'argumentation contre la puissance dans les négociations multilatérales », *Études internationales*, 35(3), 2004, p. 469-494 ; Rebecca Adler-Nissen et Vincent Pouliot, « Power in Practice : Negotiating the International Intervention in Libya », *European Journal of International Relations*, 20(4), 2014, p. 889-911.

26. Robert Pape, « Soft Balancing against the United States », *International Security*, 30(1), 2005, p. 7-45 ; Stephen M. Walt, *Taming American Power. The Global Response to U.S. Primacy*, New York, Norton & Company, 2005.

27. V. Pouliot, *L'ordre hiérarchique international*, *op. cit.*, chap. 3.

28. Léonard Colomba-Petteng, « Les dilemmes des armées françaises au Sahel. Une mise en perspective des débats sur la transformation de l'opération Barkhane », *Afrique contemporaine*, 271-272, 2020, p. 179-180. Voir aussi Rémi Carayol, *Mirage sahélien. La France en guerre en Afrique. Serval, Barkhane et après ?*, Paris, La Découverte, 2023, chap. 1.

29. Nicolas Mariot, *Bains de foule. Les voyages présidentiels en province, 1888-2002*, Paris, Belin, 2006.

30. Sur l'hypothèse de calculs socialement situés et structurés, voir M. Dobry, *Sociologie des crises politiques*, *op. cit.* ; *id.*, « Ce dont sont faites les logiques de situation », *in* Pierre Favre, Olivier Fillieule et Fabien Jobard (dir.), *L'atelier du politiste. Théories, actions, représentations*, Paris, La Découverte, 2007, p. 119-148.

POUR SA CAMPAGNE D'ÉLIMINATION des chefs des « groupes armés terroristes », l'armée française utilise des drones de combat américains. Mais le fait que l'armée française reprenne les mêmes objectifs, les mêmes modes d'actions et les mêmes équipements que l'armée américaine ne signifie pas qu'elle fasse la guerre comme elle. Les moyens des deux armées sont trop éloignés pour qu'il en soit autrement.

« Il y a des lois générales des champs : des champs aussi différents que le champ de la politique, le champ de la philosophie, le champ de la religion ont des lois de fonctionnement invariantes (c'est ce qui fait que le projet d'une théorie générale n'est pas insensé et que, dès maintenant, on peut se servir de ce que l'on apprend sur le fonctionnement de chaque champ particulier pour interroger et interpréter d'autres champs, dépassant ainsi l'antinomie mortelle de la monographie idiographique et de la théorie formelle et vide). »

Pierre Bourdieu, « Quelques propriétés des champs » (1976),
in Questions de sociologie, Paris, Minuit, 1981, p. 113.

calcul produit par la réflexivité. La « pensée pensante » ne relèverait que de situations inhabituelles prenant en défaut le sens pratique[31]. La sociologie du champ politique international invite toutefois à ne pas opposer l'habitus et le calcul, le sens pratique et le sens réflexif[32]. Sans nul doute, les champs où se fabrique la politique internationale font partie des univers qui favorisent les visions stratégistes du monde social et les dispositions au calcul[33]. Les diplomates et les militaires tendent à penser leurs actions mais aussi celles des autres, dans le bureau d'en face ou à l'autre bout du monde, comme la défense d'intérêts et ils passent beaucoup de temps à calculer et à mettre en scène leurs calculs (des calculs sur les calculs de leurs adversaires, les forces en présence, la valeur des territoires à partager, les coûts financiers des engagements, les gains et les risques de la coopération, le nombre de voix, ce qu'il est possible de faire vis-à-vis d'un État dominant et jusqu'à quel point on peut s'éloigner, etc.). Et lorsqu'on examine les repères, les indices, les évaluations ou encore les règles sur lesquels ces agents s'appuient pour calculer ce qui est jouable ou non dans une situation donnée, on est amené à penser qu'une partie des activités de calculs est façonnée par des éléments rattachables à la structure du champ politique international.

Il apparaît ainsi que l'entrée en guerre au Mali n'est pas la simple réponse à un problème de sécurité. Dès leurs premières initiatives multilatérales sur le dossier malien, les dirigeants français constatent que le dossier n'intéresse que marginalement les « grandes puissances », qu'il y a une attente autour de la France et que si elle n'intervient pas personne d'autre ne le fera. Autrement dit, quand les dirigeants français ont cherché à s'orienter et à estimer les pratiques raisonnables face à une dégradation soudaine de la situation sécuritaire au Mali, ils ont repéré une forme de délégation internationale du travail politique liée à la reconnaissance par les autres États d'une « sphère d'influence » de la France en Afrique francophone, ce qui peut être relié au capital politique de la France[34]. « Noblesse oblige », cela autorise autant que cela impose d'intervenir, sauf à altérer son crédit de représentants d'une « puissance qui compte ». Cet effet de champ est une explication à la tendance de la France à intervenir en Afrique alors que ses responsables politiques affichent depuis longtemps maintenant leur volonté, qui n'est pas feinte, ou alors pas toujours, de rompre avec les stigmates et les tropismes de la Françafrique.

La sociologie du champ politique international invite également à regarder les effets de champ non plus dans les seuls agents individuels mais aussi dans les institutions, les procédures et les règles de la vie bureaucratique qui cristallisent et routinisent les pratiques des agents socialisés et leurs calculs. Dans le cas de la guerre au Mali, il est manifeste que les « dispositions à agir » ne sont pas que mentales mais aussi institutionnelles. Si l'entrée en guerre est possible et pensable, c'est aussi parce qu'il existe une série de ressources bureaucratiques au sein de l'armée qui ont été créées bien avant la « crise malienne » : une bonne connaissance du terrain, des matériels adaptés, des soldats préparés, l'existence de plans ou encore un dispositif de bases militaires dans la région. Ces ressources bureaucratiques déterminent l'information, incomplète et déformée, que reçoit le président de la République sur la situation malienne, les options qui lui sont ouvertes, en nombre restreint, et ce que réalise ou met en œuvre l'armée[35]. Et on peut penser que ces ressources bureaucratiques résultent pour partie de la structure du champ politique international : c'est parce que la France est une ancienne grande puissance en Afrique, encore reconnue comme le « gendarme de l'Afrique », que l'organisation, les instruments, les compétences, les moyens techniques et budgétaires ou encore la « culture » de l'armée française sont tournés vers cette région du monde (aucun pays n'a fait autant la guerre en Afrique que la France). Le lien entre la division du travail politique entre les États et la division du travail bureaucratique au sein de l'État est particulièrement patent avec le Centre de planification et de conduites des opérations (CPCO) de l'état-major des armées. Dans ce poste de commandement – chargé de préparer et de définir les missions, l'allocation des ressources et les règles d'emploi lors des interventions militaires –, les différents bureaux sont divisés en quatre zones géographiques : le « théâtre national », l'« Europe » (avec les pourtours méditerranéens)

31. P. Bourdieu, *Homo academicus*, Paris, Minuit, 1984, p. 207-250 ; *id.*, *Méditations pascaliennes*, Paris, Seuil, 1997, p. 234. Sur le sujet, voir aussi Gérard Mauger, « Sens pratique et conditions sociales de possibilité de la pensée "pensante" », *Cités*, 38, 2009, p. 61-77 et N. Mariot, « La réflexivité comme second mouvement », *L'Homme*, 203-204, 2012, p. 370.

32. Elsa Rambaud, *Médecins sans frontières. Sociologie d'une institution critique*, Paris, Dalloz, 2015, p. 49.

33. P. Bourdieu, *Anthropologie économique. Cours au Collège de France (1992-1993)*, Paris, Raisons d'agir-Seuil, 2017, p. 50. Si, dans ses travaux, Bourdieu tend à mettre l'accent sur le caractère non conscient des stratégies, les « choix » réalisés en dehors de tout calcul, il n'exclut nullement que dans certaines situations ou dans certains espaces sociaux, notamment économiques, l'on prenne le temps de réfléchir sur la conduite à tenir et que les actions soient le résultat de calculs stratégiques explicites : P. Bourdieu (dir.), *Travail et travailleurs en Algérie*, éd. revue et actualisée, Paris, Raisons d'agir, 2021 [1963] ; *id.*, *Esquisse d'une théorie de la pratique*, Paris, Seuil, 2000 [1972], p. 100 ; *id.*, *Le sens pratique*, *op. cit.*, p. 89.

34. Sur cette notion, voir F. Pouponneau, « Penser le capital politique des États. La mise en échec d'un projet d'intervention militaire de la France en Syrie », *Revue française de science politique*, 73(3), 2023, p. 303-324.

35. F. Pouponneau, « Une approche non-décisionniste de la décision. L'entrée en guerre et l'emprise des contraintes bureaucratiques », *in* G. Daho, F. Pouponneau et J. Siméant-Germanos (dir.), *Entrer en guerre au Mali*, *op. cit.*, p. 31-57.

et, séparée du « reste du monde », l'« Afrique ». Dans cette perspective, où les forces du champ prennent la forme et la force de l'institué, on peut penser que les organisations bureaucratiques, en tant que capacités d'agir structurées par l'état du champ politique international, constituent pour les agents de l'État des mécanismes d'ajustement des espérances subjectives aux chances objectives de réussite de leurs interventions. On trouve là une explication supplémentaire au « sens pratique » des producteurs de la politique internationale.

Le champ comme arbitre

Par ailleurs, la sociologie du champ politique international conduit aussi à envisager que les effets de champ se repèrent non pas dans les seules propriétés des agents et des agences impliqués mais aussi dans les conséquences non intentionnelles des actions intentionnelles. Il s'agit ici d'accepter qu'il puisse y avoir des effets de champ en dehors de tout processus d'intériorisation[36], que les agents puissent ressentir très directement les forces du champ quelle que soit leur socialisation (il n'est donc pas vrai « que les agents sociaux sont déterminés seulement dans la mesure où ils se déterminent[37] »). Il apparaît en effet que des dynamiques internationales, liées à des mécanismes structurels, s'interposent, à la manière d'une plaque de réfraction, entre les intentions et les actions des dirigeants nationaux d'une part, et les résultats auxquels ils parviennent d'autre part. Des stratégies de subversion, pensées comme telles par les agents, peuvent ainsi avoir des effets de reproduction des hiérarchies établies en raison notamment de relations de dépendance[38]. Tout se passe alors comme si les producteurs de la politique internationale des États recevaient des sanctions négatives pour n'avoir pas suivi, en agissant au-dessus de leurs moyens par exemple, la logique du champ politique international dans lequel ils sont pris[39]. On est donc incité à élargir la manière de concevoir les effets de réfraction exercés par les champs. Il ne s'agit plus seulement de penser comment un champ retraduit les contraintes extérieures selon sa propre logique, mais aussi de penser comment la structure du champ transforme directement les pratiques qui se déploient en son sein, indépendamment des représentations ou des calculs des agents. Cette proposition soulève la question de la capacité des agents à ne pas tenir compte ou à résister à des effets de champ, ce qui permet de mieux comprendre la prise de risque ou l'audace et, ce faisant, d'expliquer plus facilement le changement ou du moins la récurrence de pratiques objectivement désajustées à l'état du champ. Cette manière de penser les effets de champ est enfin une réponse à ceux qui reprochent à la sociologie des champs d'accorder un poids prépondérant aux propriétés dispositionnelles des acteurs au détriment des propriétés inscrites dans les situations : les forces du champ contribuent aussi à produire les situations qui s'imposent aux acteurs.

Dans le cas de la guerre au Mali, on peut voir qu'une intervention devant montrer la « grandeur » de la France s'est transformée en autre chose. Au début du conflit, faute d'avoir réussi à se doter à temps d'une technologie devenue décisive (celle des drones de combat), l'armée française n'est pas en mesure d'assurer seule un aspect central de son intervention (l'élimination des chefs ennemis). Pour rattraper ce qui est perçu comme un retard, les chefs militaires sollicitent le soutien de l'armée américaine, autrement puissante dans ce domaine comme dans d'autres. Prenant la forme de prêt et de vente de drones, la mise à niveau est toutefois structurellement limitée par la relation de dépendance dans laquelle l'armée française se trouve à l'égard des États-Unis. D'un côté, les drones américains, des avions pilotés du sol, offrent aux militaires français, grâce à leurs caractéristiques objectives (leur endurance, leur altitude et vitesse de déplacement, leurs capteurs, leur volume sonore, etc.), de nouvelles capacités d'action face à un ennemi difficile à trouver. De l'autre côté, la coopération transatlantique les restreint fortement. Outre le fait que l'armée américaine peut toujours refuser une demande d'utilisation de ses drones, l'achat de ces derniers est assorti de limitations d'usage strictes. De plus, le rythme de formation des équipages, qui se fait aux États-Unis, n'est pas maîtrisé et, pendant un temps, ce sont même des prestataires américains qui assurent les phases de décollage et d'atterrissage des drones français. Les effets de domination au sein du champ politique international se manifestent aussi dans les petits détails des interactions : en entretien, un ancien chef d'état-major des armées se souvient avoir tenu compte du décalage horaire lorsqu'il sollicitait son homologue américain, sans que la réciproque soit vraie (« c'est amusant, les Américains vous appellent à n'importe quelle heure et vous, vous essayez de ne pas les réveiller, c'est nous les petits quand même »). Par ailleurs, en soutenant l'armée française, l'allié américain entend être payé en retour en ayant notamment accès aux données recueillies sur le terrain et

36. Stacie E. Goddard et Daniel H. Nexon, « Paradigm Lost ? Reassessing *Theory of International Politics* », *European Journal of International Relations*, 11(1), 2005, p. 37.
37. Pierre Bourdieu et Loïc Wacquant, *Invitation à la sociologie réflexive*, Paris, Seuil, 2014, p. 186.
38. F. Pouponneau, « Une division internationale du travail diplomatique. Analyse de la politique étrangère française autour du problème du nucléaire iranien », *Revue française de science politique*, 63(1), 2013, p. 51-73.
39. P. Bourdieu, *Le sens pratique*, *op. cit.*, p. 104. Voir aussi K. N. Waltz, *Theory of International Politics*, *op. cit.*, p. 76-77 et 90-91 ; Robert J. Jervis, *System Effects. Complexity in Political and Social Life*, Princeton, Princeton University Press, 1997.

aux comptes rendus des interrogatoires des personnes capturées. Enfin, la coopération transatlantique engendre des obligations qui n'ont pas été contractées. Convaincus de devoir se livrer à des activités mutuellement profitables, les chefs militaires français prennent garde à ce que leurs opérations soient alignées avec l'idée qu'ils se font des intérêts américains (et ils cherchent à convaincre leurs interlocuteurs américains de la réalité de cet alignement). Les faiblesses du Parlement sur les questions internationales tout comme la capacité à construire sinon une adhésion du moins une indifférence de l'« opinion publique » en contrôlant le travail des médias aident toutefois les dirigeants français à réduire les coûts de leur dépendance (le bilan de la guerre au Mali n'a jamais constitué un problème politique pour le gouvernement)[40].

Tout donne à penser que ces effets de distorsion des pratiques internationales des États engendrent, en retour, des effets de distorsion des positions au sein des États. Autrement dit, la sociologie du champ politique international incite à investir l'idée selon laquelle les effets de champ se repèrent aussi dans la structure des champs englobés (en l'espèce, les hiérarchies au sein et entre les champs nationaux impliqués)[41]. En effet, dès lors que les agents sont sensibles aux coûts de leurs actions, c'est-à-dire aux sanctions négatives qu'ils reçoivent (ou que les autres reçoivent) lors de pratiques désajustées à l'état du champ, on peut voir que les forces du champ affectent les dispositions et les calculs *sur un temps court* mais aussi les rapports de force dans les luttes nationales au principe des politiques étrangères (les effets des actions sont alors des causes)[42]. Dans cette perspective, le champ politique international est une sorte d'arbitre qui « sélectionne » ses acteurs en opérant une réduction de la variété des conduites internationales jugées possibles au profit de certains producteurs de la politique internationale de l'État et au détriment d'autres. Sur ce point, on peut évoquer le processus de socialisation qui s'est exercé sur les membres des forces spéciales françaises dans le cadre l'intervention en Afghanistan au tournant des années 2000-2010. Dès leur arrivée sur le terrain, ces militaires constatent qu'ils ont manqué un tournant avec les nouvelles pratiques dites de ciblage des cadres ennemis à l'aide de drones. Surtout, ils s'aperçoivent qu'ils doivent adopter les nouvelles manières de faire américaines s'ils veulent que leurs « dossiers d'objectifs », c'est-à-dire leurs choix de cibles, soient pris en compte par la coalition militaire dirigée par les États-Unis. Pour exister dans l'action collective, les forces spéciales françaises n'ont donc d'autre choix que de se mettre vite à niveau en apprenant à travailler avec de nouveaux équipements mais aussi de nouvelles procédures. Nul doute alors que la compétition internationale et la mise en comparaison avec le comportement de l'État dominant, construit comme une référence en raison des moyens et des effets considérables qu'il mobilise et produit, constituent une ressource pour certains agents de l'État pour appuyer une réorientation de la politique gouvernementale sur le registre de la nécessité objective. Et, en raison de leur place dominante dans le champ politique international, les représentants américains diffusent leur modèle d'action et leurs savoirs militaires sans avoir besoin de chercher délibérément à les imposer ou à être imités.

Plus largement, les forces du champ politique international contribuent à affecter les ressources disponibles ou la capacité à les faire valoir dans les champs nationaux en contraignant l'accès ou l'ouverture à l'international. Le capital bureaucratique et politique des agents de l'État en charge de la politique internationale repose en partie sur la capacité à entretenir des alliances transnationales et à se saisir d'initiatives étrangères pour consolider ou améliorer des positions de pouvoir. Et on gagne à étudier les appuis mutuels que les responsables politiques, les services bureaucratiques ou encore les groupes d'intérêt sont susceptibles de s'apporter au-delà des frontières nationales[43], en tenant compte du fait que ces alliances transnationales prennent place dans un espace international structuré et structurant. Le ou les États les mieux dotés en ressources sont en effet les plus à même de modifier les rapports de force au sein des autres États, et donc d'imposer leurs politiques, grâce à un partage d'informations efficace, l'exercice de pressions politiques, économiques et militaires difficiles à ignorer, des initiatives au sein d'arènes internationales qui forcent à prendre position, un soutien aux élites en place ou encore l'ingérence dans les élections, voire l'organisation de coups d'État. La guerre au Mali montre que, même lorsqu'ils sont inégaux, les liens internationaux permettent l'accumulation de capital dans les champs nationaux. La relation envers les États-Unis a beau être asymétrique et

40. Pour un développement de ces différents points sur le cas de la guerre au Mali, voir G. Daho, F. Pouponneau et J. Siméant-Germanos (dir.), *Entrer en guerre au Mali*, *op. cit.*

41. P. Bourdieu, *Manet, une révolution symbolique*, Paris, Raisons d'agir-Seuil, 2013, p. 392.

42. Sur le processus de socialisation à l'international comme évitement des coups/coûts, voir K. N. Waltz, *Theory of International Politics*, *op. cit.*, p. 73-78 ; Joao Resende-Santos, *Neorealism, States, and the Modern Mass Army*, Cambridge, Cambridge University Press, 2007.

43. Graham T. Allison et Morton H. Halperin, « Bureaucratic Politics : A Paradigm and Some Policy Implications », *World Politics*, 24, 1972, p. 40-79 ; Robert D. Putnam, « Diplomacy and Domestic Politics : the Logic of Two-Level Games », *International organization*, 42(3), 1988, p. 427-460 ; Margaret E. Keck et Kathryn Sikkink, *Activists beyond Borders*, Ithaca, Cornell University Press, 1998.

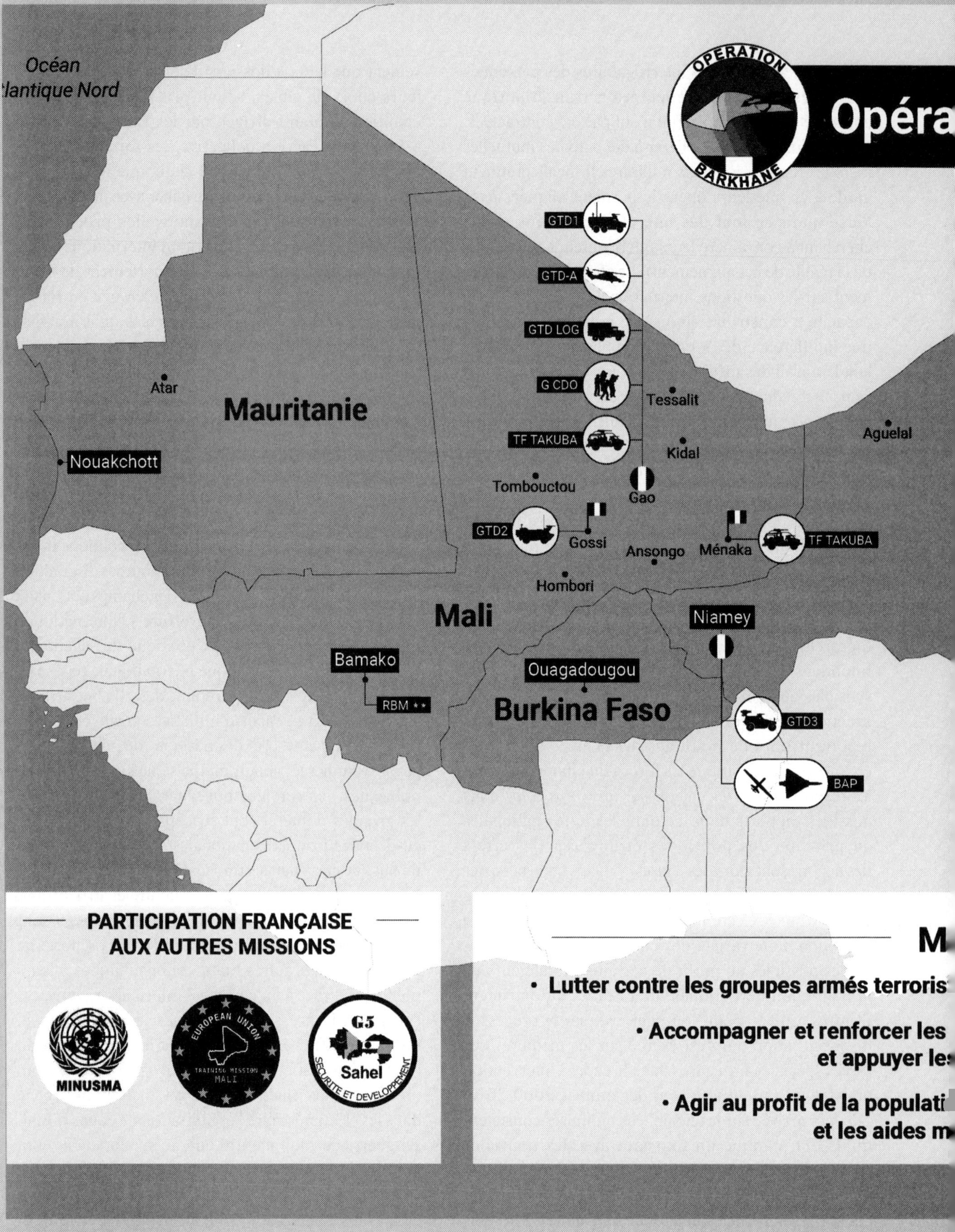

AU PLUS FORT DE L'EFFORT MILITAIRE, FIN 2021, l'opération Barkhane, concentrée essentiellement sur le Mali, rassemble 5 100 soldats, si l'on dénombre aussi les forces spéciales, 7 avions de chasse, 3 à 6 drones, 20 hélicoptères, 5 à 8 avions de transport, environ 430 véhicules blindés et 350 véhicules logistiques. La guerre au Mali est à la hauteur des moyens de l'armée française : modestes, faute d'argent. Ce qui oblige à faire beaucoup avec peu.

BARKHANE

État-major des armées / Décembre 2021

@EtatMajorFR

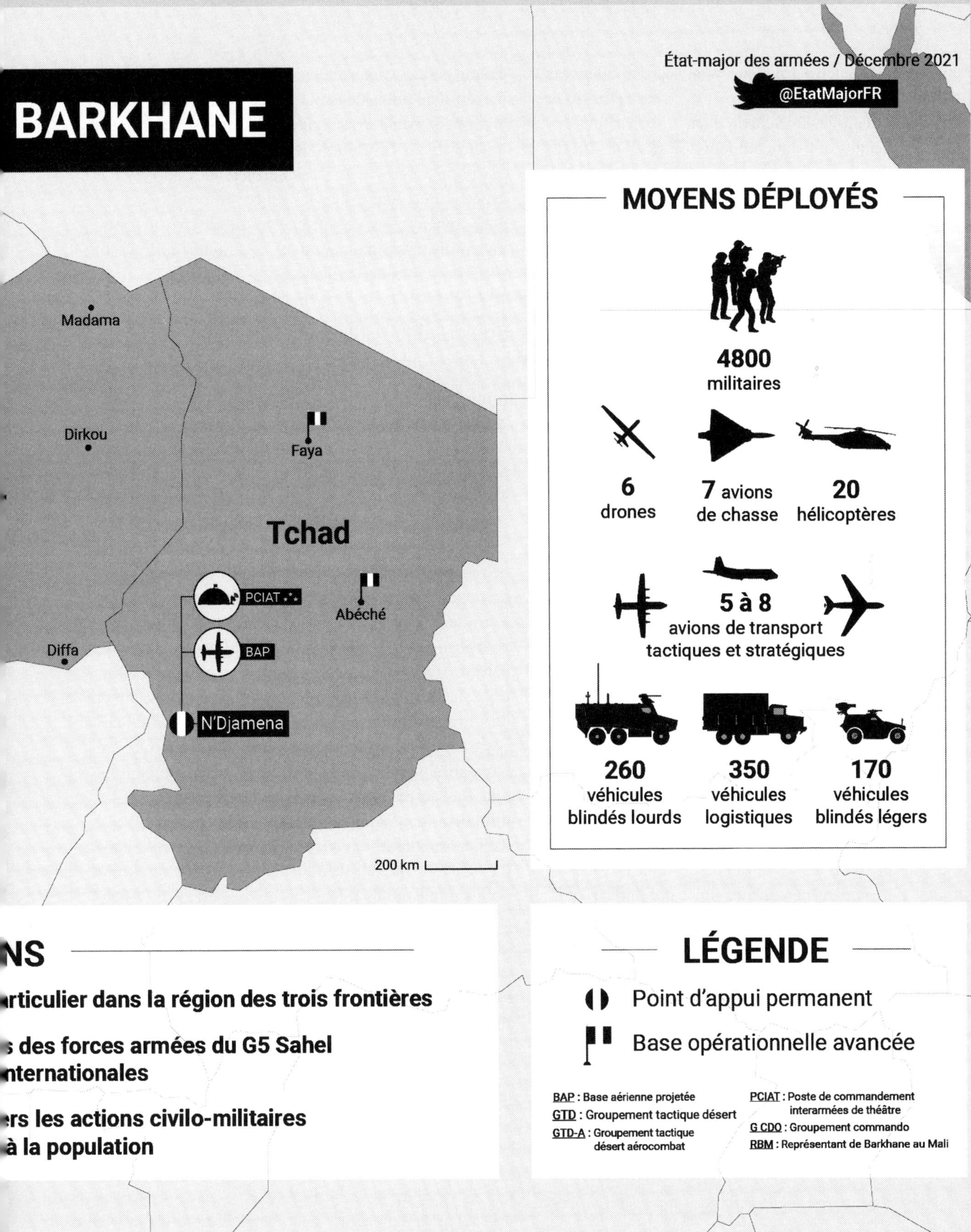

MOYENS DÉPLOYÉS

4800 militaires

6 drones

7 avions de chasse

20 hélicoptères

5 à 8 avions de transport tactiques et stratégiques

260 véhicules blindés lourds

350 véhicules logistiques

170 véhicules blindés légers

NS

rticulier dans la région des trois frontières

s des forces armées du G5 Sahel nternationales

rs les actions civilo-militaires à la population

LÉGENDE

Point d'appui permanent

Base opérationnelle avancée

BAP : Base aérienne projetée
GTD : Groupement tactique désert
GTD-A : Groupement tactique désert aérocombat
PCIAT : Poste de commandement interarmées de théâtre
G CDO : Groupement commando
RBM : Représentant de Barkhane au Mali

coûteuse, les acteurs impliqués s'en accommodent en y trouvant leur compte[44]. Ainsi, avec les opérations de ciblage réalisées à l'aide de drones américains, les forces spéciales ont renforcé leur prestige au sein de l'armée en pouvant se targuer d'être les forces terrestres ayant tué le plus grand nombre de « chefs terroristes ». Elles ont aussi consolidé, au sein de l'armée, leur rôle de laboratoire à la pointe des nouvelles techniques. Difficile dans ce contexte de contester le bien-fondé de la priorité budgétaire et opérationnelle qui leur est consentie au détriment d'autres composantes de l'armée[45]. Pour les responsables politiques aussi, la coopération transatlantique, même inégale, est source de profit. Les éliminations des chefs des « groupes armés terroristes », régulièrement saluées dans les discours publics, sont en effet un moyen, sinon le seul, de parer aux critiques sur l'échec de l'intervention.

Enfin, la sociologie du champ politique international invite à travailler l'hypothèse d'une homologie structurale entre d'un côté le volume et la structure du capital étatique, et de l'autre la structure de la distribution du capital entre les différents producteurs de la politique internationale de l'État[46]. Ainsi, dès lors que l'on se penche sur les luttes bureaucratiques nationales au principe de la guerre au Mali, on est tenté de penser que l'asymétrie des relations entre le champ militaire, d'un côté, et les champs diplomatique et de l'aide au développement, de l'autre, a partie liée avec la position de la France dans le champ politique international. Le pouvoir des militaires tient notamment aux positions de pouvoir institutionnalisées qu'ils occupent dans l'entourage du président de la République qui joue un rôle d'arbitre dans les conflits entre champs bureaucratiques. Or, on peut penser que si des militaires plutôt que des « développeurs » sont placés de cette manière au sommet de l'État pour préparer les dossiers et conseiller le président, c'est parce que l'intervention militaire, ou sa menace, plus que l'intervention économique est l'outil privilégié du chef de l'État pour faire exister la France dans la régulation des crises et des conflits internationaux. Sur le terrain malien, l'armée française est pratiquement la seule force armée étrangère à combattre, tandis que l'Agence française de développement n'est qu'un bailleur de fonds parmi d'autres. Cet effet du champ politique international n'a rien de mécanique. Le lien entre le poids de la puissance militaire de l'État et la place des militaires au sein de l'État est notamment médiatisé par l'évolution de la formation des officiers qui permet désormais à ces derniers de valoriser leur expertise technique dans les processus décisionnels en maîtrisant à la fois les savoirs et les savoir-être du travail interministériel mais aussi les contraintes qui pèsent sur les responsables politiques[47].

Prendre des risques interprétatifs

Du reste, dès que l'on prête attention au fait que l'État n'agit pas « comme un seul homme », qu'il est difficilement assimilable à une position dans un champ de forces et de luttes puisqu'il est lui-même une pluralité de champs de forces et de luttes, les choses se complexifient. Ainsi, il ne faut pas croire que la structure du champ international produit des « habitus nationaux »[48]. Même en consentant que l'on a affaire à des agents socialisés à l'international de manière assez homogène avant leur entrée dans la fonction publique (dans leur famille, au cours de leurs études et de leurs voyages), ou que ces agents sont, dans leur travail, surtout soumis à la logique de leur champ bureaucratique, les conditions d'existence des agents du sommet de l'État produisent des expériences socialisatrices contrastées selon le champ bureaucratique occupé mais aussi selon la position occupée dans le champ. Une fois entrés dans la carrière, les diplomates et les militaires, par exemple, ont au quotidien des métiers, des interlocuteurs ou encore des univers de référence très différents selon les filières de spécialisation ou les unités qu'ils intègrent, même entre eux. Ainsi, selon qu'ils appartiennent aux forces conventionnelles ou aux forces spéciales, les officiers français n'ont pas du tout les mêmes manières de voir et de faire la guerre au Mali. De la même manière, les effets du champ politique international ne sont pas uniformes sur les calculs et les logiques institutionnelles.

Il est également difficile de parler de stratégie nationale à propos des stratégies dans le champ international. Il faut se garder de l'idée que les diplomates, les militaires et les responsables politiques impliqués

44. Sur les bénéfices que l'on peut tirer d'une mise sous dépendance au niveau international, voir Johan Galtung, « A Structural Theory of Imperialism », *Journal of Peace Research*, 8(2), 1971, p. 81-117 ; Jean-François Bayart, « L'Afrique dans le monde : une histoire d'extraversion », *Critique internationale*, 5, 1999, p. 97-120 ; Yves Dezalay et Bryant G. Garth, *La mondialisation des guerres de palais*, Paris, Seuil, 2002 ; Antoine Vion et François-Xavier Dudouet, « Penser l'impérialisme à partir de la théorie des champs », *Cultures & Conflits*, 119-120, 2020, p. 17-38.

45. Walter Bruyère-Ostells, *Le COS. Histoire des forces spéciales françaises*, Paris, Perrin, 2022, p. 238.

46. On s'appuie sur ce point sur une hypothèse de Bourdieu formulée à propos des firmes dans le champ économique, voir P. Bourdieu, *Les structures sociales de l'économie*, *op. cit.*, p. 253.

47. Fabrice Hamelin, « Le combattant et le technocrate. La formation des officiers à l'aune du modèle des élites civiles », *Revue française de science politique*, 53(3), 2003, p. 435-436 ; Barbara Jankowski, « L'influence des militaires dans les processus décisionnels : quelles ressources ? », *in* Sébastien Jakubowski et Emmanuel Cardona Gil (dir.), *Les logiques de transformation des armées*, Villeneuve-d'Ascq, Presses universitaires du Septentrion, 2020, p. 57-85.

48. Voir, par exemple, Norbert Elias, *La société des individus*, Paris, Fayard, 1991 [1987] et *id.*, *The Germans. Power Struggles and the Development of Habitus in the Nineteenth and Twentieth Centuries*, Oxford, Polity Press, 1996 ; Christophe Charle, *La crise des sociétés impériales : Allemagne, France, Grande-Bretagne, 1900-1940. Essai d'histoire sociale comparée*, Paris, Seuil, 2001 ; V. Pouliot, *International Security in Practice. The Politics of NATO-Russia Diplomacy*, Cambridge, Cambridge University Press, 2010.

dans la fabrique de la politique internationale de l'État ont les mêmes intérêts de position à défendre. Si tous ces agents possèdent un intérêt à ce que leur État existe dans le champ politique international, puisque leur position de pouvoir est liée au pouvoir de l'État, chacun étant pris ou enfermé dans ses propres priorités, routines, rythmes et intérêts tend à voir une face différente de la situation internationale et à juger différemment ce ou ceux qui comptent. Mieux, une même position et une même trajectoire de l'État représentent pour ceux qui le peuplent des avantages ou des handicaps. Par exemple, au cours de la guerre au Mali, le passé d'ancienne « grande puissance » (coloniale) tend à être une ressource pour les militaires, qui peuvent se targuer de bien connaître la région et d'avoir un certain savoir-faire, et constitue un fardeau pour les diplomates, qui sont rapidement accusés de néo-colonialisme dès qu'ils cherchent trop visiblement à intervenir dans les affaires politiques intérieures maliennes[49]. Dans cette perspective, une même action gouvernementale représente des enjeux de pouvoir différents au sein de l'État. Ainsi, avec l'entrée en guerre au Mali, les militaires voient leur pouvoir augmenter dans les jeux nationaux au détriment des diplomates[50]. Il convient de tenir compte de cette hétérogénéité et d'éviter de donner un sens unitaire et homogène à la politique étrangère en parlant, par exemple, d'activité de rééquilibrage de la puissance. Ensuite, et par suite, derrière les discours publics unifiant la position de l'État – il y a, par exemple, un intérêt à faire comme s'il n'y avait pas de clivages internes, pour se présenter comme ferme et résolu –, se trouvent souvent une multitude de marchandages et une myriade de lignes d'action.

Certes, le « processus de décision » de la guerre au Mali est incontestablement dominé par le président de la République et son entourage – des acteurs bénéficiant d'une concentration extraordinaire de ressources et de pouvoirs, qui cherchent à aligner les orientations des administrations. Mais les lignes d'action présidentielles, même claires et précises, n'ont pas forcément pour résultat de neutraliser les effets des jeux bureaucratiques internes. Bien qu'ils sachent qu'il faut travailler ensemble et que les conflits entre administrations ne sont pas à la hauteur des défis (pour reprendre le langage des acteurs), les membres du ministère des Affaires étrangères et ceux de la Défense ne règlent pas facilement leurs rivalités. Les frictions demeurent malgré les injonctions présidentielles à l'unité et à la cohérence. Même les représentants des États dans les organisations internationales ne sont pas forcément alignés sur la position de leur État. Ce qu'apprennent les délégués nationaux en arrivant à Bruxelles, par exemple, c'est à négocier la position nationale qu'ils sont chargés de défendre pour assurer un minimum de compatibilité entre les différents jeux nationaux et transnationaux dans lesquels ils sont pris[51].

Par ailleurs, les forces du champ politique international ne produisent des effets sur les acteurs qu'en se combinant de manière complexe à d'autres dynamiques. Autrement dit, si les dirigeants nationaux se lancent dans des politiques internationales risquées, ce n'est pas uniquement parce qu'ils se les représentent comme adaptées aux besoins de leur État, mais aussi, et peut-être surtout, parce que ces politiques leur permettent de répondre à des considérations plus immédiates. Ainsi, la tendance de l'armée française à l'ascétisme et à la prise de risque aide à maintenir un rang à l'international malgré des ressources limitées ; mais, sur le terrain, les soldats accomplissent leur travail non pas tant pour la « grandeur de la France » que pour remplir leur mission, ne pas être déconsidérés vis-à-vis de leur camarade ou rester en vie. En outre, les forces du champ politique international poussent à tenir le rang de la France en intervenant militairement au Mali, parce que faire ainsi exister la France dans le monde, c'est aussi renforcer des positions de pouvoir dans les jeux nationaux. En intervenant au Mali, les dirigeants politiques se prémunissent de toute critique d'inaction en cas de massacres ou de prises d'otage de civils, surtout s'ils sont français. Mais ils donnent aussi une impression de force et de maîtrise. Par ailleurs, pour le monde militaire, l'entrée en guerre au Mali représente une aubaine pour se défendre contre de nouvelles restrictions budgétaires[52].

L'analyse du champ politique international rappelle aussi que tout ce qui se passe dans un champ n'est pas articulable à des effets de champ. Rechercher les causes des politiques étrangères dans les forces du champ international ne doit pas rendre aveugle à la force propre des interactions ou de certaines classes d'événements[53] qui peuvent autonomiser les conduites par rapport aux contraintes issues de la structure du champ international. Ainsi, la guerre au Mali, une fois déclenchée, acquiert une capacité à avoir ses propres déterminants qui échappent au contrôle des acteurs. Avec ses effets d'aubaine et ses effets cliquet, elle produit des conséquences pour partie non recherchées qui tendent à rendre le désengagement coûteux

49. Benedikt Erforth, *Contemporary French Security Policy in Africa. On Ideas and Wars*, Cham, Palgrave Macmillan, 2020, p. 63.
50. Florent Pouponneau, Alice Coutereel, Mathilde Beaufils et Salomé Montini, « Quand la diplomatie sert à faire la guerre », *in* G. Daho, F. Pouponneau et J. Siméant-Germanos (dir.), *Entrer en guerre au Mali*, *op. cit.*, p. 101-126.
51. Yves Buchet de Neuilly, « Devenir diplomate multilatéral. Le sens pratique des calculs appropriés », *Cultures & Conflits*, 75, 2009, p. 75-98.
52. Roland Marchal, « Military (mis)adventures in Mali », *African Affairs*, 448, 2013, p. 486-497.
53. M. Dobry, « Ce dont sont faites les logiques de situation », art. cité.

pour les dirigeants français. Elle perdure ainsi avec des enjeux et des intérêts différents de ceux qui ont présidé à son déclenchement. Il s'avère, par exemple, compliqué de retirer les troupes, alors que les groupes dits terroristes sont toujours actifs, quand on a répété pendant des années, pour justifier l'intervention, que leur destruction était nécessaire à la sécurité de la France et des Français. Par ailleurs, la sortie du sentier de la guerre est difficile pour l'armée française, même si elle peut être souhaitée à mesure que le conflit se prolonge, car elle signifie la perte de toute une série de rétributions (la guerre aide à vendre à des gouvernements étrangers du matériel militaire, à maintenir ou accroître le degré d'aguerrissement des soldats ou encore à fidéliser les recrues).

En somme, « on ne peut lire, trouver, retrouver les structures qu'à partir de ces effets », mais « les termes et les relations qui les actualisent, les espèces et les parties qui les effectuent, sont des brouillages autant que des expressions[54] ». La comparaison est sans nul doute l'outil privilégié pour isoler, dans l'écheveau des déterminations sociales à l'œuvre, les effets rattachables à la structure durable et stable du champ politique international. En capturant plusieurs configurations de ce champ et/ou en faisant varier les contextes nationaux, on peut en effet dégager des similarités et des invariants transhistoriques et transnationaux qui pourront être rattachés à des effets d'une cause commune. On gagne également à reconnaître que toutes les politiques étrangères (et tous leurs aspects) ne se valent pas. L'emprise du champ international variant selon les situations, certains objets empiriques sont plus riches d'enseignements structurels que d'autres. Il n'en reste pas moins que l'on court le risque de trouver sans trop chercher en ne trouvant que ce que l'on recherche.

Au final, si on ne peut pas penser les structures des champs sans penser ce qu'elles produisent, la sociologie du champ politique international invite également à imaginer des démonstrations qui rompent avec un raisonnement circulaire qui fait découler l'existence d'une structure sociale depuis des effets observés que l'on a présupposés en la construisant[55]. Pour ce faire, on considère que la structure du champ politique international est un modèle construit par le chercheur – et non une entité réelle agissante – qui ne se trouve pas dans les faits mais en faisant preuve d'imagination sociologique : elle ne s'observe pas à partir de ses effets sur les agents et leurs pratiques mais s'invente. Il s'agit, pour reprendre les mots de Bachelard, d'aller « du rationnel au réel et non point, à l'inverse, de la réalité au général[56] ». Dans cette perspective, à partir d'une connaissance préalable du champ international accompagnée d'implications empiriques, l'enquête de terrain permet d'établir la pertinence d'une série de propriétés du champ international et de retenir les « abstractions heureuses », celles qui donnent à voir et à expliquer le mieux les régularités dans l'histoire[57]. La pertinence de la structure sociale que l'on cherche à construire ne s'évalue donc pas à son degré de réalisme, c'est-à-dire à sa capacité à refléter tel un miroir les représentations et les calculs des acteurs ou les logiques institutionnelles, mais à l'aune de sa fécondité, c'est-à-dire des gains d'intelligibilité qu'elle autorise (ce qui borne les limites de l'imagination sociologique)[58]. On fait donc nôtre l'idée selon laquelle « toute science structurale ne doit attendre d'autres preuves de la vérité de ses découvertes que les vérités qu'elles lui font découvrir[59] ». Cette démarche induit de prendre des risques interprétatifs et de consentir à revenir souvent en arrière (« il faut se jeter à l'eau sans attendre de savoir nager, en sachant qu'on a toutes les chances de couler[60] »). C'est ainsi que l'on pense par analogie avec les classes moyennes dans l'espace social national pour donner un sens structural à la notion de « puissance moyenne » souvent utilisée de manière relâchée pour qualifier la France. En parlant de « grande puissance en petit » comme on parle de « bourgeois en petit[61] », on comprend notamment que c'est en faisant la guerre petitement que la France et ceux qui l'incarnent peuvent prétendre gouverner les affaires mondiales et obtenir plus que ce qu'ils devraient avoir au regard de leurs seules ressources objectives.

On le voit, mettre au travail la théorie des champs sur des objets et des terrains internationaux où s'aventurent encore peu de sociologues interdit les usages trop routiniers de cette théorie. Il reste à déterminer ce que l'on peut déduire de nos observations sur le champ politique international pour la sociologie des champs en général. Un tel exercice passe en principe par un examen du domaine de validité du modèle construit, ou plutôt ici en construction, et des conditions de circulation d'hypothèses développées pour des objets dits « internationaux » vers des objets « nationaux » ou « infra-nationaux ». La tâche est en fait plus simple qu'il

54. Gilles Deleuze, « À quoi reconnaît-on le structuralisme ? », *in* François Châtelet, *Histoire de la philosophie, t. VIII. Le XX*e *siècle*, Paris, Hachette, 1973, p. 316.
55. A.Wendt, « The Agent-Structure Problem in International Relations Theory », *International Organization*, 41(3), 1987, p. 357-358.
56. Gaston Bachelard, *Le nouvel esprit scientifique*, Paris, PUF, 1978 [1934], p. 8.
57. François Simiand, « Méthode historique et science sociale », *Annales*, 15(1), 1960 [1903], p. 91 ; Imre Lakatos, *Histoire et méthodologie des sciences. Programmes de recherche et reconstruction rationnelle*, Paris, PUF, 1994 [1978] ; P. Bourdieu, *Sociologie générale*, vol. 1, Paris, Raisons d'agir-Seuil, 2015, p. 508-523.
58. K. N. Waltz, « Evaluating Theories », *American Political Science Review*, 91(4), 1997, p. 913-917.
59. P. Bourdieu, « Postface », *in* Erwin Panofsky, *Architecture gothique et pensée scolastique*, Paris, Minuit, 1967, p. 143.
60. P. Bourdieu, « Séminaires sur le concept de champ, 1972-1975. Introduction de Patrick Champagne », *Actes de la recherche en sciences sociales*, 200, 2013, p. 15.
61. P. Bourdieu, *La distinction*, Paris, Minuit, 1979, p. 383.

n'y paraît, car, malgré les particularités de la structuration du champ politique international, notre travail – en mettant à jour plus nettement des problèmes qui existent par ailleurs – revient surtout à discriminer plusieurs manières de faire déjà présentes dans la sociologie des champs ou à sortir des sentiers battus en suivant des pistes déjà entrouvertes par certaines critiques (celles de Michel Dobry notamment) et certaines théories ayant, sans le savoir, des liens de parenté (la théorie du système international de Kenneth Waltz).

La sociologie des champs mentionne déjà la possibilité de construire la structure des champs en partant des pratiques – qui ne se déduisent pas mécaniquement de la position objective – et l'importance de prendre en compte le degré d'institutionnalisation des champs. La sociologie du champ politique international encourage à s'y atteler davantage en soulignant que la mise à plat synchronique de la répartition des ressources entre les agents empêche de saisir l'élasticité des structures des champs, qui varie évidemment selon les configurations étudiées, soit à la fois la capacité des agents à s'autonomiser par rapport à leurs conditions objectives d'existence et les limites de ces pratiques face à leurs coûts virtuels ou déjà marqués. Il y a là de quoi penser différemment les mécanismes de perpétuation du monde social, en dehors de toute croyance en la légitimité des gouvernants.

Par ailleurs, même si elle se focalise le plus souvent sur le rapport pratique à la pratique, la sociologie des champs envisage que les forces du champ ne produisent pas que des habitus, mais aussi des calculs, des sanctions en cas de pratiques désajustées à l'état du champ ou encore des relations d'homologie entre la structure d'un champ et la structure du champ dans lequel ce champ est lui-même pris. Il apparaît utile de souligner que les effets de champ qui passent par la socialisation peuvent induire de la réflexivité et, ce faisant, de penser plus qu'on le fait habituellement les processus de socialisation sur le temps court. Il semble aussi opportun de laisser plus de place à l'étude des logiques institutionnelles. On peut même avancer qu'une sociologie adéquate des champs peuplés d'institutions, comme ceux des entreprises ou des grandes écoles, appelle par nécessité une sociologie des institutions.

Enfin, la sociologie des champs reconnaît l'existence d'une réalité indépendante du chercheur tout en concevant que les structures sociales et donc les effets de structure ne sont que des constructions du chercheur. Ainsi, lorsqu'on part à la recherche de la structure d'un champ et de ses effets, face à la complexité du monde social et à l'entremêlement des structures et des dynamiques sociales, on a intérêt non seulement à distinguer l'essentiel de l'accessoire pour ne pas perdre de vue son objectif mais aussi à s'affranchir de l'expérience vécue des acteurs. La notion de champ est incontestablement une notion simple mais difficile à mettre en pratique[62]. On espère avoir aidé, à travers ce détour par l'international, à mieux comprendre comment s'opèrent en pratique les effets de champ et ce que leur analyse permet. Sans aucun doute, les chemins à parcourir sont encore longs et tortueux.

62. P. Bourdieu, « Séminaires sur le concept de champ, 1972-1975... », art. cité, p. 12.

LE BÂTIMENT DU MINISTÈRE de la Planification du développement (à droite) et l'immeuble administratif où se situent les locaux du vice-ministère de l'Investissement public et du Financement extérieur (à gauche) sur l'artère principale de La Paz, capitale administrative bolivienne.

Benjamin Groc

Un effet de champ bureaucratique

Note sur l'aide internationale et le « retour de l'État » dans un pays des « Sud » (Bolivie, 1987-2019)

En 2014, la Banque mondiale publiait un communiqué de presse rapportant un propos du président de l'État plurinational de Bolivie Evo Morales – « La Banque mondiale était notre ennemie, c'est aujourd'hui notre amie » –, qui contraste avec les diatribes contre cette organisation que ce dernier multipliait lors des premières années de sa présidence. Cette déclaration exprimait une transformation des rapports de l'État bolivien aux institutions financières internationales lors des trois mandats de Morales entre 2006 et 2019. De tonalité anti-impérialiste, son programme aspirait à la « souveraineté nationale » dans la gestion des ressources naturelles (gaz, eau, etc.) et il dénonçait le « modèle néolibéral » soutenu par ses prédécesseurs et par les institutions financières internationales. Après son élection, les gouvernements soutenus par son parti, le Mouvement vers le socialisme (MAS), ont mis en œuvre des réformes qui, sous le nom de « processus du changement », visaient à transformer l'architecture de l'État et à développer un modèle de développement étatiste et interventionniste[1]. Ce « retour de l'État » met en question la dépendance du pays à l'aide internationale, qui représentait 10 % du PIB en moyenne depuis la fin des années 1980[2] et qui provient de deux types de « bailleurs » : les agences multilatérales de développement, qui interviennent en tant qu'organisations internationales pour financer des projets de développement, et les agences bilatérales de développement, qui opèrent comme des organisations gouvernementales en coordination avec les diplomaties de leur pays d'affiliation. Ces bailleurs n'apportent pas seulement de l'argent, mais aussi une assistance technique aux administrations. Arrivé au pouvoir, Morales a cherché à réduire cette dépendance : l'aide au développement ne représente plus que 3 % du PIB à la fin des années 2010 et la Bolivie, alors en croissance rapide, est reclassée « pays à revenu intermédiaire-bas » par la Banque mondiale.

Si les socio-anthropologues du développement ont saisi l'importance des effets de l'aide sur les configurations institutionnelles des États récipiendaires des « Sud »[3], le retrait d'une partie des bailleurs présents en Bolivie conduit à s'interroger sur les transformations du fonctionnement de l'État, au croisement des administrations nationales et de l'aide internationale. À l'encontre d'une vision homogène des élites politiques et administratives, il s'agit de prêter attention aux dynamiques, parfois contradictoires, qui traversent le champ bureaucratique, entendu comme un espace de luttes pour le pouvoir sur les instruments de gestion et d'administration des biens publics[4]. Les ressources apportées par les bailleurs de l'aide participent à la répartition inégale des capitaux, financiers et symboliques, au sein du champ bureaucratique, structurant ainsi les relations de pouvoir[5]. Malgré une moindre importance de l'aide internationale dans les ressources de l'État bolivien à partir de 2006, cette aide continue d'avoir des effets structurants sur les luttes internes au champ bureaucratique.

Pour analyser cet effet de champ, cette note de recherche se concentre sur un service étatique chargé de la gestion de l'aide et de la coordination avec les bailleurs, et qui par sa position se situe

1. Laurent Lacroix et Claude Le Gouill, « Le retour de l'État », in *id.*, *Le « processus de changement » en Bolivie. La politique du gouvernement d'Evo Morales (2005-2018)*, Paris, Éd. de l'IHEAL, 2019, p. 59-78.

2. Antonio Rodriguez Carmona, *El proyectorado. Bolivia tras 20 años de ayuda externa*, Barcelone, Intermón Oxfam, 2008, p. 133. La Bolivie était alors l'un des pays les plus dépendants de l'aide dans la région, aux côtés d'Haïti, du Nicaragua et du Honduras. Ce recours à l'aide restait toutefois en deçà de celui d'autres pays : en 2005, l'aide représentait par exemple 54,1 % du PIB au Liberia et 38,6 % en Afghanistan.

3. Marion Fresia et Philippe Lavigne-Delville (dir.), *Au cœur des mondes de l'aide internationale. Regards et postures ethnographiques*, Marseille, Karthala-IRD-APAD, 2019 ; P. Lavigne Delville, « Pour une socio-anthropologie de l'action publique dans les pays "sous régime d'aide" », *Anthropologie & développement*, 45, 2017, p. 33-64.

4. Pierre Bourdieu, « Esprits d'État. Genèse et structure du champ bureaucratique », *Actes de la recherche en sciences sociales*, 96-97, 1993, p. 49-62 ; Rémi Lenoir, « Bourdieu et l'État », *Savoir/Agir*, 19, 2012, p. 117-126.

5. Adam Baczko et Gilles Dorronsoro, « Les apories d'une rationalisation ponctuelle. La formation des organes de contrôle dans le champ bureaucratique transnational au Mali », *Gouvernement et action publique*, 13(1), 2024, p. 5-25.

au cœur du système d'institutions nationales et internationales concernées par l'aide internationale : le vice-ministère de l'Investissement public et du Financement extérieur (VIPFE). Il dépend du ministère de la Planification du développement qui supervise la mise en œuvre des programmes d'aide en assurant la coordination avec d'autres ministères sectoriels, dans une volonté de « nationaliser l'élaboration et l'application des politiques de développement[6] ». Si le VIPFE s'était progressivement imposé, durant une période d'afflux massif d'aide internationale de 1987 à 2006, comme l'interlocuteur privilégié des bailleurs de fonds, les rapports de pouvoir au sein du VIPFE ont évolué après l'élection de Morales. Certains effets de l'aide sur le champ bureaucratique bolivien se sont estompés mais d'autres perdurent, comme les circulations professionnelles d'anciens fonctionnaires ministériels vers les bailleurs de l'aide.

Coordonner l'aide pour mieux en bénéficier (1987-2006) : trois effets de champ

Au début des années 1980, la Bolivie, comme d'autres pays de la région, connaît une hyperinflation. En 1985, le président Victor Paz Estenssoro met en place un plan de réformes de libéralisation et prend de radicales mesures de rigueur budgétaire. Les gouvernements suivants, malgré leurs différences politiques, s'inscrivent jusqu'au début des années 2000 dans ce modèle d'inspiration néolibérale (austérité financière, réduction des dépenses publiques, privatisations)[7]. Pour pallier la baisse du financement par l'État des secteurs sociaux (santé, éducation, etc.), de nombreuses ONG internationales engagent des projets et font de l'aide internationale le moteur du développement de la Bolivie[8]. En 1987, le sous-secrétariat de l'Investissement public et de la Coopération internationale (SIPCI) est créé pour suivre l'action des bailleurs et peser sur l'orientation de leurs programmes, qui sont jusqu'alors assez libres. À partir de 1997, il devient le vice-ministère de l'Investissement public et du Financement extérieur (VIPFE). Si le rôle plus directif qu'il entend adopter en matière de coopération internationale suscite des résistances de la part des bailleurs mais aussi d'autres institutions étatiques, il obtient progressivement une position dominante au sein du champ bureaucratique. Les effets de champ générés par l'aide se manifestent alors de plusieurs manières.

D'abord, à la fin des années 1980, les bailleurs fournissent des ressources financières pour les politiques de développement mais aussi pour le personnel des administrations. Les fonctionnaires du ministère des Finances et du VIPFE reçoivent des sursalaires (*sobresueldos*), dans le but de rendre les emplois publics compétitifs avec le secteur privé. L'alignement des rémunérations de certains hauts fonctionnaires sur celles de leurs homologues travaillant pour les bailleurs vise à assurer la continuité de l'administration en limitant les renouvellements fréquents du personnel[9].

Ensuite, au sein du VIPFE, comme dans la plupart des ministères, les effectifs administratifs sont faibles et une grande part du travail d'expertise est financée par les bailleurs qui recrutent des consultants venus de l'étranger pour former le personnel des administrations. Ainsi, au milieu des années 1980, l'Unité d'analyse des politiques économiques (UDAPE) est créée pour produire des études servant les politiques économiques et des recommandations aux ministres. Depuis lors, de nombreux directeurs d'unité, hauts fonctionnaires ou même vice-ministres du VIPFE y passent au cours de leurs carrières. À partir de 1984, l'agence américaine de développement USAID lui attribue des financements, notamment pour inviter des consultants à former les équipes en Bolivie. À partir de 1987, un partenariat est conclu avec l'Institut de Harvard pour le développement international, plusieurs professeurs d'économie se rendant en Bolivie pour des missions « d'assistance technique ». Au total, une génération de fonctionnaires se forment au contact de professeurs d'économie étatsuniens et obtiennent des doctorats dans de prestigieuses universités aux États-Unis. Un rapport de l'USAID de 1993 affirme ainsi que « le doctorat deviendra une condition préalable pour effectuer de bonnes analyses à l'avenir. Les outils nécessaires pour examiner et synthétiser la littérature, mener des recherches politiques de manière indépendante et pouvoir parler d'égal à égal avec les consultants étrangers ne peuvent être obtenus qu'avec un doctorat[10] ».

À cette même période, les diplômes obtenus à l'étranger, notamment aux États-Unis, sont très valorisés. Les hiérarchies qui prévalent au sein de champs internationaux d'expertise sont ainsi importées en Bolivie[11], qui comme d'autres États latino-américains adopte un personnel administratif formé en grande majorité à l'économie[12]. Au VIPFE, ces dispositions à l'international contribuent au prestige de l'institution et à faire de son personnel l'interlocuteur privilégié des bailleurs au sein de l'État. Formé à l'université Harvard, un fonctionnaire qui a travaillé au VIPFE à la fin des années 1990 avant de rejoindre la Banque mondiale insiste sur la compétence du personnel du vice-ministère en termes de titres scolaires internationaux et de compétences linguistiques :

> « Au VIPFE, les vice-ministres et nous parlions l'anglais, le français, l'allemand. Nous nous réunissions avec eux [les représentants des bailleurs de l'aide], en parlant leurs langues. Nous les traitions d'égal à égal. Nous avons été diplômés en Europe, mes vice-ministres et ministres sortaient de Columbia University, venaient des États-Unis, personne ne venait nous mépriser. Je ne me suis jamais laissé commander ou mépriser. »

La similarité des dispositions au cosmopolitisme des fonctionnaires du VIPFE avec celles des agents des bailleurs est présentée comme une

6. L. Lacroix et C. Le Gouill, « Le retour de l'État », art. cité.
7. Andreas Tsolakis, *The Reform of the Bolivian State. Domestic Politics in the Context of Globalization*, Boulder, FirstForumPress, 2011.
8. A. R. Carmona, *El proyectorado…*, *op. cit.*
9. A. Tsolakis, *Globalisation and the reform of the Bolivian state, 1985-2005*, thèse de doctorat, University of Warwick, 2009, p. 210.
10. Ricardo Godoy, « Final Report of Technical Assistance from the Harvard Institute for International Development to the Unidad de Análisis de Políticas Económicas », ministère de la Planification, gouvernement de Bolivie, 1993, p. 11.
11. Pierre Bourdieu, *Impérialismes. Circulation internationale des idées et luttes pour l'universel*, Paris, Raisons d'agir, 2023.
12. Yves Dezalay et Bryant G. Garth, *La mondialisation des guerres de palais. La restructuration du pouvoir d'État en Amérique latine, entre notables du droit et « Chicago boys »*, Paris, Seuil, 2002.

L'enquête

Cette note se fonde sur une enquête réalisée en 2022-2023 à La Paz, la capitale administrative du pays, à partir de soixante-dix entretiens semi-directifs avec les protagonistes des institutions en charge de l'aide au développement en Bolivie : analystes, directeurs d'unité, membres des cabinets politiques, ex-vice-ministres ayant travaillé au VIPFE sur une période allant du début des années 1990 jusqu'en 2023. Des entretiens complémentaires ont été menés avec des agents du ministère de la Planification du développement. D'autres interviews ont été réalisées au sein des « bureaux-pays » des bailleurs, c'est-à-dire de leurs représentations ou antennes locales à La Paz. La taille de ces bureaux-pays varie de moins d'une dizaine de personnes jusqu'à soixante-dix. Le personnel est composé en partie d'agents expatriés qui circulent entre les affectations dans des pays récipiendaires et celles au siège de l'organisation. Toutefois, ces derniers restent minoritaires au sein des bureaux-pays, dont la majorité du personnel, de nationalité bolivienne, est sous contrat local sur des postes de spécialistes sectoriels (eau, énergie, environnement, etc.). Des entretiens ont été menés auprès du personnel des principales agences multilatérales comme la Banque mondiale, la Banque interaméricaine de développement (BID), et de la Banque de développement de l'Amérique latine et de la Caraïbe (CAF), mais aussi bilatéraux comme les agences françaises de développement (AFD), italienne (AICS), belge (Enabel), allemande (GIZ) et japonaise (JICA). Les échanges ont eu lieu au sein des bureaux de ces différentes institutions, dans des cafés de la *Zona Sur* – les beaux quartiers de la capitale – ou au domicile des personnes interrogées (souvent domiciliées dans ces mêmes quartiers). La majorité des entretiens ont été effectués avec des personnes en poste durant les trois mandats de Morales entre 2006 et 2019.

UNE FRESQUE MURALE représentant différents symboles boliviens et andins, comme le drapeau national et la *wiphala*, drapeau des luttes des peuples autochtones, est peinte à l'entrée de l'immeuble dans lequel se trouve le vice-ministère de l'Investissement public et du Financement extérieur (VIPFE).

"CENTRO D
CA
INAC
DE CA
CANCHA: COLISEO
ENTRE CALL
HORARIO DE PART
CENTRO DE
COMUNICACIONES LA PA

Un professionnel de l'aide au développement

Né en 1949, Ronald MacLean-Abaroa étudie au lycée allemand de La Paz, puis obtient un *bachelor* en économie du développement en 1972 à l'université du Maryland aux États-Unis. En 1977, durant la dictature militaire, il devient l'un des fondateurs du Comité d'union nationale (CUN), une organisation politique regroupant des personnalités du monde des affaires et de l'État, qui soutient le général Juan Pereda Asbún pour prendre la succession du général Hugo Banzer Suárez. En 1978, Pereda Asbún devient président *de facto* et le nomme ministre de la Planification et de la Coordination à l'âge de 29 ans. En 1981, MacLean-Abaroa part suivre un programme de master en administration publique à l'université Harvard, puis revient en Bolivie pour devenir vice-président de la compagnie minière Inti Raymi jusqu'en 1985. Après le retour de la démocratie en Bolivie, il est élu maire de La Paz sous la bannière de l'Action nationaliste démocratique, puis devient ministre des Relations extérieures de 1992 à 1993. De 1997 à 1999, MacLean-Abaroa retourne aux États-Unis, où il travaille comme chercheur à l'Institut de Harvard pour le développement international (HIID) et réalise des missions de conseil pour différentes institutions financières internationales. En 2000, sous la présidence du général Banzer, l'ancien dictateur revenu à la présidence par les urnes, il est nommé ministre de l'Information puis ministre des Finances. À la suite d'une candidature infructueuse à l'élection présidentielle de 2002, il rejoint la Banque mondiale et se spécialise dans la lutte contre la corruption et la promotion de la transparence jusqu'à sa retraite en 2011. Parallèlement, il travaille comme consultant pour de nombreuses institutions financières internationales et différents gouvernements.

L'initiateur du ministère de la Planification du développement

Carlos Villegas est né en 1948 dans la ville frontalière de Villazón, à l'extrême sud de la Bolivie. À la fin des années 1960, il s'inscrit en licence d'économie à l'université Mayor de San Andrés (UMSA), principale université publique de La Paz. Il poursuit ensuite ses études par une maîtrise, puis un doctorat en sciences du développement obtenu à l'université nationale autonome du Mexique (UNAM). Il se spécialise en planification agricole avant de revenir en Bolivie. Il enseigne l'économie à l'UMSA, où il devient directeur du Centre de recherche sur le développement (CIDES). En 1985, il fonde le Centre d'études pour le développement professionnel et agraire (CEDLA), un centre de recherche indépendant qui produit des analyses critiques des politiques menées par les gouvernements en place. Il se rapproche du Mouvement vers le socialisme (MAS) et participe à l'élaboration du volet économique du programme pour la candidature d'Evo Morales à l'élection présidentielle de 2005. En 2006, il est nommé à la tête du ministère, nouvellement créé, de la Planification du développement, dont il est l'initiateur. De nombreux économistes et fonctionnaires, proches du CIDES ou du CEDLA, rejoindront alors ce ministère. Il y supervise la rédaction du plan national de développement, qui servira de feuille de route pour les réformes du premier mandat d'Evo Morales. En septembre 2006, il est nommé au ministère des Hydrocarbures, avant de revenir au ministère de la Planification du développement de 2008 à 2009. Il est finalement nommé président de l'entreprise publique Yacimientos Petrolíferos Fiscales Bolivianos (YPFB), qui exploite les hydrocarbures, une fonction qu'il occupe jusqu'à son décès en 2015.

manière d'horizontaliser les relations de pouvoir qui sont au cœur de la négociation de l'aide.

Enfin, un dernier effet de champ réside dans les pratiques de socialisation et la forte interconnaissance qui caractérisent alors les « hautes sphères » de l'aide au développement en Bolivie. Les représentants des bailleurs ont des interactions presque quotidiennes avec les ministres et hauts fonctionnaires, en particulier des Finances. À la fin des années 1990, cette sociabilité commune s'organise autour de fréquentes réceptions, de dîners et de pique-niques dominicaux[13]. La proximité sociale et professionnelle permet à des hauts fonctionnaires ou ministres d'être cooptés par les bailleurs et donc d'élargir leurs perspectives professionnelles en dehors de l'État, tout en réaffirmant leur légitimité en son sein, auréolés du prestige des bailleurs. Tout au long de cette période, des « courtiers de l'international[14] » quittent l'administration nationale pour travailler auprès des bailleurs, conservant un revenu et une inscription dans le monde professionnel du développement. Ils reviennent parfois au sein de l'État lorsque la conjoncture politique leur est favorable, ne quittant ainsi jamais vraiment le monde de l'aide[15] [**voir encadré « Un professionnel de l'aide au développement », ci-contre**].

Transformations de l'aide et recompositions du personnel des ministères

L'arrivée au pouvoir du MAS en 2006 transforme les modalités de l'aide reçue par la Bolivie mais aussi le nombre d'agences de développement composant sa « communauté de bailleurs ». Le changement d'orientation politique du gouvernement bolivien a des effets directs sur le degré de proximité avec les différents bailleurs. Même s'il ne s'agit pas d'une agence de développement, les fonctionnaires du VIPFE évoquent souvent le déplacement des bureaux de représentation du Fonds monétaire international, précédemment situés dans le bâtiment de la Banque centrale, décidé après l'arrivée au pouvoir de Morales. De plus, la requalification de la Bolivie comme pays à revenu intermédiaire en 2010 entraîne un changement dans le type d'aide apportée et plusieurs agences bilatérales européennes (par exemple des Pays-Bas, du Danemark, de la Belgique et plus récemment de la Suisse), souvent implantées dans le pays depuis plusieurs dizaines d'années, ferment leurs bureaux à La Paz.

Ces agences travaillaient principalement en octroyant des dons à des ONG pour des projets sociaux. Durant les trois mandats de Morales, la part des dons diminue en comparaison de l'aide octroyée sous forme de crédit. Les projets sociaux, souvent conduits par des ONG internationales, et l'assistance technique destinée aux administrations se raréfient au profit de projets d'infrastructure plus coûteux (routes, production d'énergies renouvelables, etc.), soutenus principalement par les grands bailleurs multilatéraux. Les projets autour des enjeux climatiques et environnementaux se multiplient. Les programmes de développement ne sont plus financés uniquement par les bailleurs et ils s'adossent la plupart du temps à un investissement de l'État. Les dotations financières des ministères et leurs effectifs de fonctionnaires augmentent considérablement.

L'investiture du premier gouvernement de Morales entraîne le départ d'une partie du personnel ministériel. Les agents travaillant au sein des bureaux-pays des bailleurs perdent alors leurs contacts et leurs carnets d'adresses au sein de l'État. La forte polarisation politique des emplois administratifs touche aussi le marché bolivien professionnel de l'aide, dans lequel les « sortants » des administrations étatiques essaient de se reconvertir. Le recrutement d'anciens fonctionnaires ou de dirigeants politiques pour des missions de conseil par les bailleurs après 2006 suscite parfois des tensions avec le nouveau gouvernement. Lors d'un entretien, un ancien ministre des Finances rapporte qu'une agence de développement européenne lui avait proposé de réaliser une mission auprès du ministère des Finances, mais le ministre en place a refusé qu'un de ses prédécesseurs vienne le conseiller. Il faut quelques années pour que les bailleurs s'adaptent complètement à cette recomposition du personnel et des modalités de l'aide. Une décennie plus tard, les relations du personnel des bureaux-pays avec ses interlocuteurs de l'État restent dépourvues de la proximité et de la familiarité observées à la fin des années 1990. Les nouveaux hauts fonctionnaires ou vice-ministres ne semblent ainsi plus assister de manière aussi assidue aux évènements mondains organisés par les bailleurs.

L'intensité des recompositions du personnel ministériel varie en fait d'un ministère à l'autre. Si elles sont importantes dans les ministères « sectoriels » (agriculture, environnement, éducation, etc.), une partie du personnel du VIPFE reste en fonction dans les premières années, du fait de la difficulté de recruter un personnel possédant des compétences en gestion des finances publiques. Les hauts fonctionnaires sont peu à peu renouvelés. Leurs profils ne sont pas les mêmes que dans les autres ministères. S'il s'autodésigne comme un « gouvernement des mouvements sociaux », le premier gouvernement de Morales compte aussi des « invités », c'est-à-dire « des sympathisants de gauche issus des milieux urbains et des classes moyennes, ainsi que d'anciens “compagnons de route” des organisations sociales » (avocats, économistes, universitaires, etc.)[16]. Dans les ministères chargés des finances de l'État et de l'aide internationale, ce ne sont pas des leaders de mouvements sociaux mais des économistes qui s'imposent, dont certains étaient déjà en poste au cours des mandatures précédentes (fonctionnaires du ministère des Finances, du VIPFE, de l'UDAPE ou de la Banque Centrale, etc.). Les recompositions du personnel administratif leur offrent des possibilités d'ascension rapide dans la hiérarchie interne de ces institutions. Bien souvent, ils ont aussi un ancrage dans le monde universitaire : beaucoup d'entre eux sont professeurs associés au Centre de recherche et d'études sur le développement (CIDES)

13. Rosalind Eyben, « The Sociality of International Aid and Policy Convergence », *in* David Mosse (dir.), *Adventures in Aidland. The Anthropology of Professionals in International Development*, New York, Berghahn Books, 2011, p. 139-160.

14. Y. Dezalay, « Les courtiers de l'international », *Actes de la recherche en sciences sociales*, 151-152, 2004, p. 4-35.

15. R. Eyben, « The Sociality of International Aid and Policy Convergence », art. cité.

16. Hervé Do Alto, « Un parti paysan dans la ville en Bolivie : le Mouvement vers le socialisme (MAS) à La Paz (2005-2010) », *Revue d'études en agriculture et environnement*, 92(4), 2011, p. 389-416. L. Lacroix et C. Le Gouill, « Le retour de l'État », art. cité.

de l'université Mayor de San Andrés, principale université publique de La Paz et proche du Centre d'études pour le développement professionnel et agraire (CEDLA) **[voir encadré « L'initiateur du ministère de la Planification du développement », p. 108]**. La formation du premier gouvernement de Morales donne donc lieu à une guerre de palais au sein du VIPFE : une fraction jusqu'alors dominée, plus proche du pôle intellectuel, s'impose. Ces économistes hétérodoxes qui paraissaient jusqu'alors « anachroniques » face aux tenants du néolibéralisme, associé à la « modernité » depuis les années 1980, obtiennent les positions dominantes au sein du VIPFE.

L'« international » reste toutefois davantage un mode de légitimation au VIPFE que dans les autres administrations ministérielles. Il ne se produit pas à cette période une dévaluation des titres scolaires obtenus à l'étranger. Les nouveaux « entrants » au sein du VIPFE ne sont pas dépourvus des « dispositions à l'international », qui sont jugées suffisantes pour travailler en dialogue avec les bailleurs de l'aide. Une importante part des fonctionnaires du VIPFE continue d'effectuer une partie de son cursus à l'étranger, moins aux États-Unis qu'en Amérique latine (principalement au Mexique ou au Chili) ou en Europe (Espagne, France, Royaume-Uni, etc.), souvent après avoir obtenu un premier diplôme en économie dans une université nationale. La recomposition du personnel du VIPFE montre que le « rendement du capital international » est toujours dépendant du contexte national[17].

Les professionnels nationaux de l'aide internationale : un effet de champ

Malgré sa diminution, l'aide exerce toujours certains de ses effets sur le champ bureaucratique. Les circulations d'anciens fonctionnaires du VIPFE vers les bailleurs internationaux persistent mais elles se font moins fréquentes et, conformément à la nouvelle configuration politique, elles s'orientent davantage vers les organisations les plus proches du gouvernement. Ces circulations professionnelles sont désormais encadrées. En 2007, un décret établit un délai de deux ans avant de rendre possible le recrutement d'anciens fonctionnaires ou ministres par les bailleurs. L'objectif est de rompre avec des pratiques d'utilisation des postes nationaux comme « tremplin », et de réaffirmer en filigrane l'idéal du bureaucrate désintéressé au service de l'« intérêt général de l'État ». Ce décret est très souvent cité par les professionnels de l'aide internationale lors des entretiens. Un ancien fonctionnaire du VIPFE qui travaille dans l'antenne d'une institution internationale à La Paz souligne que s'il n'a pas été appliqué très rigoureusement, il a rendu plus précautionneux les recruteurs :

> « Au VIPFE, on connaît beaucoup de gens de la coopération [les bailleurs sont souvent appelés "la coopération"] et en général ils te disent : "Veux-tu faire une consultance ?" Ce sont des missions de courte durée et certaines sont effectivement publiées. [...] Eh bien, il y a aussi quelque chose de très particulier ici, car je pense que c'est une atteinte au travail des personnes. Le décret suprême 29.308 dispose que les ministres et les vice-ministres ne peuvent pas travailler dans la coopération pendant deux ans après avoir quitté leur fonction ; une personne qui a eu un lien avec la gestion et l'exécution des ressources de donation, avec les agences des organismes ne peut pas non plus travailler. C'est un empêchement permanent pour la coopération. Beaucoup de gens veulent y travailler, mais la coopération est suspicieuse : il peut leur paraître peu utile de recruter des gens qui ont travaillé dans le secteur public par peur de fâcher le gouvernement[18] ! »

La baisse de la part de l'aide dans le financement des programmes de développement et des administrations ne remet cependant pas en cause la position dominante du VIPFE au sein du champ bureaucratique – ni les circulations professionnelles de ses agents. Ce positionnement d'« interlocuteur privilégié » des bailleurs leur permet d'être recrutés pour des missions de conseil de quelques mois ou, de façon plus durable, comme fonctionnaires des agences multilatérales ou bilatérales de développement. Au-delà des ministres et vice-ministres, ces mouvements concernent aussi le personnel administratif. Avec la réduction de l'aide dans le pays et le départ de plusieurs agences bilatérales, les postes à pourvoir sont moins nombreux. Recruter d'anciens fonctionnaires ministériels facilite l'adaptation des programmes d'aide des bailleurs au contexte national et l'alignement des objectifs fixés par le siège sur ceux des stratégies de développement produites par l'État[19]. Ce travail suppose une très fine connaissance du contexte politique et social, du fonctionnement juridique mais aussi informel du champ bureaucratique et de ses rapports de force internes, dont le personnel « expatrié » qui alterne les postes de quelques années entre le siège et les bureaux-pays est souvent dépourvu.

Ce courtage entre les institutions étatiques et les bailleurs de l'aide permet aux anciens fonctionnaires d'opérer comme des intermédiaires[20] entre des institutions, dont ils maîtrisent le langage et les attentes respectives. Ils mobilisent également le capital social acquis en travaillant au sein des administrations d'État. Par exemple, lorsqu'un ancien fonctionnaire du VIPFE recruté dans le bureau-pays d'une agence de développement européenne dialogue avec les « contreparties étatiques », il s'adresse à d'anciens collègues. Enfin, certains anciens agents de l'État héritent de leurs anciennes fonctions un capital symbolique qui continue de produire des effets lorsqu'ils sont recrutés par des bailleurs. Par exemple, un ancien ministre de la mandature de Morales, devenu représentant d'une agence multilatérale régionale dans un autre pays latino-américain, n'est pas simplement reçu, lorsqu'il accompagne le président de cette agence de développement lors d'une visite en Bolivie, comme agent d'un bailleur régional ; il reste entouré du prestige de sa fonction passée de ministre, *a fortiori* dans un contexte où le même parti est au pouvoir.

On peut donc distinguer deux filières de circulation vers les bailleurs. Ceux qui ont occupé les positions les

17. Anne-Catherine Wagner, « III-Le capital international, instrument de domination culturelle et sociale », *in La mondialisation des classes sociales*, Paris, La Découverte, 2020, p. 43-69 ; P. Bourdieu, *Impérialismes*, *op. cit.*, p. 99.

18. Entretien avec un ancien fonctionnaire du VIFPE.

19. Les principes d'appropriation et d'alignement sont ceux de la déclaration de Paris de 2005 sur l'efficacité de l'aide, censée encadrer les relations entre les bailleurs de l'aide et les États récipiendaires.

20. Olivier Nay et Andy Smith, *Le gouvernement du compromis. Courtiers et généralistes dans l'action politique*, Paris, Economica, 2002.

plus importantes au sein de l'État (anciens ministres et vice-ministres, fonctionnaires les plus dotés en « capital international ») peuvent être recrutés directement au sein du personnel des bailleurs et obtenir un poste au siège de l'institution ou dans d'autres pays récipiendaires. Ces mobilités fréquentes demandent un plus grand dévouement à l'organisation internationale[21]. Pour d'autres agents, les dispositions à l'international servent une trajectoire professionnelle nationale. Les agents nationaux des bureaux-pays des bailleurs ont souvent étudié dans les prestigieux lycées étrangers de la capitale et suivi des études à l'étranger. Ces professionnels nationaux de l'aide internationale, qui restent travailler en Bolivie, sont moins des « agents doubles » circulant entre différents champs nationaux[22] que, là encore, des intermédiaires de l'action publique transnationale. Les raisons personnelles ou familiales jouent parfois dans leur décision de travailler uniquement en Bolivie. Les luttes pour l'obtention des postes nationaux auprès des bailleurs s'inscrivent donc dans des stratégies d'internationalisation internes au champ bureaucratique.

Ensuite, la circulation vers des bailleurs de l'aide ne recoupe pas exactement les mêmes enjeux que les pratiques de pantouflage ou les « *revolving doors* » à destination des entreprises privées. Une personne qui, ayant occupé de hautes fonctions au ministère de la Planification durant le troisième mandat de Morales, travaille à présent dans une agence multilatérale de développement le souligne lorsqu'elle répond à une question sur ces circulations (qui concerne donc aussi sa propre trajectoire) :

> « Ce n'est pas totalement pervers [le fait que des agents de l'État travaillent ensuite pour les bailleurs], je veux dire, non, ce serait hypocrite de le dire... Moi en particulier, qu'est-ce que je pourrais faire dans le secteur privé ? Et là, il y a des intérêts beaucoup plus controversés, n'est-ce pas ? Avec quelle entreprise pourrais-je aller travailler ? Une multinationale ? Non, jamais ! Disons que je ne pourrais pas le faire, donc mon seul domaine professionnel, c'est de travailler avec des organismes internationaux[23]. »

En présentant la possibilité d'une reconversion vers une entreprise multinationale ou le secteur privé comme un repoussoir, elle légitime la circulation vers les bailleurs comme contrevenant moins à la déontologie de l'administration publique. Elle suggère ainsi un *continuum* entre bailleurs et administrations d'État autour de l'idée d'une forme de « service public transnational ». Ce discours, qui lui permet de justifier sa trajectoire professionnelle, véhicule une vision très répandue parmi les anciens fonctionnaires travaillant pour les bailleurs : les emplois proposés par ces derniers sont considérés comme faisant partie d'un marché professionnel parallèle à celui de l'État. La proximité des agents du VIPFE avec leurs interlocuteurs travaillant pour les agences de développement multilatérales et bilatérales de développement sert donc des intérêts professionnels avérés, au sens où la possibilité d'accéder à ce marché a, par anticipation, des effets non seulement sur les luttes internes pour rejoindre le VIPFE, mais aussi sur les interactions de travail quotidiennes avec les bailleurs. Une ancienne fonctionnaire du VIPFE déclare ainsi :

> « Beaucoup quittent les ministères et vont vers la coopération. Et beaucoup me disaient avant, par exemple : "Tu dois bien te comporter avec la coopération, car ton prochain poste sera dans la coopération." Je ne peux pas, désolée, je ne peux pas bien me comporter ou faire des concessions, disons, pour qu'ils m'apprécient ensuite et me disent : "Oh, elle est si gentille, elle nous a tellement aidés, qu'elle vienne travailler pour nous." Et parfois, ils disaient : "Nous travaillons parfois comme si nous étions une vitrine." C'est-à-dire, tu te mets bien beau, tu te coiffes bien, tout ça parce que quelqu'un de la coopération pourrait te reconnaître et te donner du travail[24]. »

Les pays récipiendaires de l'aide internationale sont marqués par des formes de transnationalisation du champ bureaucratique, où les luttes internes à ce champ sont structurées par la présence de bailleurs. Même dans un contexte de diminution de la part du financement extérieur dans les ressources des programmes de développement et des administrations d'État, l'aide internationale continue d'avoir des effets sur les logiques du champ bureaucratique. D'une part la position d'interlocuteur privilégié des bailleurs reste une position convoitée ; d'autre part, la présence des bailleurs influe sur les trajectoires professionnelles. Être chargé de l'aide internationale continue d'ouvrir des perspectives professionnelles à l'extérieur de l'État. La baisse du nombre de bailleurs ne fait pas disparaître une forme de marché des affaires publiques financé par l'aide au développement. Mais au-delà des « courtiers de l'international » qui circulent entre les bailleurs et les agences de l'aide, c'est le maintien d'une classe de professionnels nationaux de l'aide internationale, spécialisés dans le travail de médiation entre les bailleurs et l'État, qui apparaît comme un effet de champ bureaucratique.

21. Giulia Scalettaris, *Le HCR et la crise afghane. Une bureaucratie internationale à l'épreuve*, Paris, Karthala, 2023. **22.** Y. Dezalay et B. G. Garth, *La mondialisation des guerres de palais*, *op. cit.* **23.** Entretien avec une personne ayant eu un poste hiérarchiquement élevé au ministère de la Planification du développement. **24.** Entretien avec une ancienne fonctionnaire du VIPFE.

LE NOM DE CET HÔTEL TROIS ÉTOILES, situé dans le 6e arrondissement de Paris à proximité du Panthéon et de l'université Paris 1 (la « rive gauche »), illustre comment cette catégorie académique qui a émergé dans la seconde moitié des années 1970 sur les campus étatsuniens est devenue une « marque ». Le succès de l'expression regroupant des intellectuels français très hétérogènes (Deleuze, Derrida, Foucault, etc.) est une excellente étude de cas pour saisir les processus de circulation et d'appropriation des auteurs, de leurs productions entre les espaces d'origine et d'accueil.

Julian Go

Perspectives sur les champs extra-nationaux

Les articles de ce numéro sur le *champ international* offrent aux sociologues une nouvelle perspective théorique pour comprendre les relations sociales « extra-nationales », selon le terme employé par Florent Pouponneau et Karim Fertikh dans leur introduction[1]. En prenant appui sur l'appareil théorique de Pierre Bourdieu, ils invitent à analyser les relations internationales, transnationales et mondiales en tant que *champs sociaux*. Cela les conduit à appréhender les agents (y compris les individus ou les États) et leurs pratiques (de la production de produits culturels, comme des films, aux pratiques politiques en passant par les politiques étatiques) en termes relationnels. Penser les espaces extra-nationaux avec le prisme de la sociologie des champs implique d'identifier des effets de champ au-delà de propriétés intrinsèques ou essentialisantes. Ces articles situent les pratiques infranationales ou nationales dans des contextes internationaux ou mondiaux plus larges. Ce faisant, ils participent et contribuent à ce que l'on pourrait appeler les « études globales bourdieusiennes » [*Bourdieusian global studies*].

Le tournant « global » des études de l'international a eu lieu au cours des deux dernières décennies dans la sociologie anglo-saxonne, la science politique et les relations internationales (RI) dans lesquels mon travail se positionne. Il y a pris deux formes différentes. La première a été impulsée en grande partie par des chercheurs en RI qui ont mobilisé les concepts bourdieusiens de pratique et d'habitus pour réinvestir les concepts clés des RI et questionner les fondements de l'ordre mondial à un niveau micro[2]. Cette orientation reflète plus largement le « *practice turn* » en RI[3]. La seconde piste s'est inscrite quant à elle dans ce que Monika Krause[4] appelle l'« analyse post-nationale des champs » [« *post-national analysis of fields* »]. Cette approche a été principalement endossée par des sociologues (issus pour la plupart d'universités nord-américaines) et des sociologues et politistes français dont les travaux, publiés en anglais, se sont destinés précisément à une audience nord-américaine[5]. Alors que la première orientation se concentrait principalement sur les concepts de pratique et d'habitus, la seconde – à partir d'une sociologie de la mondialisation et des phénomènes « mondiaux » ou « transnationaux » – s'est intéressée aux variables (de rapports de domination hégémonique aux guerres nationales de palais entre pratiques et savoirs d'État) permettant de comprendre les conditions sociales de production, de circulation et d'importation d'effets de champs internationaux,

1. Voir dans ce numéro : Florent Pouponneau et Karim Fertikh, « Pour une entrée pleine et entière des relations extra-nationales dans les sciences sociales ».
2. Rebecca Adler-Nissen (dir.), *Bourdieu in International Relations. Rethinking key concepts in IR*, Londres, Routledge, 2012.
3. Deepak Nair, « Using Bourdieu's Habitus in International Relations », *International Studies Quarterly*, 68(2), 2024, en ligne : https://doi.org/10.1093/isq/sqae007 (consulté en juillet 2024).
4. Monika Krause, « The post-national analysis of fields », *in* Christian Schmidt-Wellenburg et Stefan Bernhard (dir.), *Charting Transnational Fields. Methodology for a Political Sociology of Knowledge*, Londres, Routledge, 2020, p. 98-112.
5. Voir Frédéric Lebaron, « Central Bankers in the Contemporary Global Field of Power : A "Social Space" Approach », *The Sociological Review*, 56(1), 2008, p. 121-144 ; Vincent Pouliot, *International Pecking Orders. The Politics and Practice of Multilateral Diplomacy*, Cambridge, Cambridge University Press, 2016 ; Antoine Vauchez, « Interstitial Power in Fields of Limited Statehood : Introducing a "Weak Field" Approach to the Study of Transnational Settings », *International Political Sociology*, 5(3), 2011, p. 340-345 ; Yves Dezalay et Bryant G. Garth, *La mondialisation des guerres de palais. La restructuration du pouvoir d'État en Amérique latine, entre notables du droit et "Chicago Boys"*, Paris, Seuil, 2002 ; Pascale Casanova, *La République mondiale des lettres*, Paris, Seuil, 1999 ; Johan Heilbron, Gustavo Sorá et Thibaud Boncourt (dir.), *The Social and Human Sciences in Global Power Relations*, Cham, Palgrave, 2018. Voir également la revue *International Political Sociology*, créée par Didier Bigo.
6. M. Krause, « The post-national analysis of fields », chap. cité.

transnationaux ou mondiaux. En portant la focale sur des champs extra-nationaux, les articles de ce numéro d'*Actes de la recherche en sciences sociale* s'insèrent dans ce courant de recherche et contribuent à en développer la portée dans un dialogue bienvenu de part et d'autre de l'Atlantique.

En tant que sociologue ayant participé à l'émergence de telles perspectives aux États-Unis, je voudrais tout d'abord saisir cette opportunité pour proposer un retour réflexif et une synthèse. Je commencerai par esquisser brièvement les dynamiques d'importation du concept de champ par les sociologues nord-américains dans l'étude des relations extra-nationales. À l'aune d'un retour sur ma propre trajectoire, je réfléchirai à mon entrée dans ce que Krause appelle l'analyse « post-nationale[6] » des champs. Je soulignerai ensuite les apports des articles de ce numéro à la théorie des champs et la façon dont ils en élargissent la portée. Je conclurai en répondant à l'une des principales questions soulevées dans l'introduction du numéro par Florent Pouponneau et Karim Fertikh : « les relations internationales, comme discipline, conçoivent les échanges d'idées à sens quasi unique, autorisant l'entrée de nouvelles idées mais ne rendant que rarement la pareille aux autres disciplines des sciences sociales » ; quels apports les sociologues du « national » peuvent-ils alors tirer des études de champs transnationaux, internationaux ou mondiaux ? Quelles innovations théoriques, nouvelles pistes empiriques ou réorientations les études de champs transnationaux proposent-elles à la théorie sociologique et à la sociologie des champs (que ceux-ci soient extra-nationaux, infra-nationaux ou nationaux) ?

Genèse d'un (sous-)champ

Comment et pourquoi les recherches sur les champs transnationaux inspirées par les outils de Pierre Bourdieu ont-elles émergé dans la sociologie nord-américaine ? Bien qu'il n'existe pas encore d'analyse théorique systématique de cette question, je suggérerais que la mobilisation de la théorie des champs par la sociologie nord-américaine des phénomènes mondiaux s'est produite à la faveur de deux transformations au sein des sciences sociales étatsuniennes à la fin des années 1990 et au tournant des années 2000. La première tient à la croissance d'un intérêt pour la mondialisation et à la critique du « nationalisme méthodologique » qui lui était associée, dans le monde universitaire américain à l'époque[7]. Face à la diffusion mondiale du néolibéralisme, à la croissance des flux transnationaux et des échanges de capitaux, aux migrations internationales et à la mondialisation culturelle, de nombreux chercheurs en sciences sociales ont entrepris de penser au-delà du cadre national et se sont intéressés à des processus et des relations transnationales. La seconde variable ayant favorisé ce tournant vers la sociologie des champs tenait au manque relatif de théories sociologiques pour étudier les processus transnationaux et mondiaux. La sociologie et la science politique américaines étaient très fortement marquées par le nationalisme méthodologique et leur focalisation sur l'État. Les rares recherches sur les processus mondiaux ou transnationaux s'appuyaient sur deux types de théories : la théorie du système-monde développée par Immanuel Wallerstein[8] et l'approche de la « société mondiale » associée à John Meyer et à l'école de Stanford[9]. Chacune d'entre elles a constitué la base de deux sections distinctes de l'Association américaine de sociologie (*American Sociological Association*), qui ont formé deux sous-domaines différents de la sociologie américaine : l'économie politique du système-monde et la section de sociologie des phénomènes mondiaux et transnationaux.

Ma propre trajectoire intellectuelle s'est inscrite dans ce contexte. En tant que jeune chercheur en sociologie historique curieux de théorie, je m'intéressais à la mondialisation tout en conservant un intérêt pour les processus transnationaux et mondiaux associés à l'empire, à l'impérialisme et au colonialisme[10]. Cherchant des théories et des concepts sociologiques qui puissent dépasser le nationalisme méthodologique, je trouvais les théories existantes insatisfaisantes. La théorie du « système-monde » semblait trop économiciste et n'offrait pas non plus de catégories adéquates pour comprendre les formes culturelles à l'échelle transnationale ou mondiale. L'approche de la « société mondiale » était également trop étroite. Si elle aidait à réfléchir à des processus qui n'étaient pas seulement économiques, elle occultait les questions de pouvoir et de domination. Mon intérêt pour les relations internationales est né de cette insatisfaction. Je me suis orienté vers les RI dans l'espoir que cette discipline pourrait fournir les outils nécessaires pour appréhender les formes et les relations extra-nationales.

7. Andreas Wimmer et Nina Glick Schiller, « Methodological nationalism and beyond : Nation-state building, migration and the social sciences », *Global Networks*, 2(4), 2002, p. 301-334.

8. Immanuel Wallerstein, *World-Systems Analysis. An Introduction*, Durham, Duke University Press, 2004.

9. Georg Krücken et Gili S. Drori (dir.), *World Society. The Writings of John W. Meyer*, Oxford, Oxford University Press, 2009.

10. Lorsque j'étais étudiant en sociologie à l'université de Chicago dans les années 1990, les chercheurs qui m'entouraient alimentaient ces intérêts : Saskia Sassen dans la faculté de sociologie, et les théoriciens postcoloniaux Dipesh Chakrabarty et Homi Bhabha dans le département d'histoire et d'anglais. Mais ces chercheurs ne proposaient pas de perspectives théoriques pour comprendre les processus mondiaux et transnationaux. Sassen proposait de riches études empiriques, mais pas d'approche théorique. La théorie postcoloniale était, pour l'essentiel, davantage une théorie humaniste qu'une théorie des sciences sociales et n'était donc pas d'une utilité immédiate en sociologie (j'ai essayé de remédier à cela dans mon livre : Julian Go, *Postcolonial Thought and Social Theory*, New York, Oxford University Press, 2016).

J'ai été malheureusement déçu. La théorie des RI aux États-Unis était dominée tantôt par le réalisme ou l'une de ses variantes, tantôt par le constructivisme ou l'une de ses variantes. Ni l'un ni l'autre de ces courants ne me paraissait satisfaisant.

C'est dans ce contexte que je me suis tourné vers la théorie des champs. Elle offrait une manière relationnelle et non réductionniste de dépasser le nationalisme méthodologique. Si Bourdieu avait à peine évoqué les champs non nationaux, son appareil théorique donnait la possibilité d'envisager l'existence de champs à différentes échelles : de l'infra-national au mondial[11]. La théorie des champs fournissait également des pistes pour enquêter sur les relations transnationales ou mondiales. Elle me conduisait à poser les questions suivantes : À quel(s) niveau(x) se déroulent les luttes ? Qui sont les agents ? Quelles sont les règles du jeu ? Quels types de capitaux sont en jeu ? En outre, elle me donnait les moyens de prendre en compte le pouvoir symbolique et la domination que la théorie du système-monde et celle de la « société mondiale » mettaient entre parenthèses. La théorie des champs permettait ainsi de dépasser l'impasse des théories existantes.

Alors que j'esquissais une approche des empires fondée sur la théorie des champs[12], j'ai rencontré d'autres sociologues qui utilisaient également le cadre théorique de Bourdieu dans le cadre d'enquêtes sur des espaces et phénomènes extra-nationaux. La thèse de Monika Krause à l'université de New York sous la direction de Craig Calhoun fut à cet égard une source d'inspiration[13]. Dans ses travaux, l'un de mes anciens directeurs de thèse, George Steinmetz, invitait à penser l'État colonial comme un champ[14]. En suivant cette piste, j'ai rencontré d'autres sociologues et politistes également ouverts à la mobilisation de la théorie des champs, notamment Frédéric Mérand[15] au Canada et Martin Petzke[16] en Allemagne. En continuant à m'intéresser aux perspectives que la théorie des champs ouvrait pour l'étude des relations extra-nationales, j'ai bénéficié d'échanges avec d'autres chercheurs en RI intéressés par la sociologie des champs, tels que Daniel Nexon et Iver Neumann[17] ainsi que Vincent Pouliot[18].

L'émergence de travaux sur des champs transnationaux au sein des sciences sociales nord-américaines est donc née d'une fertilisation croisée, en particulier de l'importation des travaux de Bourdieu depuis le sous-champ de la théorie sociale américaine et européenne dans lequel son travail bénéficiait d'une forte reconnaissance, vers d'autres sous-champs, comme la sociologie des phénomènes mondiaux et transnationaux et les RI en science politique, où son œuvre était jusqu'alors peu ou pas connue. Les travaux sur les champs internationaux se sont depuis fortement développés. Les outils de la sociologie structurale sont déployés pour étudier des sujets aussi divers que l'impérialisme[19], les échanges commerciaux[20], l'humanitarisme[21], le journalisme[22], les missions évangéliques en Inde[23], l'expertise au Moyen-Orient[24] et le champ global de l'art contemporain.[25] D'autres recherches plus récentes aux États-Unis et en Europe portent sur la production de savoirs d'État, les champs impériaux ou la mondialisation du champ des sciences sociales[26]. À l'heure actuelle, les travaux qui utilisent la théorie des champs extra-nationaux sont probablement trop nombreux pour être cités ici[27]. La montée en puissance des analyses des champs transnationaux est également attestée par des prix scientifiques. La section de sociologie des phénomènes mondiaux et transnationaux de l'American Sociological Association, d'autres sections de l'American Sociological Association ainsi que l'International Studies Association ont récompensé des chercheurs mobilisant la théorie des champs pour étudier les relations internationales, transnationales et mondiales.

Les articles de ce numéro peuvent être considérés comme d'amicaux cousins français de ces développements anglophones dans les études sur les champs

11. Gisèle Sapiro, « Le champ est-il national ? La théorie de la différenciation sociale au prisme de l'histoire globale », *Actes de la recherche en sciences sociales*, 200, 2013, p. 70-85.

12. J. Go, « Global Fields and Imperial Forms : Field Theory and the British and American Empires », *Sociological Theory*, 26(3), 2008, p. 201-229.

13. M. Krause, *The Good Project. Humanitarian Relief NGOs and the Fragmentation of Reason*, Chicago, University of Chicago Press, 2014.

14. George Steinmetz, « The Colonial State as a Social Field : Ethnographic Capital and Native Policy in the German Overseas Empire before 1914 », *American Sociological Review*, 73(4), 2008, p. 589-612.

15. Frédéric Mérand, « Pierre Bourdieu and the Birth of European Defense », *Security Studies*, 19(2), 2010, p. 342-374.

16. Martin Petzke, « Taken in by the numbers game : the globalization of a religious "illusio" and "doxa" in nineteenth-century evangelical missions to India », *The Sociological Review*, 64(2), 2016, p. 124-145. Certains de ces sociologues intéressés par la recherche sur les champs à l'échelle mondiale se sont réunis lors d'un *workshop* sur les champs transnationaux que j'ai organisé à l'université de Boston avec Monika Krause, publié dans le cadre d'un ouvrage collectif : J. Go et M. Krause (dir.), *Fielding Transnationalism*, Chichester, Wiley & Sons, 2016. Nous avons bénéficié de discussions avec David Swartz, mon collègue de l'université de Boston – où j'enseignais à l'époque.

17. Daniel Nexon et Iver Neumann, « Hegemonic-order theory : A field-theoretic account », *European journal of international relations*, 24(3), 2018, p. 662-686.

18. V. Pouliot, *International Pecking Orders*, *op. cit.*

19. J. Go « Global Fields… », art. cité.

20. Nicholas H. Wilson, « Moral Accounting as Field Foundation in an Early Modern Empire : The English East India Company in the Late Eighteenth Century », *The Sociological Review*, 62(2), 2016, p. 61-78.

21. M. Krause, *The Good Project, op. cit.*

22. Angèle Christin, « Is journalism a transnational field ? Asymmetrical relations and symbolic domination in online news », *The Sociological Review*, 62(2), 2016, p. 212-234.

23. M. Petzke, « Taken in by the numbers game… », art. cité.

24. Aykiz Dogan, « Knowledge Transaction and State Making from Ottoman Empire to the Turkish Republic », *European Journal of Turkish Studies*, 32, 2021, en ligne: http://journals.openedition.org/ejts/7454 (consulté en juillet 2024).

25. Larissa Buchholz, *The Global Rules of Art. The Emergence and Divisions of a Cultural World Economy*, Princeton, Princeton University Press, 2022.

26. J. Heilbron, « Making Sense of Globalizing Social Science », *in* Didier Fassin and George Steinmetz (dir.) *The Social Sciences in the Looking Glass. Studies in the Production of Knowledge*, Durham, Duke University Press, 2023, p. 262-284.

27. C. Schmidt-Wellenburn et S. Bernhard (dir), *Charting Transnational Fields, op. cit.*

transnationaux et mondiaux. Contrairement à d'autres courants du tournant global en sociologie, leur particularité est de porter la focale sur des espaces (leurs structures, les différentes formes de capital qui y sont efficientes) plutôt que de s'attacher uniquement aux pratiques ou aux habitus. Ils abordent des questions aussi diverses que les formes artistiques[28], l'Europe et l'Union européenne[29], et les politiques étatiques dans les rapports entre anciennes colonies et métropoles[30]. Ils apportent des innovations significatives par rapport à leurs homologues étatsuniens.

L'article de Florent Pouponneau sur l'intervention française au Mali est particulièrement novateur. Contrairement aux différents pans de la théorie des relations internationales qui ont tendance à expliquer les politiques nationales à travers un prisme constructiviste ou réaliste, l'auteur situe la politique étrangère française dans un « champ international », que j'ai moi-même appelé ailleurs un « champ politique global ». La politique étrangère française est ainsi analysée non pas comme le résultat des calculs rationnels des élites étatiques, mais comme un « effet de champ ». De façon encore plus inventive, il montre comment cette approche aide les sociologues à spécifier les mécanismes précis par lesquels ces effets de champ opèrent et à relier l'habitus aux effets de champ (ce que les études américaines sur les champs internationaux, y compris mon propre travail, ne parviennent pas à faire).

L'analyse de Marine de Lassalle propose d'étudier les rapports au politique en montrant comment les citoyens « passent par l'Europe ». En portant au jour les dynamiques de champ à l'œuvre dans les rapports des individus à l'Europe et à la politique, et en soulignant comment les citoyens se construisent une « Europe à soi », l'article offre des outils pour expliquer les limites de la compétence politique. Plus largement, il met en évidence les limites des réflexions d'Erving Goffman sur le soi « social » d'un point de vue spatial. L'article invite ce faisant les sociologues à se donner les moyens de situer les acteurs dans des champs régionaux plus larges afin de mieux appréhender le « territoire du soi social ». Il s'agit d'un argument important car les études des champs transnationaux n'ont pas réussi jusqu'à présent à utiliser la théorie des champs extra-nationaux pour analyser la construction sociale de l'individu.

L'article de Julien Duval sur le cinéma français dans le monde élargit également les études existantes des champs transnationaux en approfondissant la compréhension des interdépendances et des homologies entre champs nationaux et transnationaux. Il dépasse la tendance de ces études à se focaliser sur la structure et les effets des champs extra-nationaux plutôt que sur les relations entre champs de différentes échelles. Les réflexions d'Hélène Michel sur l'analyse des groupes d'intérêt et de l'Europe ouvrent également des pistes fructueuses pour comprendre les relations entre champs nationaux et internationaux, notamment en montrant que les dirigeants syndicaux ou les chefs d'entreprise français agissent à plusieurs niveaux simultanément (national et européen). Ces agents servent ainsi de point nodal entre différents champs. Les rapports entre champs sont évoqués explicitement dans l'entretien avec Didier Georgakakis : le champ de l'« eurocratie » se situe à l'intersection de plusieurs champs et peut donc servir de « charnière », pour utiliser le concept d'Andrew Abbott d'une manière quelque peu différente de la sienne[31].

Les enseignements des études de champs transnationaux

Les articles de ce numéro d'*Actes* ouvrent de manière indéniable de nouvelles pistes empiriques pour la sociologie des champs transnationaux. Mais quelles sont les implications théoriques de ces contributions ? Quels enseignements et quelles perspectives ces travaux offrent-ils pour la théorie et la recherche sur les champs infra-nationaux et nationaux ? Pour reprendre les propos de Pouponneau et Fertikh dans leur introduction, quels pourraient être les « effets boomerang » de la sociologie des champs extra-nationaux sur l'étude des champs en général ?

L'un des apports du numéro tient à la *comparaison* et aux pistes qui en découlent sur les *variations* entre *champs*. Les apports heuristiques de l'analyse comparative s'appliquent aussi bien à l'analyse des champs nationaux ou infra-nationaux. Les travaux de Bourdieu portent sur différents types d'univers, depuis le champ religieux jusqu'au champ artistique ou au champ du pouvoir d'État. Mais les études des champs transnationaux, internationaux ou mondiaux soulèvent de nouvelles questions sur la manière dont

28. Voir, dans ce numéro, l'article de Julien Duval, « Le cinéma français et le monde. Note sur les relations entre un champ transnational et les champs nationaux ».
29. Voir, dans ce numéro, l'article de Marine de Lassalle, « Passer par l'Europe pour saisir des rapports au politique » ; et celui de Hélène Michel, « "Réflexe Europe" et réflexivité sociologique. Retours sur quelques enquêtes de sociologie des groupes d'intérêt européens » ; ainsi que l'entretien avec Didier Georgakakis, « Par-delà le champ de l'eurocratie ».
30. Voir, dans ce numéro, l'article de Florent Pouponneau, « Les effets de champ dans la politique internationale. Ce que la guerre au Mali doit à la position de la France » ; et celui de Benjamin Groc, « Un effet de champ bureaucratique. Note sur l'aide internationale et le "retour de l'État" dans un pays des "Sud" (Bolivie, 1987-2019) ».
31. Andrew Abbott, « Linked Ecologies : States and Universities as Environments for Professions », *Sociological Theory*, 23(3), 2005, p. 245-274.

les champs impliquant le même type d'agents varient en fonction de leur échelle, ainsi que par leurs « règles du jeu », les formes d'*illusio* et les types de capitaux qui y circulent. Quel rapport un champ national d'expertise scientifique entretient-il avec un champ international ou transnational d'experts ? En quoi un champ artistique mondial diffère-t-il d'un champ artistique national ? Comment le champ cinématographique français se situe-t-il par rapport au champ cinématographique transnational, comme l'article de Duval, dans ce numéro, nous invite à se le demander ? Ou, comme le suggère l'entretien avec Georgakakis, quelles sont les caractéristiques propres au champ bureaucratique européen par rapport à un champ bureaucratique national ? Les travaux sur les champs transnationaux portent également parfois sur des univers entièrement nouveaux, qui n'existent qu'au niveau transnational ou international. Ainsi, on ne peut parler d'un « champ diplomatique » qu'à l'échelle internationale. Il s'agit d'un champ unique qui peut être utilisé implicitement ou explicitement à des fins comparatives.

Les analyses de champs transnationaux offrent de nouvelles pistes comparatives pour comprendre les différences entre ces espaces. Il est à noter que Krause a été l'une des premières sociologues de langue anglaise à théoriser explicitement les « variations » entre les champs[32]. Elle a commencé à s'intéresser à la théorie des champs en étudiant le champ de l'humanitaire, qu'elle qualifie de champ « postnational ». Ce terme implique une forme d'homologie entre l'analyse de la spécificité des champs extra-nationaux et l'étude anthropologique, au début du XXe siècle, des différentes « cultures », notamment coloniales. Tout comme la recherche anthropologique a amené à s'interroger sur les différences culturelles, le caractère apatride (et exotique) des champs transnationaux invite à soulever des questions plus larges sur les particularités et les différences entre champs.

La comparaison n'importe pas seulement parce qu'elle livre des informations substantielles sur le fonctionnement de certains champs. Elle ouvre également de nouveaux concepts théoriques que les chercheurs peuvent utiliser pour étudier une variété d'espaces, y compris au niveau infra-national ou national. Étudiant l'Union européenne, Antoine Vauchez[33] propose le concept de « champ faible ». Travaillant sur les États coloniaux, George Steinmetz[34] développe le concept de champs « établis » [« *settled* »]. Explorant le champ artistique mondial et d'autres formes de champs transnationaux, Larissa Buchholz[35] théorise l'autonomie « verticale », par opposition à l'autonomie « fonctionnelle ». De même, Georgakakis[36] soulève dans ce numéro l'idée que certains champs sont « socialement moins objectivés » que d'autres.

Un autre point de variation entre les champs émerge lorsque l'on examine le champ politique mondial ou international. La transposition de la théorie des champs au niveau extra-national met clairement en évidence la question de l'État. Une partie de la *doxa* sociologique sur les champs – hypothèse parfois tenue pour acquise par les sociologues lorsqu'ils analysent les champs – est que le champ est toujours « soutenu » par un État. Les champs infra-nationaux sont en fin de compte soumis au pouvoir du « méta-champ » qu'est l'État, dont le « méta-capital » régit les taux de conversion dans tout champ relevant de son espace de souveraineté[37]. Mais les champs internationaux, transnationaux et mondiaux sont notoirement dépourvus d'un tel État centralisateur et puissant. Il s'agit de champs à « État limité[38] ». Comme le suggère Duval[39] dans ce numéro, c'est l'apatridie même du champ transnational du cinéma qui constitue une difficulté. Le cinéma français est lié à l'État français, il dépend, dans les faits, de l'homologation de l'État français qui, à son tour, centralise des données sur la cinématographie française. Or, comme il n'existe pas d'État régissant le cinéma transnational, « les données statistiques disponibles sont rares et fragiles car elles résultent de la compilation de sources hétérogènes[40] ». L'apatridie des champs extra-nationaux soulève aussi de nouvelles questions théoriques. Quelles sont les dynamiques spécifiques générées par la déconnexion entre espace international, transnational ou mondial et méta-capital ? Quelles sont les logiques de formation du capital et des luttes en l'absence de méta-capital ? La recherche sur les champs extra-nationaux apporte des réponses provisoires à ces questions. À son tour, ce champ de recherche a des implications pour l'analyse sociologique des champs infra-nationaux et nationaux.

Dans mon travail sur les empires, je montre comment les États impériaux étatsuniens et britanniques étaient, dans un champ politique mondial d'États impériaux et de colonies, en concurrence pour l'accumulation de diverses formes de capital – y compris ce que j'appelle le « capital de sécurité » [« *security capital* »]. En l'absence d'un État central mondial ou international, les seules règles formelles régissant le comportement des États impériaux

32. M. Krause, « How fields vary », *The British Journal of Sociology*, 69(1), 2018, p. 3-22.
33. A. Vauchez, « Interstitial Power… », art. cité.
34. G. Steinmetz, « The Colonial State… », art. cité.
35. L. Buchholz, « What is a Global Field ? Theorizing Fields beyond the Nation-State », *The Sociological Review*, 64(2), 2016, p. 31-60.
36. D. Georgakakis, « Par-delà le champ de l'eurocratie », art. cité.
37. Pierre Bourdieu, *On the State. Lecture at the College de France, 1989-1992*, Cambridge, Polity Press, 2014.
38. A.Vauchez, « Interstitial Power… », art. cité, p. 341.
39. J. Duval, « Le cinéma français et le monde… », art. cité.
40. *Ibid.*, p. 71.

découlaient des traités et des accords conclus entre les États impériaux. S'y ajoutaient des règles informelles émergeant de normes implicites partagées. Selon la théorie réaliste des RI, les États impériaux co-existaient dans un état d'anarchie, qui favorisait les guerres et des conflits interétatiques. Par conséquent, le champ mondial oscille entre des périodes où les capitaux sont répartis relativement équitablement entre les principaux États impériaux (il s'agit alors d'une situation de « concurrence hégémonique »), et des moments où un ou plusieurs États impériaux tendent à monopoliser les capitaux et où le champ est donc plus hiérarchisé (situation d'« hégémonie » directe). Dans ces derniers cas, les conflits entre États impériaux sont moins probables. Lorsque le champ est plus compétitif, la concurrence pour l'obtention de nouveaux territoires coloniaux s'intensifie et les États impériaux sont davantage enclins à entreprendre de nouvelles actions impérialistes pour vaincre leurs concurrents, ce qui peut provoquer des affrontements violents entre États. À l'inverse, lorsque le champ est plus hiérarchisé, l'État dominant qui monopolise les capitaux fonctionne comme un État central mondial dont l'intérêt est de maintenir la paix[41].

Ce constat a des implications pour l'étude de la violence et des conflits entre États dans les champs politiques mondiaux. Il peut également fournir des pistes pour enquêter sur les champs infra-nationaux situés à l'intérieur d'un État contrôlant le « méta-capital », mais qui sont moins bien établis ou émergents. Il s'agit de champs infra-nationaux dans lesquels l'État national n'est pas totalement impliqué, ou bien de champs nationaux dans des « États faibles » qui ne disposent pas de moyens suffisants pour faire respecter l'ordre. Nous pouvons émettre l'hypothèse que, dans de tels champs, les conflits violents sont plus probables lorsque les capitaux sont répartis plus équitablement ; et sont, inversement, moins probables lorsque le champ est plus hiérarchisé. On pourrait appliquer cette logique à la concurrence entre les seigneurs féodaux dans l'histoire européenne, à la rivalité contemporaine entre les « chefs de guerre » dans les sociétés post-conflit ou dans les sociétés dotées d'« États faibles », aux gangs des rues de Los Angeles ou aux adolescents dans les lycées. Les études de champs transnationaux peuvent ainsi aider à théoriser ce que Bourdieu lui-même n'a pas examiné en profondeur et que les travaux théoriques dans des contextes infra-nationaux ou nationaux n'ont pas encore étudié : la violence interpersonnelle et intergroupe.

Les travaux sur les champs transnationaux soulignent par ailleurs que les champs *coexistent* toujours avec d'autres champs. Krause[42] montre ainsi que l'analyse des champs transnationaux offre un moyen d'« identifier les façons complexes dont un champ donné coexiste avec d'autres champs à différentes échelles ». Si l'État impérial étatsunien constitue lui-même une sorte de champ, je montre qu'il coexiste avec un champ mondial plus large d'États impériaux, dans lequel il est encastré. De même, Steinmetz[43] montre que si l'État colonial allemand au Rwanda peut être analysé comme un champ, il coexiste avec un État impérial allemand plus vaste avec d'autres colonies allemandes, dans lequel il est lui-aussi encastré. De même, la Banque centrale européenne, tout en pouvant être considérée comme un champ intra-organisationnel, coexiste avec un champ transnational plus large de banques, dans lequel elle est positionnée. Les banquiers européens forment un champ, mais ils sont situés dans un champ du pouvoir mondial. Les articles de ce numéro montrent des coexistences similaires entre champs : certains pans du champ cinématographique français se superposent à un champ transnational du cinéma[44] ; le champ des bureaucrates d'État en Allemagne ou en Suède coexiste aux côtés d'un champ bureaucratique européen plus large[45] ; ou encore l'État français existe dans un champ international qui façonne sa politique étrangère[46].

Le constat de cette coexistence donne l'occasion de mieux comprendre les organisations nationales ou infra-nationales, et ce alors mêmes qu'elles constituent des champs à part entière. Surtout, souligner cette coexistence permet de *dés-essentialiser* l'étude des organisations et des institutions (selon une forme de « dénaturalisation »). La dés-essentialisation résulte d'abord de l'analyse relationnelle dont participe toute analyse de champ. La théorie des champs conduit à lire les pratiques des individus comme des effets de champ plutôt que de les rattacher aux seules caractéristiques des individus. Par ailleurs, l'étude des champs extra-nationaux favorise la mise en exergue des spécificités organisationnelles que même les spécialistes des sciences sociales relationnelles ont tendance à essentialiser. De nombreux travaux sur les champs transnationaux prennent pour unité d'analyse les organisations plutôt que les individus, s'attachant non à des avocats, des artistes ou des diplomates, mais à des ONG humanitaires, des banques ou des États. Cela a souvent pour effet d'essentialiser ces organisations en leur prêtant des principes organisationnels fondamentaux, des valeurs

41. Comme je l'explique dans mon livre, il existe des arguments connexes dans certaines versions des théories des RI et dans la théorie du système-monde. Voir J. Go, *Patterns of Empire. The British and American Empires, 1688 to the Present*, Cambridge, Cambridge University Press, 2011.

42. M. Krause, « The post-national analysis of fields », chap. cité.

43. G. Steinmetz, « The Colonial State... », art. cité.

44. J. Duval, « Le cinéma français et le monde... », art. cité.

45. D. Georgakakis, « Par-delà le champ de l'eurocratie », art. cité.

46. F. Pouponneau, « Les effets de champ dans la politique internationale... », art. cité.

culturelles immuables ou des caractéristiques profondes conçues comme des facteurs explicatifs ou comme des causes des pratiques organisationnelles en jeu. En considérant que ces organisations évoluent dans des champs plus vastes, la théorie des champs conduit à analyser leurs pratiques comme des effets de champ plutôt que comme le résultat de principes, valeurs ou caractéristiques organisationnelles internes.

Le travail de Stéphanie Mudge et Antoine Vauchez[47] sur la Banque centrale européenne (BCE) fournit une belle illustration de ce travail de dés-essentialisation. La BCE a pour caractéristique d'être « hyper-scientifiée » [*"hyper-scientized"*] en ce sens qu'elle investit fortement dans la recherche et le prestige scientifiques. Alors qu'une approche essentialiste expliquerait ce phénomène en se référant aux caractéristiques internes de la BCE, Mudge et Vauchez y voient un « effet de champ ». La BCE est encastrée dans un champ européen plus large et son « hyper-scientification » tient au fait qu'elle y revendique l'autorité bureaucratique. Mon travail sur les empires constitue un autre exemple. Certaines pratiques de l'empire étatsunien sont souvent supposées refléter des valeurs profondes de l'Amérique, ou son « caractère national » libéral-démocrate. Je montre *a contrario* qu'il s'agit d'effets de champ. Si les États-Unis n'ont pas colonisé de nouveaux territoires après 1945, ce n'est pas – comme l'affirment certains politistes – en raison de leur adhésion aux valeurs de la démocratie et de l'autodétermination, mais parce qu'ils cherchaient à entretenir un capital symbolique dans le champ mondial des États-nations émergents. La gouvernance particulière de l'empire américain tenait aux structures du champ international, et non pas à quelques valeurs ou caractère national supposé des États-Unis. L'article de Pouponneau, dans ce numéro, procède à une dés-essentialisation similaire : la politique française au Mali, loin de refléter un caractère spécifique à l'État français ou la culture française, résulte d'effets de champ. Pouponneau va plus loin que les études existantes en dévoilant comment la politique française est affectée par la structure du champ qui se manifeste par des conséquences *non intentionnelles* opérant « indépendamment des représentations ou des calculs des agents[48] ». L'auteur ne se contente pas de dés-essentialiser en révélant des effets de champ, il montre les voies multiples par lesquelles les effets de champ façonnent la pratique.

Enfin, constater la coexistence de différents champs à des échelles multiples permet de mieux comprendre les *relations entre champs*. Comment les champs nationaux ou infra-nationaux sont-ils liés aux champs extra-nationaux ? Comme indiqué précédemment, les articles de Duval, Lassalle, Michel et Georgakakis abordent cette question de différentes manières. Il en va de même pour certaines études de champs transnationaux en langue anglaise. Par exemple, dans un travail récent, j'ai montré comment les relations entre les agents anticoloniaux dans différents champs coloniaux ont contribué à la fin de l'empire ; dans ce cas, les champs nationaux sont connectés aux champs mondiaux dans le cadre de conflits politiques[49]. Cependant, les relations ou connexions entre les champs à différentes échelles nécessitent des recherches plus approfondies. Il serait particulièrement pertinent d'explorer la manière dont les champs infra-nationaux ou nationaux eux-mêmes dépendent des champs transnationaux, internationaux ou mondiaux, ou sont façonnés par eux[50]. Dans leur introduction, Pouponneau et Fertikh soulèvent cette question lorsqu'ils notent que « la sociologie des relations internationales permet d'explorer la formation transnationale ou internationale des objets nationaux étudiés[51] ». Dans cette veine, de futures recherches devraient examiner les relations diverses entre champs transnationaux ou internationaux et champs nationaux afin de mieux comprendre comment les champs nationaux sont façonnés par des champs encastrés dans des échelles différentes. Toutefois, cette piste de recherche ne sera possible qu'à la faveur de travaux sur des champs tels que ceux présentés dans ce numéro d'*Actes de la recherche en sciences sociales*. En d'autres termes, la question des rapports entre champs et de la manière dont les champs infra-nationaux ou nationaux sont constitués par les champs extra-nationaux ne peut être abordée qu'à l'aune d'études systématiques, empiriquement et théoriquement fondées, de champs extra-nationaux. Ce n'est qu'après avoir exploré les champs extra-nationaux que nous pourrons nous interroger sur la façon dont ces champs sont liés aux champs infra-nationaux ou nationaux, ou nous demander comment ces derniers sont constitués par les premiers.

Traduction depuis l'anglais
par Emma Fromont

47. Stephanie Mudge et Antoine Vauchez, « Fielding supranationalism : the European Central Bank as a field effect », *in* J. Go et M. Krause (dir.) *Fielding transnationalism*, *op. cit.*, p. 146-169.

48. F. Pouponneau, « Les effets de champ dans la politique internationale... », art. cité, p. 94.

49. J. Go, « Global Change : A Field Theory Perspective on the End of Empire », *in* C. Schmidt-Wellenburg et S. Bernhard (dir.), *Charting Transnational Fields, op. cit.*, p. 141-159.

50. J'examine comment les champs de la police aux États-Unis et en Grande-Bretagne, par exemple, sont façonnés par les champs trans-impériaux. Voir J. Go, *Policing Empires. Militarization, Race, and the Imperial Boomerang in Britain and the US*, Oxford, Oxford University Press, 2023.

51. F. Pouponneau et K. Fertikh, « Pour une entrée pleine et entière des relations extra-nationales... », art. cité, p. 12.

Résumés

« Réflexe Europe » et réflexivité sociologique

À partir d'une réflexion *a posteriori* sur différentes enquêtes menées sur les groupes d'intérêt européens, l'article montre comment l'investissement sociologique de l'Europe a enrichi non seulement l'analyse de l'Europe mais aussi celle de la sociologie politique en France. Il commence par rappeler comment l'objet « groupe d'intérêt européen » a été construit contre des modes de pensée à la fois institutionnels et eurocentrés de la construction européenne. Il poursuit sur les difficultés inhérentes à cet objet pour prendre en compte l'intrication des dimensions nationale, internationale et européenne bien visibles chez ceux qui travaillent dans ces organisations. Il finit par montrer comment, de retour au national, un « réflexe Europe » permet de questionner les catégories nationales et, plus largement, une vision nationale de l'Europe et de l'international. Il plaide pour un « européanisme méthodologique » qui participe à l'objectivation du point de vue national.

Passer par l'Europe pour saisir des rapports au politique

Considérée comme lointaine, technique, affaire de spécialistes, l'Europe communautaire est peu étudiée par la sociologie politique – hormis lorsqu'elle est « européenne ». C'est pourtant pour toutes ses caractéristiques négatives que le passage par l'Europe constitue une voie particulièrement heuristique pour réinterroger des rapports au politique. Fondé sur la réanalyse d'entretiens réalisés en France lors de l'enquête CONCORDE (CONCeptions ORdinaires De l'Europe) entre 2005 et 2007, l'article porte plus délibérément l'attention sur ce que les enquêtés, en parlant de l'Europe, disent de ce que la politique en général signifie pour eux, en fonction de leurs positions et de leurs ressources sociales et relationnelles. Il explore la façon dont les entretiens livrent un certain nombre d'indices qui permettent de revenir sur cette diversité de rapports afin d'en proposer des pistes de compréhension, en analysant les substrats de leur construction institutionnelle et de leur cohérence sociologique. Ayant fait, dès lors, du rapport familier à la politique non plus un pôle d'un *continuum* réglé par la compétence, mais un rapport au politique parmi d'autres, cet article s'interroge ensuite sur le fait de savoir si la légitimité qui constituait ce rapport est toujours aussi indiscutée – façon d'interroger les transformations contemporaines de l'exercice ordinaire de la domination.

Par-delà le champ de l'eurocratie

L'Union européenne peut sembler un cas sur lequel le concept de champ semble inapplicable. Avec quelques autres travaux, les recherches que Didier Georgakakis mène depuis plus de vingt ans sur les institutions européennes montrent au contraire que le concept de champ bureaucratique est particulièrement adapté à l'analyse du cœur institutionnel de l'Union européenne, mais aussi que ce terrain peut conduire à reposer et repenser certaines dimensions de l'analyse en termes de champ. L'entretien publié ici intervient dans un ensemble de publications récentes actualisant sa conceptualisation et ses résultats sur les institutions de l'UE. Didier Georgakakis y montre l'intérêt d'appliquer rigoureusement le principe selon lequel chaque nouvelle application d'un modèle oblige à poser la question des spécificités du cas étudié et développe des pistes à propos de cinq thématiques (institutionnalisation, investissement, autorité, charisme et temporalité) qui peuvent-être utiles par-delà le cas des institutions européennes.

Le cinéma français et le monde

Cette note traite de questions liées à la mise en œuvre du concept de champ à l'échelle transnationale, à partir d'une recherche consacrée au cinéma. Dans celle-ci, le champ a été construit à une échelle nationale (la France) puis transnationale. Cette note se concentre sur les relations entre les champs nationaux et l'espace transnational. Dans le cas du cinéma, le second semble interdépendant des premiers. Il en paraît l'intersection, plus que la somme. Si une analyse critique des usages communs du terme « international » peut porter à le réduire, sous certains rapports, à une sorte d'extension des espaces nationaux dominants (États-Unis, Europe occidentale), l'espace transnational a une existence propre et le prendre en considération permet de tenir compte de l'interdépendance et de la synchronisation (partielle) des champs nationaux. Cette recherche sur le champ du cinéma permet enfin de préciser la relation d'homologie qui, comme le notait Pascale Casanova pour le champ littéraire, lie l'espace transnational et les champs nationaux.

Les effets de champ dans la politique internationale

Une mise au travail du concept de champ international s'avère très utile pour saisir comment l'État se construit avec et contre d'autres États. Comme le montre une enquête sur l'intervention militaire de la France au Mali, la logique propre de ce champ – qui se manifeste sous la forme d'une division internationale du travail politique – contribue, même en dehors de toute interaction directe, à travers les espaces des possibles qu'elle offre en fonction de la position occupée en son sein, à façonner les représentations et les calculs des acteurs engagés, à former les institutions et les champs nationaux et, en définitive, à orienter le contenu et les résultats des politiques étrangères. Une telle analyse, du fait même des difficultés qu'elle soulève, pose des questions générales sur la place et la nature des effets de champ. Cet article souligne ainsi que l'observation d'effets de champ peut servir à construire la structure même du champ, dès lors que l'on entend éviter toute réification de cette dernière. Il avance également que les effets de champ sont plus étendus ou plus variés qu'on ne le pense habituellement. Enfin, il invite à la prise de distance avec l'empirie pour rompre avec tout raisonnement circulaire.

Un effet de champ bureaucratique

Cet article propose d'analyser les effets de l'aide internationale sur le champ bureaucratique en Bolivie – un pays qui a considérablement réduit sa dépendance aux ressources financières et techniques apportées par les agences multilatérales et bilatérales de développement en l'espace de deux décennies. Durant les trois mandats de la présidence d'Evo Morales, entre 2006 et 2019, le retour de l'État dans le modèle de développement, ainsi que la réduction de l'espace occupé par les bailleurs de l'aide, ont transformé les administrations mais aussi les luttes entre les élites politiques et administratives au sein de l'État. S'interroger sur le caractère transnational du champ bureaucratique d'un État récipiendaire d'aide permet de saisir la manière dont les relations extra-nationales ont des effets structurants sur les luttes internes de ce champ. Pour cela, nous nous focalisons sur le vice-ministère à l'Investissement public et au Financement extérieur (VIPFE), une unité ministérielle en charge de la gestion de l'aide et des relations avec les bailleurs internationaux. Bien que plusieurs effets de champ se soient estompés avec la réduction de la part de l'aide dans le financement de l'État, l'imbrication des bailleurs dans le champ bureaucratique continue d'avoir des effets sur les trajectoires professionnelles des fonctionnaires ministériels, en particulier pour ceux issus du VIPFE.

Perspectives sur les champs extra-nationaux

L'auteur, sociologue ayant contribué à l'émergence de l'étude des champs transnationaux ou globaux aux États-Unis, se livre ici, à l'occasion de ce numéro d'*Actes de la recherche en sciences sociales*, à un exercice de réflexion et de synthèse. Il commence par esquisser brièvement les dynamiques d'importation du concept de champ par les sociologues étatsuniens pour analyser les relations extra-nationales et évoque sa propre entrée dans l'analyse « post-nationale » des champs. Il montre ensuite comment les articles de ce numéro contribuent à la sociologie bourdieusienne des champs. La conclusion de l'article répond à l'une des principales questions soulevées dans l'introduction du numéro : quelles innovations théoriques, pistes empiriques ou réorientations les études de champs transnationaux ou mondiaux offrent-elles à la sociologie des champs, qu'ils soient extra-nationaux, infra-nationaux ou nationaux ?

Summaries

"European reflex" and sociological reflexivity

Based on an *a posteriori* thought on various studies on European interest groups, the article shows how the sociological investment in Europe has enriched not only the analysis of Europe, but also the political sociology in France. It begins by recalling how the "European interest group" object was constructed against both institutional and Eurocentric modes of thinking about European construction. It goes on to discuss the difficulties inherent in this object to take into account the intertwining of national, international and European dimensions that are clearly visible among those who work in these organizations. It concludes by showing how, by returning to the national level, a "European reflex" makes it possible to question national categories and, more broadly, a national vision of Europe and the international. It argues for a "methodological Europeanism" that helps to objectify the national point of view.

Using Europe to understand relationships with politics

Regarded as distant, technical and a matter for specialists, the European Community is rarely studied by political sociology – except when it comes to "European" sociology. Yet it is for all its negative characteristics that the passage through Europe constitutes a particularly heuristic way of re-interrogating relationships to politics. Based on the re-analysis of interviews conducted in France during the CONCORDE (CONCeptions ORdinaires De l'Europe) survey between 2005 and 2007, the article focuses more deliberately on what respondents – when talking about Europe – say about what politics in general means to them, according to their positions, and their social and relational resources. It explores the way in which the interviews provide a number of clues that enable us to look back on this diversity of relationships in order to propose lines of understanding, by analyzing the substrates of their institutional construction and sociological coherence. Having made the familiar relationship to politics no longer a pole on a *continuum* regulated by competence, but a relationship to politics among others, this article then asks whether the legitimacy that constituted this relationship is still as undisputed, as a way of questioning contemporary transformations in the ordinary exercise of domination.

Beyond the field of eurocracy

The European Union may seem an inapplicable case for the concept of field. On the contrary, Didier Georgakakis's research on European institutions over the past twenty years and more shows that the concept of the bureaucratic field is particularly well-suited to the analysis of the institutional heart of the European Union, but also that this ground can lead us to restate and rethink certain dimensions of the analysis in terms of field. The interview published here is part of a series of recent publications updating his conceptualization and results on EU institutions. In it, Didier Georgakakis demonstrates the value of rigorously applying the principle that each new application of a model obliges us to question the specific features of the case under study, and develops leads on five themes (institutionalization, investment, authority, charisma and temporality) that may be useful beyond the case of European institutions.

French cinema and the world

This note deals with questions linked to the implementation of the concept of field on a transnational scale, based on research on cinema. In this case, the field was constructed on a national level (France) and then transnationally. This note focuses on the relationship between national fields and transnational space. In the case of cinema, the second seems interdependent with the firsts. It appears to be their intersection, rather than their sum. While a critical analysis of the common uses of the term "international" may reduce it, in certain respects, to a kind of extension of the dominant national spaces (United States, Western Europe), transnational space has an existence of its own, and taking it into consideration enables us to take account of the interdependence and (partial) synchronization of national fields. Finally, this research on the field of cinema makes it possible to specify the relationship of homology which, as Pascale Casanova noted for the literary field, links transnational space and national fields.

Field effects in international politics

A closer look at the concept of the international field is very useful for understanding how the state is constructed with and against other states. As a study of France's military intervention in Mali shows, the specific logic of this field - which manifests itself in the form of an international division of political labor - contributes, even without any direct interaction, through the spaces of possibility it offers according to the position occupied within it, to shaping the representations and calculations of the actors involved, to forming institutions and national fields and, ultimately, to orienting the content and results of foreign policies. Such an analysis, by the very fact of the difficulties it raises, asks general questions about the place and nature of field effects. This article stresses that the observation of field effects can be used to construct the very structure of the field, provided that we avoid any reification of the latter. It also argues that field effects are more extensive and varied than is usually thought. Finally, it invites us to distance ourselves from empiricism and break with circular reasoning.

A bureaucratic field effect

This article analyzes the effects of international aid on the bureaucratic field in Bolivia – a country that has considerably reduced its dependence on the financial and technical resources provided by multilateral and bilateral development agencies over the past two decades. During the three terms of Evo Morales's presidency, between 2006 and 2019, the return of the state to the development model, and the reduction in the space occupied by aid donors, transformed the administrations but also the struggles between political and administrative elites within the state. Examining the transnational character of the bureaucratic field of an aid-receiving state enables us to grasp the way in which extra-national relations have structuring effects on the internal struggles of this field. For this, we focus on the Vice-Ministry of Public Investment and External Financing (VIPFE), a ministerial unit in charge of aid management and relations with international donors. Although a number of field effects have faded with the reduction in the share of aid in government funding, the interweaving of donors in the bureaucratic field continues to have an impact on the career paths of ministerial civil servants, particularly those from the VIPFE.

Perspectives on extra-national fields

The author, a sociologist who was part of the emergence of Bourdieusian global field studies in the United States, takes the opportunity of this issue of *Actes de la recherche en sciences sociales* to engage in an exercise of reflection and synthesis. He begins by briefly sketching the logics of importation of the field concept by North American sociologists for studying extra-national relations and evokes his own entry into the post-national analysis of fields. The article then shows how the essays in this special issue contribute to Bourdieusian field studies. It concludes by answering one of the core questions raised in the issue's introduction : what sorts of theoretical innovations, guides or redirections does Bourdieusian global field studies offer sociological theory and research on fields, whether extra-national, intra-national, or national ?

Zusammenfassungen

Der «europäische Reflex» und die soziologische Reflexivität

Ausgehend von einer nachträglichen Betrachtung verschiedener Studien über europäische Interessengruppen zeigt der Artikel, wie die soziologische Investition in Europa nicht nur die Analyse Europas, sondern auch die der politischen Soziologie in Frankreich bereichert hat. Zunächst wird daran erinnert, wie das Objekt «europäische Interessengruppe» gegen institutionelle und eurozentrische Denkweisen über den Aufbau Europas konstruiert wurde. Anschließend werden die Schwierigkeiten erörtert, die diesem Objekt innewohnen, wenn es darum geht, die Verflechtung von nationalen, internationalen und europäischen Dimensionen zu berücksichtigen, die bei denjenigen, die in diesen Organisationen arbeiten, deutlich sichtbar ist. Abschließend wird aufgezeigt, wie ein «europäischer Reflex» durch die Rückkehr auf die nationale Ebene nationale Kategorien und im weiteren Sinne eine nationale Vision von Europa und dem Internationalen in Frage stellen kann. Er plädiert für einen «methodologischen Europäismus», der dazu beiträgt, die nationale Sichtweise zu objektivieren.

Europa nutzen, um die Beziehungen zur Politik zu verstehen

Die Europäische Gemeinschaft wird von der politischen Soziologie nur selten untersucht - es sei denn, es handelt sich um eine «europäische» Soziologie -, da sie als weit entfernt, technisch und eine Angelegenheit für Spezialisten gilt. Doch trotz all ihrer negativen Eigenschaften ist der Gang durch Europa ein besonders heuristischer Weg, um die Beziehungen zur Politik neu zu befragen. Auf der Grundlage einer erneuten Analyse von Interviews, die im Rahmen der CONCORDE-Umfrage (CONCeptions ORdinaires De l'Europe) zwischen 2005 und 2007 in Frankreich durchgeführt wurden, konzentriert sich der Artikel auf das, was die Befragten - wenn sie über Europa sprechen - darüber sagen, was Politik im Allgemeinen für sie bedeutet, je nach ihrer Position und ihren sozialen und relationalen Ressourcen. Es wird untersucht, wie die Interviews eine Reihe von Anhaltspunkten liefern, die es uns ermöglichen, auf diese Vielfalt von Beziehungen zurückzublicken, um Verständnislinien vorzuschlagen, indem die Substrate ihrer institutionellen Konstruktion und soziologischen Kohärenz analysiert werden. Nachdem das vertraute Verhältnis zur Politik nicht mehr als ein Pol auf einem Kontinuum, das durch die Zuständigkeit geregelt wird, sondern als ein Verhältnis zur Politik unter anderen betrachtet wird, stellt dieser Artikel die Frage, ob die Legitimität, die dieses Verhältnis ausmachte, immer noch so unbestritten ist, um die gegenwärtigen Veränderungen in der gewöhnlichen Ausübung von Herrschaft zu hinterfragen.

Jenseits des Feldes der Eurokratie

Die Europäische Union mag als ein Fall erscheinen, auf den das Konzept des Feldes nicht anwendbar ist. Im Gegenteil: Didier Georgakakis' Forschungen über die europäischen Institutionen in den letzten mehr als zwanzig Jahren zeigen, dass das Konzept des bürokratischen Feldes besonders gut für die Analyse des institutionellen Kerns der Europäischen Union geeignet ist, aber auch, dass diese Grundlage uns dazu bringen kann, bestimmte Dimensionen der Analyse im Sinne des Feldes neu zu formulieren und zu überdenken. Das hier veröffentlichte Interview ist Teil einer Reihe neuerer Veröffentlichungen, in denen er seine Konzepte und Ergebnisse zu den EU-Institutionen aktualisiert. Darin zeigt Didier Georgakakis den Wert einer konsequenten Anwendung des Grundsatzes, dass jede neue Anwendung eines Modells uns dazu zwingt, die Besonderheiten des untersuchten Falles zu hinterfragen, und entwickelt Hinweise zu fünf Themen (Institutionalisierung, Investition, Autorität, Charisma und Zeitlichkeit), die über den Fall der europäischen Institutionen hinaus von Nutzen sein können.

Das französische Kino und die Welt

Diese Notiz befasst sich mit Fragen im Zusammenhang mit der Umsetzung des Konzepts des Feldes auf transnationaler Ebene, basierend auf der Forschung über das Kino. In diesem Fall wurde das Feld zunächst auf nationaler Ebene (Frankreich) und dann auf transnationaler Ebene konstruiert. In diesem Beitrag geht es um die Beziehung zwischen nationalen Feldern und dem transnationalen Raum. Im Fall des Kinos scheint der zweite mit dem ersten zusammenzuhängen. Es scheint eher ihre Schnittmenge als ihre Summe zu sein. Während eine kritische Analyse der gängigen Verwendung des Begriffs "international" diesen in gewisser Hinsicht auf eine Art Erweiterung der dominierenden nationalen Räume (USA, Westeuropa) reduzieren kann, hat der transnationale Raum eine eigene Existenz, und seine Berücksichtigung ermöglicht es uns, die Interdependenz und (teilweise) Synchronisierung der nationalen Räume zu berücksichtigen. Schließlich ermöglicht diese Untersuchung des Kinobereichs, die Beziehung der Homologie zu präzisieren, die, wie Pascale Casanova für den literarischen Bereich feststellte, den transnationalen Raum und die nationalen Bereiche verbindet.

Feldeffekte in der internationalen Politik

Eine nähere Betrachtung des Konzepts des internationalen Feldes ist sehr nützlich, um zu verstehen, wie der Staat mit und gegen andere Staaten konstruiert wird. Wie eine Untersuchung der militärischen Intervention Frankreichs in Mali zeigt, trägt die spezifische Logik dieses Feldes - die sich in Form einer internationalen politischen Arbeitsteilung manifestiert - auch ohne direkte Interaktion durch die Möglichkeitsräume, die es je nach der darin eingenommenen Position bietet, dazu bei, die Vorstellungen und Berechnungen der beteiligten Akteure zu prägen, Institutionen und nationale Felder zu formen und schließlich den Inhalt und die Ergebnisse der Außenpolitik zu orientieren. Eine solche Analyse wirft schon aufgrund der Schwierigkeiten, die sie aufwirft, allgemeine Fragen nach dem Ort und dem Wesen von Feldeffekten auf. In diesem Artikel wird betont, dass die Beobachtung von Feldeffekten genutzt werden kann, um die Struktur des Feldes selbst zu konstruieren, vorausgesetzt, wir vermeiden jede Verdinglichung des Feldes. Er argumentiert auch, dass Feldeffekte umfangreicher und vielfältiger sind, als man gemeinhin annimmt. Schließlich fordert er uns auf, uns vom Empirismus zu distanzieren und mit dem Zirkelschluss zu brechen.

Ein Effekt des bürokratischen Feldes

Dieser Artikel analysiert die Auswirkungen der internationalen Hilfe auf das bürokratische Feld in Bolivien - einem Land, das seine Abhängigkeit von den finanziellen und technischen Ressourcen der multilateralen und bilateralen Entwicklungsagenturen in den letzten zwei Jahrzehnten erheblich verringert hat. Während der drei Amtszeiten von Evo Morales zwischen 2006 und 2019 hat die Rückkehr des Staates zum Entwicklungsmodell und die Verringerung des von den Gebern beanspruchten Raums nicht nur die Verwaltungen, sondern auch die Kämpfe zwischen den politischen und administrativen Eliten innerhalb des Staates verändert. Die Untersuchung des transnationalen Charakters des bürokratischen Feldes eines Hilfe empfangenden Staates ermöglicht es uns, die Art und Weise zu erfassen, in der extra-nationale Beziehungen strukturierende Auswirkungen auf die internen Kämpfe in diesem Feld haben. Zu diesem Zweck konzentrieren wir uns auf das Vizeministerium für öffentliche Investitionen und Außenfinanzierung (VIPFE), eine ministerielle Einheit, die für die Verwaltung der Hilfe und die Beziehungen zu internationalen Gebern zuständig ist. Obwohl eine Reihe von Feldeffekten mit dem Rückgang des Anteils der Entwicklungshilfe an der staatlichen Finanzierung verblasst sind, wirkt sich die Verflechtung der Geber im bürokratischen Bereich weiterhin auf die Karrierewege der Ministerialbeamten aus, insbesondere derjenigen des VIPFE.

Perspektiven wauf extra-nationale Felder

Der Autor, ein Soziologe, der an der Entstehung der Bourdieus'schen globalen Feldstudien in den Vereinigten Staaten beteiligt war, nutzt die Gelegenheit dieser Ausgabe von Actes de la recherche en sciences sociales, um eine Reflexion und Synthese vorzunehmen. Er beginnt mit einer kurzen Skizze der Logik der Übernahme des Feldkonzepts durch nordamerikanische Soziologen für die Untersuchung extra-nationaler Beziehungen und erinnert an seinen eigenen Einstieg in die postnationale Analyse von Feldern. Der Artikel zeigt dann auf, wie die Aufsätze in diesem Sonderheft zu den Bourdieus'schen Feldstudien beitragen. Er schließt mit der Beantwortung einer der Kernfragen, die in der Einleitung des Heftes aufgeworfen wurden: Welche Art von theoretischen Innovationen, Anleitungen oder Neuausrichtungen bietet die Bourdieus'sche globale Feldforschung für die soziologische Theorie und Forschung zu Feldern, seien sie extra-national, intra-national oder national?

Resúmenes

El «reflejo europeo» y la reflexividad sociológica

A partir de una reflexión sobre diversos estudios sobre los grupos de interés europeos, el artículo muestra cómo los esfuerzos de análisis sociológico de Europa ha enriquecido no sólo el análisis de Europa, sino también la sociología política en Francia. El artículo comienza recordando cómo se construyó como objeto los «grupos de interés europeo» frente a los modos de pensamiento institucional y eurocéntrico sobre la construcción europea. Luego, aborda las dificultades inherentes a este objeto para tener en cuenta el entrelazamiento de las dimensiones nacional, internacional y europea que son claramente visibles entre quienes trabajan en estas organizaciones. El artículo concluye mostrando cómo, volviendi al plano nacional, un «reflejo europeo» permite cuestionar las categorías nacionales y, más ampliamente, una visión nacional de Europa y de lo internacional. Se trata así de abogar por un «europeísmo metodológico» que contribuya a objetivar el punto de vista nacional.

Utilizar Europa para entender las relaciones con lo político

Considerada como lejana, técnica y asunto de especialistas, la Comunidad Europea es raramente estudiada por la sociología política – excepto cuando se trata de sociología «europea». Sin embargo, a pesar de todas sus características negativas, pasar por Europa constituye una forma particularmente heurística de interrogar las relaciones con lo político. Basándose en entrevistas realizadas en Francia durante la encuesta CONCORDE (CONCeptions ORdinaires De l'Europe) entre

2005 y 2007, el artículo se centra en lo que dicen los encuestados -al hablar de Europa- sobre lo que significa para ellos la política en general, según sus posiciones y sus recursos sociales y relacionales. Se explora así el modo en que las entrevistas proporcionan una serie de pistas que permiten volver la mirada sobre esta diversidad de relaciones para proponer líneas de comprensión, analizando los sustratos de su construcción institucional y de su coherencia sociológica. Una vez que la relación familiar con la política ya no es un polo de un continuo regulado por la competencia, sino una relación con la política entre otras, este artículo se pregunta luego si la legitimidad que constituía esta relación sigue siendo tan indiscutible como forma de cuestionar las transformaciones contemporáneas del ejercicio ordinario de la dominación.

Más allá del campo de la eurocracia

La Unión Europea puede parecer un caso inaplicable para el concepto de campo. Por el contrario, las investigaciones de Didier Georgakakis sobre las instituciones europeas a lo largo de los últimos veinte años y más demuestran que el concepto de campo burocrático se adapta particularmente bien al análisis del corazón institucional de la Unión Europea, y también que este terreno puede llevarnos a replantear y repensar ciertas dimensiones del análisis en términos de campo. La entrevista aquí publicada forma parte de una serie de publicaciones recientes que actualizan su conceptualización y sus resultados sobre las instituciones de la UE. En ella, Didier Georgakakis demuestra el valor de aplicar rigurosamente el principio de que cada nueva aplicación de un modelo nos obliga a cuestionar las características específicas del caso estudiado, y desarrolla pistas sobre cinco temas (institucionalización, inversión, autoridad, carisma y temporalidad) que pueden ser útiles más allá del caso de las instituciones europeas.

El cine francés y el mundo

Esta nota aborda cuestiones relacionadas con la aplicación del concepto de campo a escala transnacional, a partir de una investigación sobre el cine. En este caso, el campo se construyó a escala nacional (Francia) y luego transnacional. Esta nota se centra en la relación entre los campos nacionales y el espacio transnacional. En el caso del cine, el segundo parece interdependiente del primero. Parece ser su intersección, más que su suma. Si bien un análisis crítico de los usos habituales del término «internacional» puede reducirlo, en ciertos aspectos, a una especie de extensión de los espacios nacionales dominantes (Estados Unidos, Europa Occidental), el espacio transnacional tiene una existencia propia, y tomar esto en consideración permite tener en cuenta la interdependencia y la sincronización (parcial) de los campos nacionales. Por último, esta investigación sobre el campo cinematográfico permite precisar la relación de homología que, como señaló Pascale Casanova para el campo literario, vincula el espacio transnacional y los campos nacionales.

Efectos de campo en la política internacional

Una mirada más atenta al concepto de campo internacional resulta muy útil para comprender cómo se construye el Estado con y contra de otros Estados. Como muestra el estudio de la intervención militar de Francia en Malí, la lógica específica de este campo – que se manifiesta en forma de una división internacional del trabajo político – contribuye, incluso sin interacción directa, a través de los espacios de posibilidad que ofrece según la posición que se ocupe en él, a configurar las representaciones y los cálculos de los actores implicados, a formar instituciones y campos nacionales y, en última instancia, a orientar el contenido y los resultados de las políticas exteriores. Un análisis de este tipo, por el hecho mismo de las dificultades que implica, plantea cuestiones generales sobre el lugar y la naturaleza de los efectos de campo. Este artículo subraya que la observación de los efectos de campo puede servir para construir la propia estructura del campo, siempre que evitemos cualquier reificación de este concepto. También sostiene que los efectos de campo son más extensos y variados de lo que suele pensarse. Por último, nos invita a distanciarnos del empirismo y a romper con los razonamientos circulares.

Un efecto de campo burocrático

Este artículo analiza los efectos de la ayuda internacional en el campo burocrático en Bolivia, un país que ha reducido considerablemente su dependencia con respecto a los recursos financieros y técnicos proporcionados por las agencias multilaterales y bilaterales de desarrollo en las últimas dos décadas. Durante los tres mandatos de la presidencia de Evo Morales, entre 2006 y 2019, el retorno del Estado al modelo de desarrollo y la reducción del espacio ocupado por los donantes de ayuda transformaron las administraciones, pero también las luchas entre las élites políticas y administrativas dentro del Estado. Examinar el carácter transnacional del campo burocrático de un Estado receptor de ayuda nos permite captar la forma en que las relaciones extranacionales tienen efectos estructurantes sobre las luchas internas de este campo. Para ello, nos centramos en el Viceministerio de Inversión Pública y Financiación Externa (VIPFE), unidad ministerial encargada de la gestión de la ayuda y de las relaciones con los donantes internacionales. Aunque una serie de efectos de campo se han desvanecido con la reducción de la parte de la ayuda en la financiación gubernamental, la imbricación de los donantes en el campo burocrático sigue teniendo un impacto en las trayectorias profesionales de los funcionarios ministeriales, en particular los del VIPFE.

Perspectivas sobre los campos extranacionales

El autor, sociólogo que participó en el surgimiento de los estudios bourdieusianos sobre los campos globales en Estados Unidos, aprovecha este número de *Actes de la recherche en sciences sociales* para hacer un ejercicio de reflexión y de síntesis. Comienza esbozando brevemente las lógicas de importación del concepto de campo por parte de los sociólogos norteamericanos para estudiar las relaciones extranacionales y evoca su propia entrada en el análisis posnacional de los campos. El artículo muestra luego cómo los artículos de este número especial contribuyen a los estudios de campo bourdiesianos. Concluye respondiendo a una de las cuestiones centrales planteadas en la introducción del número: ¿qué tipo de innovaciones teóricas, guías o reorientaciones ofrecen los estudios de campo globales bourdiesianos a la teoría y a la investigación sociológicas sobre los campos, ya sean extranacionales, intranacionales o nacionales?

Modalités de soumission des articles à la revue

TOUS LES ARTICLES PROPOSÉS ***sont soumis par le comité de rédaction à au moins deux évaluateur·rices. La décision de publication appartient au comité de rédaction, coordonné par les responsables éditoriaux et le directeur de publication.***

La revue a vocation à publier des textes sous différents formats. Il peut s'agir d'articles scientifiques de facture « classique » mais nous encourageons également la soumission de travaux de forme moins académique (ne dérogeant toutefois pas aux exigences de rigueur scientifique) : notes de recherches, ouvertures théoriques, notes méthodologiques donnant à voir les « dessous » de la recherche, etc. pouvant mobiliser des formes d'expression originales (ex : BD, reportage photo...). Par rapport aux articles classiques, ces travaux font l'objet de procédures spécifiques d'évaluation de la part du comité de rédaction.

→ Actes de la recherche en sciences sociales ne publie que des textes inédits.

→ L'article peut être soumis dans une autre langue que le français. Il peut être de longueur variable mais ne doit pas dépasser 60 000 signes (notes et espaces compris), sauf cas particulier dont la pertinence sera appréciée par le comité de rédaction. Il doit être accompagné d'un résumé de 1 000 signes.

→ L'usage de l'écriture inclusive est bienvenu

Conseils pour l'usage de l'écriture inclusive. Le comité de rédaction de la revue *Actes de la recherche en sciences sociales* s'engage à assurer la possibilité, aux auteur·rices qui le souhaitent, de publier un texte épicène, rendant compte de la pluralité des genres. Il s'agit ainsi, au travers d'une réflexion sur l'écriture scientifique, de contribuer à la lutte contre les représentations du genre accordant une place dominante au masculin.

Nous proposons à celles et ceux qui le souhaitent l'emploi du point médian pour rendre compte du caractère mixte des ensembles de personnes désignés (par exemple : « les député·es les plus âgé·es »). Lorsque les substantifs féminins et masculins diffèrent au-delà du « e », on pourra préférer l'écriture en entier des deux termes (par exemple : « les institutrices et instituteurs »). Pour les adjectifs ou déterminants ne prenant pas simplement un « e » au féminin, on pourra employer l'accord de proximité (par exemple : « Toutes les dessinatrices et dessinateurs n'ont pas apprécié l'absence de femmes parmi les nominés au Grand Prix du festival de BD d'Angoulême »). On pourra enfin favoriser l'usage d'expressions génériques (par exemple : « l'équipe enseignante », « le personnel de nettoyage ») ou de termes épicènes (par exemple : « les membres de l'équipe de foot du collège », « les juges », « des collègues »).

→ Le texte, en style Times New Roman, corps 12, et interligne double doit être présenté sans autre enrichissement typographique que les caractères italiques : pas de feuille de style ni de tabulation.

→ Il n'y a pas de bibliographie en fin d'article.

→ Limiter le nombre de notes et les réserver aux références bibliographiques.

→ Les notes méthodologiques ou commentaires annexes feront l'objet d'un encadré inséré dans le texte.

→ Les représentations graphiques doivent utiliser le noir et le gris ainsi qu'un graphisme (ligne, pointillé, etc.) permettant de différencier les courbes. Les fonds des graphiques ne doivent pas être tramés. Toutes les données sont saisies en Arial (corps 10 pour les légendes).

→ Les graphiques doivent être fournis avec leurs données sources, sous Excel, et non dans un format « image ».

→ Les documents illustratifs doivent être joints en fichier séparé, en format JPEG, avec une résolution de 300 dpi au moins, format A4. Les originaux (coupures de presse, photographies sur papier) pourront être demandés en cas de publication. Dans la mesure du possible, les auteur·rices doivent s'enquérir des détenteur·rices de droit sur les images qu'ils et elles souhaitent utiliser.

→ La revue incite les auteur·rices à joindre tout matériel susceptible d'étayer les travaux en vue d'une diffusion sur le site de la revue (statistiques complémentaires, iconographie, enregistrements audio et vidéo, etc.) Les auteur·rices fourniront une note de présentation de ces annexes électroniques.

→ Les coordonnées des auteur·rices, ainsi que leur rattachement institutionnel, doivent figurer sur la feuille de résumé (nom, prénom, adresse postale, courrier électronique et numéro de téléphone). Ces informations ne seront pas transmises par le secrétariat de rédaction lors de la communication du texte pour évaluation.

POUR UNE PROPOSITION DE NUMÉRO :
**Actes de la recherche en sciences sociales,
EHESS, 54 boulevard Raspail, 75006 Paris
(redactionARSS@ehess.fr)**

POUR SOUMETTRE UN ARTICLE EN VARIA :
comitearss@gmail.com

Les **Actes de la recherche en sciences sociales** *sont disponibles sur internet*

http://www.persee.fr
pour les numéros de 1 à 150

http://www.cairn.info
du numéro 135 aux plus récents (accès payant pour les trois dernières années)

Les résumés en français, anglais, allemand et espagnol sont disponibles sur le site de la revue : **http://www.arss.fr**

www.arss.fr

ACTES
DE LA RECHERCHE EN SCIENCES SOCIALES

Comité de rédaction Anaïs Albert, Pierre Blavier, Anne Bory, Jérôme Bourdieu, Clément Carbonnier, Rémy Caveng, Christophe Charle, Samuel Coavoux, Estelle Delaine, François Denord, Altaïr Despres, Sara Dezalay, Julien Duval, Eleonora Elguezabal, Camille François, Sibylle Gollac, Arthur Jatteau, Narguesse Keyhani, Anne Lambert, Brigitte Le Roux, Dominique Marchetti, Adèle Mommeja, Étienne Ollion, Franck Poupeau, Anne-Catherine Wagner

Rédaction en chef
Julien Duval, Sibylle Gollac et Anne Lambert
Secrétariat de rédaction Lucille Besombes
54 boulevard Raspail 75006 Paris
Varia Anne Bory et Eleonora Elguezabal
Iconographie Pierre Blavier et Dominique Marchetti

Administration Éditions du Seuil
57, rue Gaston Tessier
CS 50061 – 75166 Paris Cedex 19

Graphisme Atelier du Bonjour

Conseil scientifique Christian Baudelot, Rogers Brubaker, Craig Calhoun, Olivier Christin, Robert Darnton, Yves Dezalay, Itamar Even-Zohar, Anne Fagot-Largeault, Yves Gingras, Nicolas Guilhot, Joseph Jurt, Haruhisa Kato, David Laitin, Remi Lenoir, Sergio Miceli, M'hammed Sabour, Nancy Scheper-Hughes, Franz Schultheis, Quentin Skinner, Loïc Wacquant, Pierre-Étienne Will, William Julius Wilson

Rédacteur·rices associé·es Catherine Bidou-Zachariasen, Anna Boschetti, Philippe Bourgois, Michel Bozon, Éric Brian, Donald Broady, Inès Champey, Stefan Collini, Christoph Conrad, Deyan Deyanov, Rick Fantasia, Laurence Fontaine, Sandrine Garcia, Bertrand Geay, Michael Grenfell, Alicia Gutiérrez, Odile Henry, Isabelle Kalinowski, Arthur Kleinman, Roland Lardinois, Frédéric Lebaron, Maria Malatesta, Gérard Mauger, Christian de Montlibert, Treserra Montserrat, Francine Muel-Dreyfus, Erik Neveu, Françoise Œuvrard, Nikos Panayotopoulos, Denis Pelletier, Michel Pialoux, Patrice Pinell, Louis Pinto, Alejandro Portes, Annick Prieur, Lutz Raphael, Lennart Rosenlund, Saskia Sassen, Jürgen Schlumbohm, Margareta Steinrücke, Hugo José Suarez, Ivan Szélényi, Göran Therborn, Yves Winkin, Tassadit Yacine

Revue trimestrielle
Directeur Maurice Aymard
Directeur de la publication Franck Poupeau
Imprimé en France chez Normandie Roto Impression s.a.s., Lonrai.
Tous droits de reproduction et de traduction réservés pour tous pays.
Dépôt légal : 3e trimestre 2024

Crédits photos et illustrations

Couverture © Atelier du Bonjour ;
4e de couv © interprétation libre de la *Sémiologie graphique* de Jacques Bertin.

p. 4 © Atelier du Bonjour.

p. 14 © Corporate Europe Observatory (CEO).

p. 28 Dessin © Khalil Bendib/Corporate Europe Observatory (CEO).

p. 34 © NANE Éditions/Pascale Collange.

p. 46-47 Photo © Claude Truong-Ngoc/Wikimedia Commons.

p. 52 Photo © EmDee, CC BY-SA 4.0 via Wikimedia Commons.

p. 57 Photo © Didier Georgakakis.

p. 58 Archive issue du fonds Jean Monnet à Lausanne.

p. 63 Photo © Didier Georgakakis.

p. 64 Photo © Shutterstock.

p. 68 © BnF.

p. 74 Photo haut © Bart Ryker, CC BY-SA 4.0 via Wikimedia Commons ; **photo bas** © Siebbi, CC BY-SA 3.0 via Wikimedia Commons.

p. 78-79 Photo © Dominique Marchetti.

p. 84 Photo © Ghislain Mariette/ECPAD/Défense.

p. 91 Photo © Jean-Luc Brunet/Armée de l'Air/Défense.

p. 96-97 Carte © État-major des armées.

p. 102 et 106-107 Photos © Benjamin Groc, La Paz, juin 2023.

p. 112 Photo © Dominique Marchetti, février 2023.

Affiliation institutionnelle des auteur·rices

Julien Duval, CESSP, CNRS

Karim Fertikh, SAGE, Sciences Po Strasbourg/IUF

Didier Georgakakis, CESSP, Université Paris 1/CoE/IUF

Julian Go, Université de Chicago

Benjamin Groc, CESSP, Université Paris 1

Marine de Lassalle, SAGE, Sciences Po Strasbourg, Université de Strasbourg

Hélène Michel, SAGE, Sciences Po Strasbourg, Université de Strasbourg

Florent Pouponneau, IDETCOM, Université Toulouse Capitole

© Éditions du Seuil/ Actes de la recherche en sciences sociales/ Éditions de l'École des Hautes Études en Sciences Sociales

ACTES
DE LA RECHERCHE EN SCIENCES SOCIALES
REVUE

Bulletin d'abonnement

à retourner à :

Éditions du Seuil
Abonnements
12, rue du Cap vert
21800 Quetigny

Veuillez m'inscrire pour :

☐ un abonnement (un an : quatre livraisons)

☐ un réabonnement à partir du numéro
préciser le numéro ______ et l'année ______

Nom : ______

Prénom : ______

Adresse : ______

Code postal : ______

Ville : ______

Courriel : ______

Je joins un règlement
à l'ordre des **Éditions du Seuil**

France : 85 euros Étranger : 93 euros

☐ Par chèque à l'ordre des Éditions du Seuil

☐ Par virement international sur le compte bancaire :
IBAN FR76 30003 03080 00020040527 07

☐ Par carte bancaire (CB, Visa, eurocard) n°....................
Expire fin .... / Indiquez les 3 derniers chiffres
au dos de votre carte : ....

Notes et observations